TECENDO REDES ANTIRRACISTAS
Áfricas, Brasis, Portugal

TECENDO REDES ANTIRRACISTAS
Áfricas, Brasis, Portugal

Anderson Ribeiro Oliva
Marjorie Nogueira Chaves
Renísia Cristina Garcia Filice
wanderson flor do nascimento
Organizadores

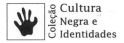

Coleção Cultura Negra e Identidades

autêntica

Copyright © 2019 Os organizadores
Copyright © 2019 Autêntica Editora

Todos os direitos reservados pela Autêntica Editora. Nenhuma parte desta publicação poderá ser reproduzida, seja por meios mecânicos, eletrônicos, seja via cópia xerográfica, sem a autorização prévia da Editora.

COORDENADORA DA COLEÇÃO
Nilma Lino Gomes

CONSELHO EDITORIAL
Marta Araújo (Universidade de Coimbra); Petronilha Beatriz Gonçalves e Silva (UFSCAR); Renato Emerson dos Santos (UERJ); Maria Nazareth Soares Fonseca (PUC Minas); Kabengele Munanga (USP)

EDITORAS RESPONSÁVEIS
Rejane Dias
Cecília Martins

REVISÃO
Lúcia Assumpção
Samira Vilela

CAPA
Alberto Bittencourt
(sobre ilustração de ararat.art/Shutterstock)

DIAGRAMAÇÃO
Guilherme Fagundes
Waldênia Alvarenga

Dados Internacionais de Catalogação na Publicação (CIP)
(Câmara Brasileira do Livro, SP, Brasil)

Tecendo redes antirracistas: Áfricas, Brasis, Portugal / organização Anderson Ribeiro Oliva ...[et al.].1. ed. -- Belo Horizonte : Autêntica Editora, 2019. -- (Coleção Cultura Negra e Identidades)

Outros organizadores: Marjorie Nogueira Chaves, Renísia Cristina Garcia Filice, wanderson flor do nascimento.
ISBN 978-85-513-0485-3

1. Discriminação racial 2. Preconceitos 3. Racismo 4. Racismo - África 5. Racismo - Brasil 6. Racismo - Portugal 7. Relações étnicas I. Oliva, Anderson Ribeiro. II. Chaves, Marjorie Nogueira. III. Filice, Renísia Cristina Garcia. IV. nascimento, wanderson flor do. V. Série.

19-23839   CDD-305.8009

Índices para catálogo sistemático:
1. Racismo : Relações raciais : Sociologia 305.8009

Iolanda Rodrigues Biode - Bibliotecária - CRB-8/10014

Belo Horizonte
Rua Carlos Turner, 420
Silveira . 31140-520
Belo Horizonte . MG
Tel.: (55 31) 3465 4500

São Paulo
Av. Paulista, 2.073 . Conjunto Nacional
Horsa I . 23º andar . Conj. 2310-2312
Cerqueira César . 01311-940 . São Paulo . SP
Tel.: (55 11) 3034 4468

www.grupoautentica.com.br

Sumário

7   PREFÁCIO
Tecer redes à procura de um novo mapeamento cognitivo contrarracista
Miguel de Barros

13   APRESENTAÇÃO
Tecendo redes antirracistas: Áfricas, Brasis, Portugal
Anderson Ribeiro Oliva, Marjorie Nogueira Chaves, Renísia Cristina Garcia Filice e wanderson flor do nascimento

REDES EXPANSIVAS

23   **As fronteiras entre o saber orgânico e o saber sintético**
Antônio Bispo dos Santos

37   **Etnicidade, racismo e representações interétnicas: imigrantes africanos vistos por portugueses no distrito de Braga, Portugal**
Manuel Carlos Silva

65   **Territorialidades quilombolas ameaçadas pela colonialidade do ser, do saber e do poder**
Givânia Maria da Silva

77   **Entre o mito da *morabeza* e a (negada) questão racial em Cabo Verde: um olhar contracolonial**
Redy Wilson Lima e Alexssandro Robalo

99   **Apropriação cultural, antropofagismo, multiculturalidade, globalização, pensamento decolonial e outros carnavais**
Daiara Tukano

109   Metodologia interativa na gestão de políticas públicas: métodos combinados numa abordagem antissexista e antirracista
Renísia Cristina Garcia Filice e Rayssa Araújo Carnaúba

133   Tua presença: o amor em *Mulheres de Barro*
Marisol Kadiegi e Nelson Fernando Inocêncio da Silva

REDES EDUCATIVAS

147   Povos indígenas, racialização e políticas afirmativas no ensino superior
Felipe Sotto Maior Cruz

163   Os afrodescendentes no sistema educativo português: racismo institucional e continuidades coloniais
Cristina Roldão

187   Cruzamentos entre o racismo religioso e o silêncio epistêmico: a invisibilidade da cosmologia iorubá em livros didáticos de História no PNLD 2015
Anderson Ribeiro Oliva

227   Um olhar sobre a experiência da juventude negra brasileira no ensino médio: desafios e alternativas
Éllen Daiane Cintra

247   O movimento negro educador: resenha
Claudio Vicente da Silva

251   Sobre as autoras e os autores

Prefácio

Tecer redes à procura de um novo mapeamento cognitivo contrarracista

Miguel de Barros

A produção de conhecimento nas ciências sociais tem gerado dinâmicas excludentes e guetizadoras no campo mundial da afirmação de paradigmas[1] – como um conjunto explicativo de teorias, conceitos, categorias, de forma que podemos dizer que uma determinada ação constrói interpretações sobre determinados processos da realidade social –, fruto de posturas preconceituosas nas academias, ancoradas em lógicas de pensamento colonizadoras, marginalizando quer produções que ocorrem em África, quer campos considerados subalternizados nas sociedades com história de colonização. Esse elemento mostra-se evidente não apenas pela quase total ausência das produções científicas no contexto africano nas universidades fora do continente, mas também no contexto dos povos que sofreram escravatura e ainda enfrentam contextos racistas. Verificamos ainda que o endossamento dos paradigmas africanos no debate com os paradigmas europeus, norte-americanos e sul-americanos é algo marginal e, por isso, pouco conhecido.

O projeto *Tecendo Redes Antirracistas*, que envolve pesquisadores africanos, brasileiros e portugueses nos estudos e intercâmbios sobre produção do conhecimento plural no campo de pesquisas sobre o racismo, tem duplo mérito: por um lado, rompe com o monopólio dos paradigmas ditados pelas entidades das sociedades colonizadoras; por outro, mobiliza um espaço de diálogo e partilha de saberes plurais contracoloniais, incluindo as diásporas africanas.

---

[1] Sobre a conceptualização dos paradigmas, ver: GOHN, Maria da G. *Teoria dos Movimentos Sociais: paradigmas clássicos e contemporâneos*. São Paulo: Loyola, 1997.

O preconceito racial tem por base ideias estruturalmente preconcebidas assentes na questão da raça, mas está relacionado à cor da pele. A discriminação quanto ao preconceito racial advém do racismo, uma ideologia que pressupõe a existência de uma hierarquia entre os grupos baseada na etnicidade. Ao procurar olhar para as várias modalidades, latitudes e profundidades do racismo – como o quotidiano brasileiro que vem do período da escravidão, ou a responsabilidade dos portugueses no desequilíbrio das relações raciais entre povos e gerações, ou ainda o contexto da África não só devido à escravatura, mas graças também à adopção da "lei do indigenato", que classificava e categorizava os povos face aos europeus[2] –, significa que a raça é simultaneamente ideologia e agência.

Os processos de racialização têm como objetivo, segundo Mbembe (2018)[3]:

> Marcar estes grupos de populações no limite, fixar o mais possível os limites nos quais podem circular, determinar exatamente os espaços que podem ocupar [...] trata-se de fazer a triagem destes grupos de populações, marcá-los individualmente como espécies, séries e tipos, dentro de um cálculo geral de risco, do acaso e das probabilidades, de maneira a poder prevenir perigos inerentes à sua circulação e, se possível, neutralizá-los, antecipadamente, por paralisação, prisão e deportação (MBEMBE, 2018, p. 71).

Racismo é estrutural. Está evidente na sociedade brasileira, presente nas sociedades africanas e dissimulado nas sociedades europeias. No Brasil, a eleição de Bolsonaro a partir de uma narrativa exacerbadamente neocolonial e neoliberal, correspondida em termos eleitorais, demonstra que as reivindicações do movimento negro em prol da educação étnico-racial e que levou à alteração da lei que estabelece as diretrizes e bases da educação nacional, incluindo a obrigatoriedade do tema da história e cultura afro-brasileira (Lei nº 9.394, de 20 de dezembro de 1996)[4] – não condiziam com uma visão partilhada pela sociedade brasileira, mas sim por uma corrente do poder político.

---

[2] Para melhor compreensão crítica das implicações sociais e raciais do colonialismo português no contexto africano a partir da produção africana, ver: LOPES, Carlos (Coord.). *Mansas, escravos, grumetes e gentio: Cacheu na encruzilhada das civilizações*. Bissau: INEP, 1993.

[3] MBEMBE, Achile. *Crítica da razão negra*. Lisboa: Antígona, 2014.

[4] Ver: <http://www.planalto.gov.br/ccivil_03/LEIS/L9394.htm>.

A implementação ordenada e institucionalizada das diretrizes curriculares, fruto dessa reforma, favoreceu o acesso à informação e o conhecimento sobre as bases da diversidade étnico-racial. Contudo, embora trate-se de uma pauta pertinente e relevante, a eficácia da equidade entre espaços, recursos, gêneros, povos e culturas não foi consolidada devido ao hiato emancipatório no campo da economia através da geração de empregos sustentáveis dos negros e indígenas.[5]

Em Portugal, as reportagens jornalísticas de Gorjão Henriques[6] demonstram um discurso refinado de um lusotropicalismo fantasista em torno de um invólucro do orgulho do passado colonial de miscigenação. No presente, porém, essa população miscigenada de forma forçada e violenta não encontra respaldo, nem reconhecimento por parte da elite política e econômica do país, que ainda reproduz comportamentos enraizados de discriminação dos afrodescendentes, sem esquecer que o primeiro grande contingente de escravos trazido a Portugal,[7] resultante da expansão do império colonial, data de 1444.

Na atualidade, confrontada com um movimento político, cívico e cultural de reconstrução da história e memória da violência do que foi o projeto expansionista e colonial que fomentou e alimentou-se da escravatura (a exemplo da construção do memorial às vítimas da escravatura em Lisboa), a esquizofrenia colonizadora de um segmento importante da sociedade portuguesa, incluindo a própria academia, ficou ainda mais despida de valores. Fato que é disfarçado em algumas circunstâncias a partir de simulacros do discurso politicamente correto.

Na África, as atitudes xenófobas contra os migrantes africanos subsaarianos – bem como a existência de sociedades escravocratas em Mauritânia (onde o negro é vendido como escravo), ou de uma sociedade crioula fruto da miscigenação, como é o caso de Cabo Verde – e a discriminação com base na cor da pele ("mandjakus" – imigrantes oeste-africanos) evidenciam uma lógica da autorrepresentação social. Nessa lógica, o Estado (com suas instituições e tecnologias) é convocado a agir como uma entidade de transnacionalização da condição discriminatória negra, sendo então encarado como moderno, dotado

---

[5] Para melhor compreensão do tema, ver: NASCIMENTO, Abdias. *O genocídio do negro brasileiro: processo de um racismo mascarado*. São Paulo: Perspectiva, 2016.

[6] HENRIQUES, Joana Gorjão. *Racismo no país dos brancos costumes*. Lisboa: Tinta da China, 2018.

[7] CALDEIRA, Arlindo Manuel. O tráfico atlântico de mão-de-obra escrava. In: VALENTE, Anabela; LEITE, Ana Cristina (Coords.). *Testemunhos da escravatura, memória africana: Roteiro*. Lisboa: Gabinete de Estudos Olisiponenses, 2017.

de capacidade de combate à migração, capaz de produzir acordos diplomáticos de segurança e defesa com as sociedades ocidentais com histórico escravocrata, fatores que configuram a colonização da imaginação dos Estados africanos.

Ora, na história de resistência de afrodescendentes e outros povos indígenas, a dimensão cultural, educacional e política não conseguiu mobilizar a superação do modelo econômico: foi a economia que serviu de pretexto para a edificação de um modelo produtivo primitivo de desenvolvimento da acumulação privada e da racionalidade das instituições para a criação da ideia de mercado. A convicção de que o estímulo da liberdade é, em última instância, um importante fator causal da avaliação da mudança económica, social e política, é algo que não constitui uma novidade de Smith a Marx, de Mill a Haeyk ou de Amin a Sen. Na verdade, a grande falha que o sistema político tem revelado é a não transformação dessas oportunidades em modos de produção econômica com base na capacidade de escolhas e, além disso, de acumulação privada baseada na especulação e na subjugação de povos e sociedades num modelo colonizador. É disso que o atual modelo político é refém hoje.

Esses factos reforçam a ideia de que, quando as lutas são realizadas sem referência à economia, não desviamos apenas da questão da exploração e desse modo da cultura de escravidão, como também ficamos apenas no campo da moral e da ética. Isso, consequentemente, origina revoltas pontuais e atos de resistência, como defende Zizek,[8] e não a transformação do modo de produção enquanto tal.

Os artigos que compõem esta obra, para além do mérito e da preocupação de conectar pesquisas, pesquisadores e correntes de pensamento dos territórios que exerceram o colonialismo – e que também sofreram com a prática colonial a ponto de reproduzi-la, às vezes com consciência –, abre campos de debates acadêmicos e engajados através de uma abordagem amplamente plural, posicionada nas questões que dizem respeito à necessidade de re-questionamento e (des)construção teórica, metodológica e analítica de processos de produção de conhecimento.

Levando em conta que a compreensão é alcançada através do esclarecimento sobre o sentido de uma ação do ponto de vista da cultura em que o próprio ator social está inserido, será necessário convocar um novo

---

[8] Para um debate mais profundo sobre os efeitos da dominação e da mudança, ver: ZIZEK, Slavoj. *O ano em que sonhamos perigosamente*. São Paulo: Boitempo, 2012.

mapeamento cognitivo para uma reinterpretação crítica da realidade social. Isso permitirá compreender, concomitantemente, as novas formas de racismo, possibilitando, através de novos empreendedorismos políticos e cidadãos, superá-las de modo que as sociedades possam ter esperança de viver em paz, com igualdade e progresso.

É nesta base que uma rede antirracista, como um sistema de relacionamentos socioculturais, psicopolíticos, comunicacionais e econômicos devem ser suficientemente influentes. Assim, a produção da liberdade e a ética na convivência entre pessoas, sociedades, estados e povos poderão construir possibilidades, inclusive no campo acadêmico, para a projeção e a afirmação de ativos antirracistas capazes de gerar transformações estruturais no mundo.

Bissau, 14 de novembro de 2018.

Apresentação
Tecendo redes antirracistas: Áfricas, Brasis, Portugal

Anderson Ribeiro Oliva
Marjorie Nogueira Chaves
Renísia Cristina Garcia Filice
wanderson flor do nascimento

Seguindo a proposta do I Seminário Internacional Tecendo Redes Antirracistas: África(s), Brasil, Portugal,[1] este livro traz uma série de textos que buscam produzir reflexões sobre o racismo experimentado em países de língua portuguesa nos continentes africano, sul-americano e europeu. Essas reflexões se posicionam como ferramentas para o enfrentamento ao fenômeno persistente do racismo que, longe de ser apenas um elemento estruturante das experiências da Modernidade, tem se intensificado nos últimos anos e mostrado que não se trata somente de um fato do passado colonial.

A mesma Modernidade, ao transformar o conjunto das relações sociais no mundo, foi entendida por importantes teóricos como um momento histórico que teve como marca uma abertura para a emancipação – seja por meio da razão, seja por meio da sensibilidade –, ocultando, paralelamente, uma face violenta, racista, política, epistêmica e economicamente hierarquizante e opressiva. O capitalismo, gramática das relações produtivas da Modernidade, tem como morfologia o uso da mão de obra escravizada, que necessitou, em seus princípios, racializar populações para instrumentalizá-las no e para o

---

[1] Este seminário foi realizado com recursos do Governo do Distrito Federal e da Secretaria de Estado de Ciência e Tecnologia via Fundação de Apoio à Pesquisa do Distrito Federal (FAPDF), instituição à qual registramos nosso agradecimento. O seminário ocorreu por meio da iniciativa da coordenação do Grupo de Estudos e Pesquisas em Políticas Públicas, História, Educação das Relações Raciais e Gênero (Geppherg-UnB) e contou com a efetiva experiência e participação das(os) pesquisadoras(es) do Núcleo de Estudos Afro-Brasileiros (NEAB), ambos sediados na Universidade de Brasília (UnB). O evento aconteceu nos dias 6, 7 e 8 de dezembro de 2017 em Brasília, Brasil.

trabalho. Assim, racismo e capitalismo negaram os modos de ser de populações não brancas para constituírem os "avanços" da Modernidade.

Esta coletânea traz a contribuição de investigadores diversos, que se encontraram não só para denunciar as permanências dessa negação, mas também para identificar outras formas de se pensar como pessoas negras da diáspora de outras perspectivas transcontinentais, de origem africana (Guiné Bissau e Cabo Verde), latino-americana (Brasil) e europeia (Portugal). A diversidade advinda dos três continentes faz deste livro uma ferramenta ímpar, necessária para um olhar comparativo, transnacional e transcontinental sobre as diferentes experiências com e contra o racismo, espinha dorsal do mundo moderno.

A proposta de *tecer redes* antirracistas é um conclame para a articulação coletiva de pensamento que, além de diagnosticar a persistência do racismo e dos seus modos de atuação, abre caminho para intervenções que enfrentem as consequências do colonialismo e da colonialidade, seja desde abordagens *decoloniais* ou *contracoloniais*. Esse caráter coletivo esteve presente desde a concepção do seminário até a elaboração deste livro, que contou com a colaboração de parceiras e parceiros fundamentais para que as ideias aqui afirmadas pudessem se articular. Agradecemos, especialmente, a Éllen Cintra, Leandro Bulhões e Guilherme Lemos pela leitura e proposições das ideias que originam esta apresentação.

Os textos aqui presentes reverberam a diversidade do pensamento crítico antirracista tanto no que diz respeito ao conteúdo quanto à forma. Alguns textos reconstroem estilísticas mais clássicas na denúncia ao racismo. Outros criticam estilísticas convencionais e criticam a forma e o conteúdo das reflexões que sustentam o racismo. Outros, ainda, mantêm-se mais próximos da estrutura da fala, por apostarem na oralidade como lócus de manutenção e transformação de saberes ancestrais que trazem consigo potências contracoloniais. A pluralidade de matrizes epistêmicas e políticas é entendida, na tessitura da rede proposta, como um dos fundamentos do enfrentamento ao racismo.

O livro está dividido em suas seções: Redes Expansivas e Redes Educativas. Essas duas partes apontam para nós as iniciais das redes que desejamos tecer coletivamente, na proposta de ampliar lentes analíticas no que diz respeito aos parâmetros de produção do conhecimento, de um lado, e de sua difusão, de outro, como apostas políticas no pensamento antirracista.

O capítulo que abre as Redes Expansivas, "As fronteiras entre os saberes orgânicos e os saberes sintéticos", é do mestre quilombola Antônio Bispo dos Santos. Advogando a perspectiva contracolonial, Bispo nos apresenta a distinção entre os saberes orgânicos e sintéticos, mostrando a *transfluência* entre estratégias políticas que resistem ao racismo e à colonização desde a abordagem construída, mantida e transformada nos quilombos. A crítica à colonização convoca a alianças com os diversos povos que foram atacados pelo colonialismo, utilizando-se de táticas polifônicas e do diagnóstico da monofonia do pensamento colonial. Assim, o saber orgânico dos povos tradicionais se confrontaria com o saber sintético do pensamento colonial, buscando fortalecer resistências e criar possibilidades de reinvenção ativa, herdeira da sagacidade, da esperteza e da inteligência dos povos que foram colonizados.

O segundo capítulo dessa dimensão expansiva das redes é intitulado "Etnicidade, racismo e representações interétnicas: imigrantes africanos vistos por portugueses no distrito de Braga, Portugal" e foi escrito por Manuel Carlos Silva, professor catedrático e pesquisador do Centro Interdisciplinar de Ciências Sociais da Universidade do Minho (CICS), em Portugal. No texto é apresentado um sistemático e consistente trabalho de investigação sobre os efeitos do racismo e da xenofobia na elaboração de ideias e percepções de parte da população de Braga, no norte português, em relação aos imigrantes africanos, negros e ciganos. Na primeira parte do capítulo, Silva realiza um relevante debate conceitual acerca das categorias raça, etnia e racismo a partir de uma extensa revisão da literatura especializada no assunto, perpassando diversos tópicos e temas correlatos. Na última parte são apresentados vários dados obtidos em investigação realizada em 2005 no distrito de Braga, em Portugal, por meio de questionários e entrevistas realizadas junto à população classificada como portuguesa. Os resultados obtidos revelam atitudes preconceituosas, formas de discriminação étnica, representações e práticas de racismo pela maioria dos entrevistados. O texto figura como uma importante contribuição para os interessados tanto no debate conceitual sobre "raça" e "etnia" como na realização de estudos de caso em sociedades multirraciais, marcadas pelas relações coloniais e pós-coloniais e tocadas pelos efeitos do racismo.

O capítulo seguinte, "Territorialidades quilombolas ameaçadas pela colonialidade do ser, do saber e do poder", é assinado por Givânia Maria da Silva, educadora quilombola de Conceição das Crioulas, Pernambuco, e doutoranda em Sociologia pela Universidade de Brasília (UnB). Nele, a autora discute desde a necessidade de aprofundamento nos estudos sobre a formação dos quilombos à problemática dos riscos para a territorialidade das comunidades quilombolas, frente à colonialidade do ser, do saber e do poder. Partindo de uma análise sociológica sobre as ameaças e os desafios que enfrentam, em função das projeções da colonialidade nos modos de reprodução do capital nacional e internacional, Givânia denuncia as pressões sofridas por essas comunidades, impactando sobretudo a juventude e as mulheres quilombolas. Os empreendimentos estatais ou privados afetam as diversas formas de vida existentes nos quilombos, apontando para uma inseparabilidade entre a territorialidade e a existência quilombola. A análise indica as implicações diversas dos conflitos e das violações de direitos das comunidades quilombolas como reprodução e manutenção das estratégias coloniais, que negam à população negra seu "lugar de existir".

No quarto capítulo, intitulado "Entre o mito da *Morabeza* e a (negada) questão racial em Cabo Verde: um olhar contracolonial", os pesquisadores Redy Lima e Alexssandro Robalo, ambos vinculados ao Centro de Produção e Promoção de Conhecimentos (CeProk), em Cabo Verde, apresentam uma importante incursão sobre os efeitos do colonialismo, dos debates sobre a identidade nacional cabo-verdiana e do racismo naquele país africano, já no contexto pós-colonial. O foco recai na relação entre a sociedade cabo-verdiana e um importante conjunto de imigrantes do continente africano, que buscam em Cabo Verde melhores condições de vida e de trabalho. Os autores realizam uma reveladora abordagem sobre o debate racial na identidade cabo-verdiana e na forma como a questão das diferenças foi acomodada, em uma relação desigual, nas narrativas históricas produzidas sobre a nacionalidade. No entanto, o tratamento distinto e os lugares hierárquicos atribuídos entre os próprios cabo-verdianos e, principalmente, a relação desrespeitosa com os *mandjakus* – imigrantes oriundos do continente africano – fizeram com que um grupo atento de investigadores e ativistas questionasse a ausência de uma crítica social sobre as diferenciações produzidas pela cor da pele ou pelas práticas racistas no país. O ponto mais instigante do capítulo se encontra na crítica ao uso de referências eurocêntricas para se pensar e agir sobre a questão "racial" e do "racismo" no país e da importante conexão com o *rap* cabo-verdiano, pensado como elemento tencionador de mudanças e críticas sócio-históricas.

Discutindo a relação entre a crítica da apropriação cultural e outros horizontes antirracistas das abordagens culturais em cenários decoloniais, nós nos encontramos com o texto "Apropriação cultural, antropofagismo, multiculturalidade, globalização, pensamento decolonial e outros carnavais", da educadora e artista indígena Daiara Tukano. A partir das reflexões que emergem nos encontros interculturais com os povos originários, Tukano nos apresenta possibilidades de problematização do contexto das trocas culturais, das tensas posições da cultura ocidental no contexto globalizado e da apropriação de signos que possuem diversas inserções nos contextos históricos e culturais locais, além de discutir o contexto estético e político da moda que se utiliza de signos culturais. Contornando a discussão moral das patrulhas ideológicas que estariam em debate nessa discussão, a autora nos convida a lidar com as tensões identitárias que estão envolvidas em contextos de encontros culturais atravessados por relações de poder estruturadas pelo racismo.

O texto "Metodologia interativa na gestão de políticas públicas: métodos combinados numa abordagem antissexista e antirracista", de Renísia Cristina Garcia Filice e Rayssa Araújo Carnaúba, traz um convite das autoras para a reflexão sobre uma proposta em elaboração de um sensível e difícil tema na pesquisa antirracista e antissexista: as metodologias de investigação. As autoras propõem uma abordagem que combine, de modo estratégico e produtivo, diferentes métodos de pesquisa no campo das políticas públicas, de forma que estas priorizem, ao mesmo tempo, o comprometimento com o rigor da produção de conhecimento e o engajamento no combate às desigualdades sociais que se amparam no racismo e no sexismo coloniais. Sem oferecer uma fórmula pronta e acabada, as autoras nos inserem num campo reflexivo no qual o que se faz e como se faz são questões postas o tempo inteiro em uma perspectiva crítica, que se apoia em abordagens interseccionais.

O último texto dessa seção, "Tua presença: o amor em *Mulheres de Barro*", é assinado por Marisol Kadiegi e Nelson Fernando Inocêncio da Silva. Nele, a estética é trazida para a cena da discussão política não apenas na dimensão da crítica e da denúncia, mas também na resistência afetiva. O amor aparece como categoria política de resistência e criação, que subverte a lógica mortificante que o racismo e o sexismo impõem às mulheres negras e à população negra em geral. O mote da discussão é o documentário *Mulheres de Barro*, dirigido por Edileuza Penha de Souza, que narra, através dos depoimentos de doze mulheres negras capixabas, o amor como possibilidade de resistência. Não que a dor desapareça, não que as agruras deixem de incomodar... Trata-se de buscar maneiras de seguir vivendo. E aqui o amor, e o amor ao que se faz, é elemento fundamental.

A segunda seção, Redes Educativas, é aberta pelo texto de Felipe Sotto Maior Cruz, "Povos indígenas, racialização e políticas afirmativas no ensino superior". A partir de sua experiência pessoal e com base em denúncias de racismo impetradas por indígenas que ingressaram em instituições de ensino superior, o autor de etnia Tuxá, professor da Universidade do Estado da Bahia (UNEB) e doutorando em Antropologia Social pela UnB, discorre sobre casos e modos peculiares da racialização de indígenas nas universidades e suas articulações engendradas cotidianamente nas práticas racistas no presente. Cruz alerta para o fato de que a antropologia, embora tenha sido o campo de conhecimento mais diretamente associado ao estudo das culturas indígenas, não tem produção sobre o tema do racismo contra indígenas. O autor identifica essa ausência da dimensão dos povos indígenas, como povos racializados, também nas políticas indigenistas e no próprio imaginário nacional. Constatado esse fato, passa a discorrer sobre as formas como etnia, raça e racismo se conformam, aproximam, retraem e ajudam a tecer uma preocupante aura de permissibilidade quando se trata do enfrentamento das violências estruturais vivenciadas por esses sujeitos indígenas. Para tanto, apresenta estudos e relatos de casos de situações que têm avançado nos últimos anos, associadas, sobretudo, ao aumento da entrada de indígenas no ensino superior. A análise não é feita sem, concomitantemente, tomar de empréstimo as contribuições do debate racial negro. No conjunto, o texto revela formas muito singulares de trazer essas reflexões.

O capítulo "Os afrodescendentes no sistema educativo português: racismo institucional e continuidades coloniais", de autoria da pesquisadora portuguesa Cristina Roldão, traz para o debate aspectos importantes sobre a relação entre racismo institucional. Particularmente em Portugal, a questão se manifesta pela ausência de recolha de dados com recorte racial, evidenciando-se nas relações estruturais de poder que se movimentam no sentido de reforçar uma perspectiva apenas de desigualdade de classe. Dessa forma, desconhecem-se as implicações da não abordagem das desigualdades étnico-raciais e seus impactos na evasão escolar, que incide principalmente sobre os afrodescendentes (termo utilizado pela autora), mas não só os(as) imigrantes africanos(as): também se inserem nesse contexto os(as) brasileiros(as) residentes em Portugal. O capítulo contribui para o entendimento dessas desigualdades étnico-raciais como processos estruturais e institucionais de (re)produção do racismo. Apresenta-nos o quanto o imperialismo colonial teve como um dos seus instrumentos de "civilização" – dominação e exploração – a política educativa, e o quão a educação foi também lugar de disputa dessa relação de forças. Por fim, analisa dados coletados por ela em conjunto com outros(as) pesquisadores(as), reveladores das trajetórias escolares dos afrodescendentes no sistema educativo português do pós-independências. O texto constitui uma fonte importante para professores(as), pesquisadores(as) e interessados(as) em estudos sobre o sistema colonial português, aproximações e distanciamentos com a história do Brasil. Traz, ainda, problematizações sobre o discurso da identidade nacional portuguesa e a necessidade de descolonizar a forma como sociologicamente se têm olhado as desigualdades na escola contemporânea.

O terceiro capítulo desta seção, "Cruzamentos entre o racismo religioso e o silêncio epistêmico: a invisibilidade da cosmologia iorubá em livros didáticos de História no PNLD 2015", é assinado por Anderson Ribeiro Oliva. Partindo do contexto das múltiplas violências provocadas pelo racismo religioso no Brasil, sobretudo no contexto escolar, o autor discute os modos pelos quais o silêncio, as simplificações ou a representação eurocêntrica da cosmologia dos orixás nos livros didáticos, avaliados por meio de alguns dos livros presentes no Programa Nacional do Livro Didático (PNLD) do Brasil em 2015, colaboram para que se reproduzam e se mantenham inferiorizações coloniais no imaginário social brasileiro. Tal sistema é perpetuado por uma perversa estratégia que mantém a população negra e suas heranças culturais aprisionadas a estereótipos, cerceando, aos brasileiros, o acesso a informações que mostrem o protagonismo dessa população para além da força de trabalho na formação da sociedade nacional, fato que alimenta o – e é alimentado pelo – racismo. O exemplo utilizado pelo autor é o silenciamento em torno da rica cosmologia iorubá, através do qual o autor ilustra os vínculos entre o racismo religioso e o silêncio epistêmico.

Éllen Daiane Cintra, em seu texto "Um olhar sobre a experiência da juventude negra brasileira no ensino médio: desafios e alternativas", problematiza o contexto das maneiras como o racismo prescreve lugares de exclusão para a juventude negra, tornando-a mais vulnerável às múltiplas violências, muitas delas letais. Observando o histórico e as estatísticas sobre a escolarização da população negra, a autora traça uma perspectiva de análise que mostra como o sistema educativo não apenas deixa de acolher, mas ainda promove a exclusão de jovens negras e negros. Ao trazer a perspectiva da interseccionalidade para analisar as experiências escolares, a autora afirma que essa abordagem se mostra mais precisa para dar conta das múltiplas formas de vulneração às quais estão expostas(os) jovens negras(os) no contexto escolar, oferecendo, portanto, um subsídio mais acurado para buscar intervenções nos problemas ocupados, sobretudo no contexto do ensino médio.

O texto de Claudio Vicente da Silva, que encerra essa segunda seção e a coletânea, é uma resenha do livro *O movimento negro educador*, escrito pela educadora Nilma Lino Gomes. Nele, o autor expõe as ideias centrais do livro, que enfocam uma abordagem sobre os saberes produzidos, sistematizados ou articulados pelos movimentos negros e de mulheres negras. A análise ressalta as possíveis contribuições desses movimentos para a descolonização do conhecimento e da própria educação.

Este conjunto de textos mobiliza categorias analíticas politizadas a serviço da luta antirracista com abordagens interseccionais. A proposta é compor um primeiro movimento capaz de oferecer um espaço de discussão, mobilizando reflexões sobre os contextos – seja por parte de acadêmicos ou de ativistas dos movimentos sociais – e reconhecendo a importância de construir teias reflexivas que possibilitem pensar outras formas de convivência nas quais o racismo não seja mais uma prática imperante em países de língua portuguesa. Trocar experiências e reflexões é um caminho importante para dar visibilidade a essa faceta, ainda pouco discutida, das relações raciais que buscam dialogar com as marcas e as heranças da empresa colonial moderna portuguesa nos países lusófonos. Assumimos, assim, um projeto intercontinental e transnacional e optamos, deliberadamente, por mergulhar nas tensões que envolvem países falantes do português no que se refere às variadas formas de manifestações do racismo. Nesse sentido, estaremos diante dos usos da história do passado no discurso do presente, das artimanhas (e armadilhas) referentes à educação intercultural e da relação desta com a ideia de integração. Para finalizar, não podemos nos esquecer que o empenho dos países lusófonos para enfrentar o racismo é uma das tônicas do trato decolonial e pós-colonial em vários desses países. Por isso, a tessitura de redes como forma de abertura dos espaços para essa discussão torna-se não apenas atrativa, mas esperada no contexto da articulação Áfricas-Brasis-Portugal em torno da discussão racial.

REDES EXPANSIVAS

As fronteiras entre o saber orgânico e o saber sintético

Antônio Bispo dos Santos

Esta fala não é minha. Esta é uma fala ancestral. Uma fala que tem uma trajetória. Uma fala muito poderosa. Digo isso para afirmar que não tenho nenhuma preocupação em se essa fala nos causará algum incômodo. *Nos causar.* Eu falo geralmente o que quero ouvir. Para não correr o risco de não ser escutado. Pelo menos eu já ouvi, e já está de bom tamanho. Portanto, é uma fala que falarei para nós, e também para mim, pois é uma fala forte e poderosa, que tem uma função. Eu falarei de uma força que chamarei de *transfluência*, que é a força compositora da *confluência*.

Cabelo da branca é liso
Cabelo da branca balança
Cabelo da branca escova
Cabelo da branca emprancha
Cabelo da branca é bonito
Mas não enrola e nem segura trança

Cabeço da nêga escova
Cabelo da nêga balança
Cabelo da nêga alisa
Cabeço da nêga emprancha
Por que essa nêga é façoila?
Porque seu cabelo entrança e enrola

A branca sambando rebola
A nêga sambando faz ginga
A branca rezando é devota
A nêga rezando faz mandinga
A branca escrevendo explica
A nêga falando ensina

> *Eu vi essa branca no shopping*
> *Eu vi essa nêga na feira*
> *A branca me olhava charmosa*
> *A nêga me olhava faceira*
> *Da branca eu sinto saudades*
> *Da nêga eu sinto banzeira.*

Nessa poesia, confluí com aquelas que lutam pelo fortalecimento através de nossos cabelos. Eu não disse que o cabelo da branca é feio. Porque não precisamos disso. O nosso olhar está voltado para a beleza. Nós transfluímos, através da cultura, a imposição colonialista. Assim como a água transflui, por baixo da terra ou pelo ar, nós transfluímos pela cosmologia e pela cultura.

Isso tem uma base fundamental muito importante: a diferença entre o pensamento colonialista e o contracolonialista. E estou dizendo "contracolonialista" e não "decolonialista". E por que digo isso? Se qualquer um de vocês chegar em um quilombo e falar de decolonialidade, nosso povo não entenderá. Mas se disser "contra-colonialismo", nosso povo entende. Por que nosso povo entende o contracolonialismo, mas não entende a decolonialidade?

Eu fui um camarada que aprendeu muita coisa desmanchando as coisas. Eu desmanchava uma esteira pelas bordas e refazia a esteira. Todas as coisas que nossos mais velhos não precisavam mais, eles mandavam que nós desmanchássemos e refizéssemos. Porque é também desmanchando que a gente aprende a fazer. Meus mestres e minhas mestras me ensinaram assim. Mas desmanchamos uma coisa que já está pronta. O que não está pronto, não desmanchamos: a gente impede de fazer. Nós compreendemos que só desmanchamos o que está pronto.

Na nossa compreensão, a colonização não é um fato histórico, é um processo histórico. Nós não perdemos nessa história. Então, como é que vou desmanchar o que ainda não foi feito? Eu vou impedir que seja feito. E tem outra questão: mesmo que estivesse feita, eu não desmancharia, pois aí não tenho nada a aprender. Desmanchar é uma pedagogia do aprendizado para os nossos mais velhos. Então, eu não tenho o papel de desmanchar o colonialismo. Quem deve desmanchar o colonialismo é quem tentou colonizar. Digamos que eles tenham se arrependido – coisa que não acredito – e, então, agora vão desmanchar.

Cito aqui um nome que está na trajetória de minha fala, Boaventura de Sousa Santos, com quem já debati vária vezes, com pontos de vista diferentes. E não estou dialogando com a fala acadêmica de Boaventura, mas com sua fala de trajetória, sobre a qual já discutimos. Boaventura Santos está certo em discutir a descolonização. Mas está discutindo no lugar errado. Ele tem de discutir em Portugal. E dizer ao povo dele para deixar de colonizar. Aqui, nós discutimos. Se ele não consegue convencer o povo dele a deixar de colonizar, e nós formos descolonizar, estamos enrascados. Porque aí são eles colonizando na frente e nós desmanchando atrás. Passaremos a vida desmanchando e eles fazendo.

Então devemos contracolonizar: impedi-los de fazer. Além disso, quando desmanchamos, alguém pode refazer, porque os pedaços e as bordas estão feitos. Temos de triturar o colonialismo, para não sobrar um pedaço que se aproveite. E como fazer isso?

Eu tive um tio, jucazeiro, um operador de nossas defesas, que me dizia: "Meu querido, em alguns momentos temos de transformar a arma do inimigo em defesa, para não transformarmos a nossa defesa em arma. Porque quem só sabe usar a arma, perde. Para ganhar, tem de saber a defesa". E ele trabalhava na defesa. E me ensinou isso. Ele me ensinou também: "Meu filho, quando vier uma pessoa só na sua direção, encara! Se tu sentir vontade de correr, corre! Porque o outro tem coragem, ele veio sozinho. Agora se tiver dois, tu surra um que o outro corre. É mole, é covarde". Essas técnicas, aprendemos. Então transformar a arma do inimigo em defesa, é o debate que faremos agora.

O colonialista gosta de denominar. Uma das armas do colonialista é dar nome. Em África, nós não éramos chamados de negros antes de o colonialista chegar. Tinham várias nominações, autonominações. E o que os colonialistas fizeram? Denominaram: chamaram todo mundo de negro. E eles usam uma palavra vazia. Uma palavra sem vida, que é para nos enfraquecer.

Nossas palavras são vivas. Por exemplo, quando os povos originários diziam "Pindorama", eles queriam dizer "terra das palmeiras". Quando os colonialistas os chamam de "índios", usam uma palavra vazia, uma palavra sem vida. Todas palavras dos povos originários têm vida, são vivas. Por isso, os colonialistas colocam uma palavra vazia como nome para tentar enfraquecer. Só que nós, que somos integrados com a vida, aproveitamos e colocamos vida nessa palavra. E então chega um tempo que essa palavra nos serve, porque ela cria força, porque ela nos move, anda com a gente. Nossa ancestralidade entra nessa palavra e a movimenta a nosso favor.

Para colocar esse nome, os colonialistas desenvolveram pensamentos. E nós também. E é disso que falarei agora: do pensamento sintético e do pensamento orgânico. Estou colocando nomes. Se uma das armas dos colonialistas é nos colocar nomes, coloquemos nomes neles também. E coloquemos nomes que os enfraqueçam. Se eles disserem: "Não gosto que me chamem assim", nós respondemos: "Ótimo, mas também não me chame assim". Se o colonialista me chamar de negro, chamarei ele de branco. Se ele me chamar de preto, chamarei ele de amarelado. Se ele não quiser ser chamado de amarelado, não me chame de preto.

Essa é uma filosofia que aprendi na roça. Quando levamos a carga em um animal, com um cesto de um lado e outro cesto do outro (jacá, ayó…), se a carga começa a pender para um dos lados, tiramos um peso de um lado e colocamos no outro, para equilibrar. Se o colonialista me colocou um nome, tenho de colocar um nome nele para equilibrar. Senão desequilibra e a carga vira para o meu lado. E ninguém quer que a carga vire.

Esses saberes são diferentes, por quê? São saberes de cosmologias diferentes. O euro-cristão-colonialista-monoteísta, por ser monoteísta, pensa de forma linear. Ele só tem um deus. Só olha na direção daquele deus, em uma direção: é mono. É vertical, é linear, não tem curva. Ele pensa e age assim. O povo dito contracolonialista – aqui nos autonomeamos e os nomeamos também – tem vários deuses e várias deusas. E eles ainda doaram o deus deles para nós: vivem insistindo para dar seu deus para nós. Mas qual é o deus que eles querem dar? Um deus colonizado!

O euro-cristão primeiro colonizou Jesus Cristo. Jesus não nasceu na Europa e não tinha a cor, nem o cabelo que os europeus queriam, mas eles colocaram a capital do cristianismo na Europa. Então, eles colonizaram Jesus, para tentar que ele nos colonizasse. Eles colocam um negro soldado para que esse negro soldado surre os outros negros. Essa é a prática. Eu não preciso ir à África ou à Índia para saber como eles se comportam lá. Olhando como eles se comportam aqui, sei como eles se comportam em qualquer lugar, porque o pensamento deles é único, então agem do mesmo jeito.

O povo politeísta, por ter vários deuses e várias deusas – e, portanto, olha rodando –, é um povo que fala rodando, pensa rodando. Meu cabelo também é rodando. A capoeira é rodando, no terreiro a gira é rodando, no reggae também rodamos. Tudo nosso é rodando. O tambor é redondo. E aí está a diferença: a gente pensa de outro jeito. E é exatamente por isso que nós não perdemos.

A cosmologia do colonialista é euro-cristã-monoteísta e a nossa é afro-pindorâmica-pagã-politeísta. Para exemplificar isso, quero lembrar de um debate que participei no Museu Nacional, com Eduardo Viveiros de Castro e Rita Segato, pessoas que nunca li. O tema era "Descolonização do presente e contracolonização permanente: um mundo (in)desejado que virá" (logo vemos que foram os pretos que deram esse tema...). O que eu fiz? Chamei todo mundo para discutir o contracolonialismo – e eles não vêm porque não dão conta, porque trazem a palavra embalada no papel, porque é assim que se faz na academia, em uma fala linear.

Isso não quer dizer que o que eu faço é melhor do que o acadêmico: é preciso ter os dois jeitos, pois nós não somos mono. Quando as pessoas me perguntam o que acho dos pretos que estão na academia, digo que, por não sermos mono, temos que ter uma parte dentro da academia e outra parte lá fora. Uma parte dentro, preparando o terreno para explodir e outra parte lá fora para implodir o colonialismo.

Nessa mesa, eu disse que as universidades são as chocadeiras dos ovos do colonialismo, e a função das pretas e pretos que estão lá dentro é fazer esses ovos gorarem. Já a função de quem está fora é trazer novos ovos fecundados e mudar quem nascerá dentro da academia. E que da academia saiam doutores em humanidades, em vida e não em sinteticidade.

Os jovens que entraram nas universidades pelas cotas, estão encontrando comigo no Encontro de Saberes. Isso transfluiu por dentro da estrutura. Meu livro é um dos mais citados por cotistas nas universidades em todas as regiões do país. E isso porque essa fala não é minha, é nossa! Nesse momento, eu sou apenas uma pessoa que se move por essa fala. Essa fala é da nossa ancestralidade, da nossa geração avó. Eu não preciso de Karl Marx e de outros acadêmicos: preciso de minha geração avó, aquela que veio antes de mim e que me move. Essa lógica é organizada em começo, meio e começo. Minha geração avó é começo, minha geração filha é meio e minha geração neta é começo, de novo.

Esse é o saber orgânico, aquele que diz respeito a ser. O outro, o saber sintético, é aquele que envolve ter. Por isso, para nós não se sustenta de que a academia produz ciência e nós produzimos saber popular. Essa nomeação é por demais colonialista, feita para nos esvaziar. Que popular é esse? Popular de quem? Produzimos saber quilombola, saber indígena, saber do povo de terreiro. Esses saberes têm nomes. Popular é uma palavra vazia.

Observando essa situação, podemos dizer que a sociedade é construída através de um saber sintético, fragmentado, segmentado e doente. Os colonialistas têm uma doença chamada cosmofobia, que é o medo do cosmos. Eles têm medo do deus deles. Por isso há tanta depressão nas universidades. Um sofrimento grande. Há gente deixando a universidade, em um sofrimento grande. Há gente se suicidando, porque esse lugar é adoecido como a sociedade.

Já nós, estamos enfeitiçando esse lugar. O deus deles é do milagre. Os nossos, do feitiço. Eles deram o deus deles para nós. Nós "aceitamos". E ajeitamos agora. Temos os nossos e o deles. E assim, ou ajeitamos as coisas pelo milagre ou pelo feitiço. E assim vamos rodando!

***

Eu falei de uma coisa chamada *transfluência*. Os povos são trazidos da África para cá e confluem com os povos indígenas pela cosmologia. E mesmo sem falarmos a língua deles, mesmo sem nunca termos nos vistos antes, pelos modos de fazer e jeitos de se comportar, nós nos entendemos. E nunca houve uma guerra entre os povos africanos e os povos indígenas, provocada por eles mesmos. Os conflitos que aconteceram foram todos criados pelos colonialistas. Nós africanos e indígenas confluímos pela cosmologia e, por isso, nos entendemos.

Os colonialistas não esperavam por isso. Os euro-cristãos não esperavam que fizéssemos uma aliança com os indígenas – coisa que os próprios colonialistas não fizeram. Eles não fizeram por ter essa doença que chamamos de cosmofobia. E onde essa doença nasce? Na Bíblia, em Gênesis, quando Deus diz para Adão: "A Terra será maldita por tua causa, porque tu me desobedeceste... Tu haverás de comer com a fadiga do suor de teu rosto... Todas as tuas gerações serão submetidas à maldição perpétua". Isso é um deus falando com o seu filho!

E o que Ele fez aqui? Primeiro criou o trabalho, quando disse: "A terra te oferece espinhos e ervas daninhas... Tu não podes comer aquilo que a terra te oferece". Adão foi proibido de comer as coisas vivas, proibido de comer a vida e obrigado a comer a morte. Ele teve que matar as plantas e plantar outras para poder comer. Depois Adão criou a desterritorialização, pois Deus disse que a terra era maldita, de modo que ele nem podia mais pisar naquela terra; por isso os humanos usaram um trator, para não tocar na terra. Ele só podia tocar na terra depois de remover a superfície. Então criou-se a cosmofobia, que é o medo de deus. E criou-se a sintetização, pois não se podia mais comer das plantas do modo como elas eram. Tudo deveria ser sintetizado. Criou-se também o terrorismo, porque ficaram os povos com medo uns dos outros. Tudo isso gerou um pensamento cruel e covarde. O colonialista não mata porque tem coragem: ele mata porque é medroso. Tem medo do outro, porque ele é só um. Ele só tem um deus. E nós somos muitos. E isso dá medo.

Digo isso para mostrar que há uma fundamentação cosmológica nessa história. Não tenho medo de que sejamos enfeitiçados pela universidade. Vejam: estamos vendo os colonialistas se reorganizando. O sindicato é uma fronteira entre o patrão e o empregado; o partido é uma fronteira entre o cidadão e o Estado; a igreja é uma fronteira entre o fiel e Deus. São três estruturas colonialistas muito parecidas. Qual é o enfeitiçamento?

Vejamos uma pessoa enfeitiçada: Lula. Ele nasce no semiárido brasileiro, sofre uma pressão ambiental e não suporta. Ele não saiu de lá para não morrer de fome. Outras pessoas enfrentaram a pressão ambiental e ainda vivem lá e construíram maravilhas. Chegando em São Paulo, ele sofre outra pressão: o preconceito por ser nordestino e a pressão por se tornar alguém de pensamento do Sudeste, que é um pensamento trabalhista. Assim ele vira um operário e deixa de pensar como um nordestino, passando a pensar como um operário. Depois vai para o sindicato, e assim entra na fronteira. E essa é uma fronteira que tem uma guarita de um lado e uma guarita de outro. Lula passou pela primeira guarita, mas não passou pela segunda. Ele deixou de ser operário para ser sindicalista, mas não virou patrão. Ele ficou em um lugar de ninguém.

O sindicato é um lugar que vende direitos, mas não entrega. Vende um direito que quem deve entregar é o patrão. Se o patrão não entrega, o operário não recebe (mas o sindicalista recebe, porque ele é remunerado para essa tarefa). Lula nunca saiu do sindicato: foi enfeitiçado. Ele deveria ter voltado ao torno.

Eu também fui sindicalista. Fui diretor da Federação dos Trabalhadores na Agricultura do Estado do Piauí (Fetag-PI), mas nunca saí da roça. Nunca me enfeiticei, tanto que renunciei de lá quando notei que os quilombolas não tinham espaço ali. O que eu fiz? Transfluí, atravessei a fronteira por transfluência, não fui cooptado pela fronteira. Rompi, atravessei.

Podemos dizer que o programa *Encontro de Saberes* que há na Universidade de Brasília e em outras universidades do Brasil é o enfeitiçamento da estrutura. Enquanto estudantes negros entram pelas cotas, nós entramos pelo *Encontro* trazendo nosso saber. O que a academia faz? Como uma pessoa daqui vira doutora? Veja essa cena, uma cena "muito bonita": uma pessoa, mesmo das nossas, não sabe se o quilombo é socialista, comunista, comunitarista, liberalista ou revolucionário. E ela quer saber. Na graduação ela não consegue saber, pois não se ensina isso. Ela só pode saber isso na pós-graduação. E na pós-graduação é onde ela adquire sua identidade acadêmica.

Ela procura, então, o doutor da sociologia, da história ou da antropologia e diz que quer ser orientada para descobrir qual modelo social há no quilombo. O professor doutor, que também não sabe, manda que ela pergunte no quilombo. E se o doutor não sabe sobre isso, ele é desorientado. E é o desorientado que orientará o estudante, que também não sabe. Quando esse estudante chega lá na comunidade ele se torna pesquisador. E eu, que vou ensinar, viro o objeto de estudo. É muita *doideira*.

Boaventura de Sousa Santos chama esse processo de *extrativismo do saber*. Eu já o alertei para o fato de que nós somos extrativistas e não corto a árvore da qual eu tiro o fruto. Assim, para nós quilombolas, o extrativismo não é uma atividade predatória como ele pensa. Ele opôs o extrativismo do saber à ecologia do saber. E eu mostrei a ele que o modo de ver que ele tinha era sintético e o meu, orgânico.

E o que nós fizemos? Sentamos com os indígenas de Boa Vista, pois há mais de setecentos indígenas na Universidade Federal de Roraima (UFRR) –, com os indígenas da Universidade Federal Fluminense (UFF), com os indígenas das universidades de Pernambuco. E os indígenas, o povo de terreiro e nós, da Coordenação Nacional de Articulação das Comunidades Negras Rurais Quilombolas (CONAQ), já estamos transfluindo. Decidimos que, a partir de 2018, ou teremos cotas em todos os programas de pós-graduação, ou as universidades implantam o programa *Encontro de Saberes* ou as universidades não pesquisarão mais em nossas comunidades.

Sobre o problema da vaidade, um estudante de doutorado do Museu Nacional da UFRJ, Rafael Moreira, me perguntou sobre como eu lido com a minha vaidade já que estou indo em diversas universidades importantes falar sobre nossas coisas e que meu livro tem sido bem recebido. Ele perguntou se eu não tenho medo de me tornar vaidoso. *Não!* Porque essa fala não é minha. Essa fala é ancestral. Eu não tenho sequer o direito de me sentir dono, sozinho, dessa fala. Essa fala me move. A minha vaidade é comunitária. É da minha geração avó. A minha vaidade é ver vocês, pretos e pretas, aqui dentro da universidade.

Eu não conseguia falar a palavra "transfluência". A transfluência é a nossa capacidade de romper com instituições colonialistas, e foi isso que nós fizemos. Nosso povo entrou no sindicato e saiu. Nós quisemos ser sindicalizados, a Confederação Nacional dos Trabalhadores na Agricultura (CONTAG) não quis. E depois voltamos a ser quilombolas. Nós fomos lá e voltamos. A mesma coisa com o partido. Não estou dizendo que o partido seja desnecessário: estou dizendo que o partido é um lugar para ir, e não para ficar. Nós podemos passar por lá. É um lugar para negociarmos. Negociamos e voltamos às nossas comunidades. O Estado colonialista não é o nosso lugar. Essa sociedade não é o nosso lugar. *Nosso lugar é a comunidade*. Comunidade é feita de pessoas e essa sociedade é feita de posses. Quem não tem nada nessa sociedade é mendigo. Mendigo não tem nem respeito. Nosso lugar é o terreiro, é o quilombo, é a aldeia: nosso lugar é o nosso território. Primeiro eu sou quilombola. Não sou brasileiro. Sou quilombola no Brasil. Eu pertenço a um território.

***

Falando ainda da força da transfluência, estive recentemente em Niterói conversando com uma indígena que vive na floresta. Chovia muito e essa moça chorava. Eu ainda não conseguia dizer que a transfluência é a força que compõe a confluência. Ela me disse que seu maior desejo era se aprofundar mais na cultura afro, e eu disse a ela que o meu era me aprofundar mais na cultura indígena. Então ela disse: "Como vamos fazer isso?". Lembrei que estava chovendo e disse: "Pelas transfluências! Como um rio de água doce no Brasil conflui com um rio de água doce no continente africano? Pela chuva! A água doce evapora aqui e, para evitar se tornar salgada no mar, caminha pelas nuvens e cai na África. Isso é a composição da confluência".

Como nós confluímos dentro do Estado de direito? Enquanto o indígena era selvagem e o quilombola era criminoso – ou seja, quando não éramos sujeitos de direito –, tivemos muita dificuldade de nos aliar com os indígenas de uma forma mais poderosa. Mas na Constituição, nós e os indígenas confluímos como sujeitos de direito. Pelas nossas culturas, nós transfluímos a Constituição e fizemos alianças em nossos territórios. Nós, indígenas e quilombolas, enfeitiçamos o Estado de direito e nos encontramos.

Há um perigo neste momento: as várias identidades, identidades econômicas, identidades trabalhistas, se sobressaem no discurso. Quase não se fala mais no Movimento dos Trabalhadores Rurais Sem Terra (MST), nem em reforma agrária. E isso é proposital. Entretanto, o MST caiu no feitiço. Em qual feitiço? O MST começou a discursar que a reforma agrária é de todos. Como o Partido dos Trabalhadores (PT) achou que era o partido de todos. Como a Central Única dos Trabalhadores (CUT) achou que era de todos. Quando dizemos que somos de todos, estamos sendo *mono*, pois transformamos o todo em um. Foi quando isso aconteceu que o MST se complicou.

Nós quilombolas não somos um. Cada quilombo é um. Podemos até contribuir com os quilombos dos outros, mas cada quilombo é um. É por isso que os colonialistas nunca nos venceram. Eles precisariam de uma arma para cada quilombo, uma metodologia para cada quilombo, uma estratégia para cada quilombo. E eles não deram conta de pensar em tudo isso. Nós temos a nosso favor um saber ancestral que nos ensina. Os colonialistas não. Eles têm um pensamento quadrado.

Outro dia um homem me perguntou, em uma fala que fiz em Belo Horizonte, o que eu achava sobre a alimentação dos terreiros no que diz respeito ao sacrifício dos animais. Quando fui responder, disse a ele uma coisa que eu nunca tinha feito, mas que poderia fazer. Eu disse a ele: "Estou em Minas Gerais. Aqui vocês adoram um chouriço. E terça-feira irei no terreiro de Pai Ricardo e beberei sangue e cachaça com Exu. O animal que vai ofertar o sangue para bebermos morreu, mas o animal do chouriço também morreu. Portanto, a diferença não está em sacrificar o animal, mas no paladar. A gente gosta de sangue com cachaça como vocês gostam de chouriço!". Isso é o que eu chamo de *pedagogia do impacto*, que aprendi com Mãe Joana. E aprendi contracolonizando Cristo.

Como Mãe Joana contracolonizou Cristo? Contando algumas histórias de Cristo a nosso favor. E como eu contracolonizei Cristo para fazer reforma agrária? Contando algumas histórias de Cristo a nosso favor. Vejam a história: quando eu ia para uma assembleia de trabalhadoras e trabalhadores rurais cristãos, eu chamava Cristo e dizia: "Cristo, me ajuda a explicar para esse povo, porque sozinho não dou conta".

Como é que uma comunidade cristã entrará em uma roça cercada, que tem escritura, que tem "dono", para tomar conta daquilo ali? Na visão deles é invasão mesmo. Um povo que segue o "Dai a César o que é de César"? Não vai... E eu dizia: "Vamos conversar... Vocês sabiam que Barrabás se encontrou com Jesus uma vez antes de morrer? Pois encontrou. Jesus era da oralidade. O que não está na bíblia, Jesus falou mas não se escreveu. Esqueceram de escrever, mas eu escutei sobre essa conversa entre Jesus e Barrabás. Barrabás perguntou:

> – *Jesus, meu irmão, o que tu queres?*
> – *Eu quero a vida. A vida em abundância para todo mundo.*
> – *Engraçado, eu quero a mesma coisa. E por que você não está conseguindo atingir esse nível de vida em abundância para todo mundo?*
> – *Por conta dos poderosos.*
> – *Eu também. Os poderosos que me impedem. Os poderosos que te impedem usam que armas?*

– *Eles usam armas letais.*

– *E tu, Jesus, usas que armas?*

– *Eu uso a palavra.*

– *Ah, aí está a diferença entre nós. Eu também uso armas letais. Se os poderosos usam armas letais, também uso armas letais. Se alguém usa armas letais e tu usas a palavra, tu perderás. A não ser que nós façamos uma aliança.*

– *Qual aliança?*

– *Jesus, tu tens o dom da palavra. Tu falas e o povo escuta. Eu falo e o povo corre. Mas eu tenho o dom das armas e tu não o tens. Então tu chamas o povo e diz que fez uma aliança com Barrabás; então vocês acompanham Barrabás. Eu armo o povo todo e nós derrotamos os inimigos. Tu tens o dom da divindade e perdoas todo mundo, e haverá vida em abundância para todo mundo.*

– *Mas isso não pode, Barrabás. Meu Pai não concorda.*

– *Então morreremos os dois. Porque tu, com a palavra, só falas com os pobres. Os ricos nem vão para a tua reunião. Tu ficas mandando os pobres dividirem, se eles não têm nada para dividir. Assim não se conserta o mundo. E eu morrerei também. Porque estou sozinho com as armas. E os poderosos são muitos.*

E, para contracolonizar Cristo, eu perguntava aos trabalhadores: "Pessoal, quando Jesus estava sendo julgado, quem estava ao lado dele?". O pessoal respondia: "Barrabás". E quando perguntado se deviam matar Cristo ou Barrabás, o que foi respondido? "Mata Cristo."

Não é porque o povo não gostava de Cristo. O povo entendeu a mensagem de Barrabás. O que o povo pensou? Nós dizemos que matem Cristo e seguimos Barrabás, então voltamos e soltamos Cristo. Só que não deu tempo. Os poderosos mataram os dois, porque Jesus não compreendeu a estratégia. Resultado: eu nunca perdi uma ocupação de terras.

Paulo não gostava de Jesus. Quando ele viu que Jesus era importante, colonizou Jesus. E vocês estudantes cotistas negras e negros correm esse risco também. Eles vão querer que vocês se sintam importantes porque têm um certificado e vão querer que vocês só façam aquilo que o certificado manda. O certificado coisifica vocês. O certificado é como um código de barras: só serve para dar o preço, não serve para determinar o que vocês sabem. E, com a formação de doutoras e doutores nossos, há o risco. Há vários doutores em história, sociologia, antropologia, geografia, mas trabalharão onde? Não haverá emprego. E aí é importante que se juntem a nós, fazendo apenas o necessário, tendo *preguiça*. Na sabedoria, saquear o Estado. Nós não pedimos dinheiro ao Estado – nós pegamos carona. A corrupção só é ruim porque apenas algumas pessoas o fazem. Se todo mundo fizesse, o problema estaria resolvido.

Muitas pessoas se preocupam com a religiosidade. Um dia, durante uma atividade do Encontro de Saberes na UnB, fomos ao quilombo de Mesquita. As pessoas ficaram preocupadas porque não viram lá um terreiro, mas sim uma igreja. E aí é importante ir na hora da celebração para ver como as pessoas se comportam. É na celebração que se vê se o povo está dominado ou não.

Por outro lado, as escolas do Estado não conseguirão anular nossa sabedoria. Em nossas comunidades, a sabedoria não é passada de uma vez para uma geração inteira. Meu tio Norberto Máximo, um de meus grandes mestres morreu em meu colo, passou-se em meu colo. Ele me convidou para dentro do quarto, mandou fechar a porta disse: "Olhe, meu filho, eu não tive filhos meus, mas criei muitos filhos. Comi e dei de comer". E começou a chorar. Perguntei a ele por que chorava, e ele respondeu: "Estou chorando porque lhe ensinei tudo o que sabia, mas eu não sabia tudo o que queria lhe ensinar. Passe tudo o que lhe ensinei para os outros. Não deixe esse saber morrer". Ele disse isso para mim, mas também deve ter dito para muitas outras pessoas. E como os colonialistas podem ganhar de nós desse jeito? O nosso saber é vivo.

Hoje, o maior medo da academia, apesar de nos pesquisar, são os povos e as comunidades tradicionais. Ela só nos cita, só fala em indígenas e quilombolas e, recentemente, começou a falar em povos e comunidades tradicionais. Isso é perigoso. Temos de estar juntos, e não pode chamar todo mundo de povos e comunidades tradicionais". Esses povos têm nomes. Se a academia e o governo não conseguem dizer sequer o nome de cada um, como daria conta de nos atender? Somos indígenas, quilombolas, pescadores, ciganos, ribeirinhos, catadores de coco, catadores de capim... Temos de dizer cada um dos nomes. Quanto mais nomes, mais armas os colonizadores precisarão, mais estratégias precisarão. Por isso, temos de evitar ser egoístas, nos sentirmos melhores por sermos nomeados. O dia mais feliz da minha vida será aquele que eu tiver a certeza que todos os meus amigos e minhas amigas são melhores do que eu, em tudo. É o dia em que serei mais bem cuidado.

Gostaria, ainda, de encerrar com uma poesia, pois a poesia é importante:

*Queimaram Palmares,
surgiu Canudos.
Queimaram Canudos,
surgiu Caldeirões.
Queimaram Caldeirões,
surgiu Pau de Colher.
Queimaram e continuam queimando,
Surgiram, e continuarão surgindo tantas outas comunidades que os vão cansar,
se ainda queimarem...*

*Eles queimam a escrita,
mas* não queimam a oralidade.
*Eles queimam os símbolos,
mas* não queimam os significados.
*Eles queimam os corpos,
mas* não *queimam a ancestralidade.*
Salve!

Etnicidade, racismo e representações interétnicas: imigrantes africanos vistos por portugueses no distrito de Braga, Portugal

Manuel Carlos Silva

Introdução: objeto, problema e método de pesquisa

Os partidos de extrema direita e grupos neorracistas, reafirmando suas territorialidades locais e especificidades "culturais" nacionais frente aos movimentos transnacionais e insinuando a suspeição ou a perigosidade do estrangeiro, sobretudo o não europeu, vêm experimentando uma crescente representação em parlamentos de diversos países da Europa, com adesão não só por parte de eleitores idosos, mas também de meia idade e jovens. Sob o manto das diferenças étnicas e com apelos aos "vínculos primordiais" (SHILS, 1957; GEERTZ, 1963), alegadamente derivados de relações de sangue e parentesco ou idiossincrasias culturais, verifica-se por esta via um processo de reforço do nacionalismo e da "nacionalização" de identidades (BADER, 1985; MILES, 1989; GALISSOT, 1994). A isso se articula o conceito de "racialização" nacionalista como processo de homogeneização, inclusão e/ou superioridade do "nós-nação" e diferenciação e exclusão dos "outros-estrangeiros", amiúde permeabilizada com anedotas e boatos contra os grupos-alvo (BALIBAR; WALLERSTEIN, 1988; BADER, 1985; FERNANDES, 1995; CUNHA, 2000).

O nacionalismo retrógrado e xenófobo,[1] ao reclamar uma unidade política territorial etnicamente homogênea, só se torna possível quando assimila, expulsa ou mata os não nacionais, dando lugar a processos de limpeza

---

[1] Cf. GELLNER, 1993, p. 11. Embora esta seja a concepção predominante de nacionalismo, há outras que não implicam subjugação do Outro (e.g. movimentos de libertação nacionais), pelo que o nacionalismo não se prolonga necessariamente em racismo (SMITH, 1991; BALIBAR, 1995; NASCIMENTO; THOMAZ, 2008; SOBRAL, 2014).

étnica e/ou massacres de cariz étnico. Especificamente em Portugal, se no passado proclamava-se que o colonialismo português era diferente dos demais colonialismos europeus, hoje a narrativa dominante nos relatórios oficiais e em outras instâncias estatais é a de que Portugal, não obstante ser, segundo Breton (1983), um Estado-nação monoétnico, seria, em relação aos imigrantes, refugiados e minorias étnicas, um exímio caso exemplar de convivência interétnica e multicultural.

Na sequência de vários trabalhos (MACHADO, 1992; MARQUES, 2000), sustento neste texto, com base na discussão teórica e nalguns resultados de trabalho empírico (SILVA, 2008, 2014) através de diversos métodos (documental, 2018 inquéritos e 40 entrevistas semiestruturadas), que existem no distrito de Braga representações e práticas de discriminação racial e étnica por parte da maioria dos inquiridos para com as minorias, indo desde o nível institucional às interações na vida quotidiana. Considerando os diversos conflitos em nível não só internacional, mas também – ainda que de forma mais moderada e sutil – nacional, a questão subsequente consistirá saber em que medida as sociedades contemporâneas têm capacidade de gerir, não só política como socialmente, as relações interétnicas entre maiorias e minorais nacionais e étnicas. Indo além e focalizando a atenção sobre o distrito de Braga, pergunta-se em que medida persistem formas de discriminação e racismo, eventualmente extensíveis ao país.

O reconhecimento do direito à diferença minoritária choca com o princípio da igualdade de cidadãos perante o Estado na medida em que a conciliação das dimensões individual e coletiva dos direitos humanos só é possível através do princípio da discriminação positiva. Tal fator coloca um problema de fundo ao modelo político do Estado-nação, lança um importante desafio à democracia (WIEVIORKA, 1993) e exige uma nova gestão política com base no conceito de multinação partilhando um destino comum (PIERRÉ-CAPS, 1995).

Raça, etnia e racismo: os contextos pós-coloniais e migratórios

A noção de "raça", variável no tempo e no espaço, é conceitualizada por Banton (1979) como um idioma que remete a diferentes significados: primeiro como descendência comum, na medida em que os povos classificam a si e aos outros com base em características físicas inatas, deslizando posteriormente para o sentido de povo ou nação; segundo, o termo "raça", empregado por monogenistas e poligenistas, tem significados diferentes, sendo utilizado por estes últimos como sinônimo de "tipo", com o objetivo de sustentar a diversidade de tipos na origem do homem; e terceiro, o termo "raça" entendido como subespécie, seja como adaptação, seja como fase de uma evolução da espécie. Foi prevalecendo, porém, o conceito de raça como descendência. No uso corrente, graças ao crescente descrédito provocado por sua associação à ideologia racista sob o nazismo, foi dando lugar ao conceito de etnia ou minoria étnica.

O conceito de etnia, quer do lado do observador quando dominante, quer a partir da consciência dos próprios sujeitos-membros, sobretudo quando dominados, pressupõe uma identidade étnica que remete para a subjetividade daqueles a quem se aplica. Assim, é possível relevar, segundo Poirier (BRÉTON, 1983), a percepção de uma "comunidade de memória (história e mito), de valores (conceitos, códigos e símbolos), de nome e de aspirações (o querer viver em conjunto)".

Se para alguns autores, como Taguieff (1997), o racismo seria um fenômeno com raízes nas sociedades esclavagistas, sendo justificado pelo próprio Aristóteles (1997) com base na "natural" inferioridade dos escravos, para a maioria de historiadores e sociólogos o racismo é basicamente um fenômeno moderno, sobretudo a partir do século XVIII, fortemente associado aos processos de mercantilização, urbanização e industrialização presentes nos contextos – quer (pós)coloniais, quer migratórios – designadamente europeus e americanos.[2]

Distinguindo o contexto (pós)colonial, próprio de sociedades agrárias pré-capitalistas, esclavagistas ou despóticas, e o moderno contexto urbano capitalista, alguns autores como Van den Berghe (1967) distinguem entre racismo paternalista para o primeiro caso e racismo competitivo para o segundo. *Grosso modo*, tal distinção coincide respectivamente com o período de (neo)colonização e o período das migrações modernas em direção às sociedades capitalistas.[3]

Aos processos de colonização e conquista militar presidia a ideia, dita universalista, de que cabia aos colonizadores a missão de cristianizar os indígenas e, sobretudo, de transmitir-lhes a sua "superior" civilização – o que, independentemente das diferentes ou até contrárias percepções dos povos colonizados, tornava-se possível graças ao poderio econômico e à subjugação

---

[2] A este respeito, o racismo não deverá ser entendido como um fenômeno de validade universal, não devendo confundir-se com o conceito de etnocentrismo. O racismo é sempre etnocêntrico, mas nem todo o etnocentrismo é racista: suas teorias são modernas, mas embrionárias manifestações podem ser pré-modernas.

[3] Segundo Banton (1967), haveria seis ordens nucleares das relações raciais: o contato institucionalizado, a dominação, o paternalismo, a aculturação, a integração e o pluralismo.

política por parte dos colonos europeus. Aqui, a questão racial, embora somente numa fase posterior viesse a sedimentar-se ideologicamente, tendia a confundir-se com a questão da exploração econômica e dominação política coloniais, legitimando-as.

Foi nesse contexto, e sobretudo a partir do século XVII, que tomaram corpo as atitudes racistas não só em termos biológicos e cultural-simbólicos (o culto genealógico, o branco como sinal de pureza e o negro como sintoma de impureza), mas sobretudo em termos econômicos e políticos. Tal cenário deu lugar a uma desenfreada exploração econômica (uso de trabalho escravo e, posteriormente, assalariado) e dominação política (negação dos direitos de cidadania) aos negros, índios e outros povos considerados "bárbaros" e "selvagens".[4] Se é certo que, a esse propósito, políticos e doutrinadores de raiz liberal e jacobina contribuíram para democratizar e alargar os direitos cívicos aos demais cidadãos – pelo menos em termos jurídicos e no Ocidente –, vários deles expressavam alguma ambiguidade, enquanto outros negavam, na prática, os direitos cívicos aos povos índios e negros, considerando-os inferiores e naturalizando sua assimilação e/ou subjugação ao sistema político colonial ou pós-colonial ocidental.[5]

Com a ascensão e a consolidação das sociedades capitalistas, nomeadamente no Ocidente, verifica-se também a emergência de relações raciais e étnicas de tipo competitivo. Isso significa que, para além das características

---

[4] Cf. Quijano (2000) e o conceito de "colonialidade do poder". O colonialismo português enquadrou-se nas concepções racistas gerais, mas foi alterando o discurso conforme as épocas e as conjunturas. Primeiro, nas exposições coloniais no Porto e em Lisboa, os indígenas eram vistos como "selvagens". Mas, após a eclosão das guerras coloniais, procurou-se demonstrar o caráter multirracial e pluriétnico do império português com base no lusotropicalismo de Gilberto Freire (cf. ALEXANDRE, 1999; CUNHA, 2001; CABECINHAS, 2007; VENÂNCIO, 1999).

[5] Vários filósofos modernos, desde Hegel (2007), passando por Hume (2001) e Kant (1993), até fundadores da sociologia, como Durkheim (1991) e Weber (1978), denotavam preconceitos raciais e desclassificavam os negros em seus escritos, tema que mereceria maior desenvolvimento. Entre os políticos, refere-se a Jefferson que, não obstante ter defendido a abolição da escravatura dos negros, refletia também preconceitos raciais: "Em memória, os negros são iguais aos brancos, mas em razão são inferiores"; ou Lincoln: "Sou a favor de ser atribuída uma posição superior à raça branca" (MYRDAL, 1944). Cf. críticas de: VAN DEN BERGHE, 1967; BANTON, 1979; GIDDENS, 1997; SOBRAL, 2014; GARCIA FILICE, 2017; SANTOS; MENESES, 2009, a propósito da dualidade entre epistemologias do Norte e epistemologias do Sul, não obstante esta tese ser suscetível de algumas pertinentes objeções expressas por: SOUSA; LEWIS, 2013.

físicas, outros elementos de ordem social e cultural vêm sobrepor-se como critérios de inferiorização e estigmatização, senão mesmo de exclusão e segregação em termos de trabalho, habitação, escola e convívio. Se as migrações, para alguns países europeus, conhecem uma longa história (judeus na Europa e irlandeses na Grã-Bretanha num contexto de colonialismo interno britânico), a maior parte da avalanche de migrações para a Europa deu-se sobretudo a partir dos processos de descolonização, da corrente de refugiados e da necessidade de mão de obra não qualificada. Sobre este último aspecto, podemos citar as migrações dos países da América Central e do Sul para a América do Norte e Canadá, além dos países do Mediterrâneo e do norte da África para os do centro e do norte da Europa no contexto da reconstrução europeia e da expansão industrial após a Segunda Guerra Mundial.

Discriminação e racismo: algumas (pseudo)teorias

Embora as formas de racismo biológico e de racismo neonacionalista, "sem raça" e alegadamente culturais, coexistam e se reforcem mutuamente, os ideólogos do racismo se escudam cada vez mais no racismo institucional, ou o entendem como um modo de combater a ameaça dos fundamentalismos religiosos islâmicos, entre outros. A substituição do princípio ilegítimo das hierarquias raciais pelo princípio mais sutil das diferenças culturais – ainda que em parte presente – não deixa de fornecer um reconfortante alimento ideológico ao senso comum implicitamente autocentrado, àquilo que Essed (2002) denomina formas de racismo quotidiano, formas estas bem presentes hoje com forte componente xenófoba.

O racismo institucional afigura-se como fator coadjuvante das formas de discriminação e racismo na vida quotidiana, seja sob formas brutais, flagrantes e diretas, seja sob formas sutis, discretas e refinadas, utilizando aqui a distinção conceitual de Petigrew e Meertens (1995) e, em Portugal, de Vala *et al.* (1999) e Cabecinhas (2007). Porém, quais as principais teorias que, ao longo da história contemporânea, têm sido avançadas para explicar o racismo?

A esse respeito, e seguindo de perto Bader (1995), creio que, não obstante as variantes internas, as referidas teorias podem se subsumir em quatro: (*i*) as teorias biológico-genéticas; (*ii*) as teorias etológicas e sociobiológicas; (*iii*) algumas teorias psicológicas; e, por fim, (*iv*) os diversos olhares sociológicos sobre as relações raciais e étnicas.

As teorias biológico-genéticas

Desde o século XVIII, sobretudo em meados do século XIX e, mais precisamente, desde a década de 1920 do século XX, os defensores das teorias biológico-genéticas do racismo, como Gobineau (1940), afirmavam a necessidade de se preservarem a pureza e a hierarquização das raças. Para tal, tornava-se imperativo estabelecer uma demarcação, uma vez que a mistura de raças seria um sinal de decadência. Os fatores determinantes das desigualdades humanas seriam explicadas a partir da "natureza", ou seja, com base em fatores de ordem biológica e genética (DIAS et al. 1997, p. 142). Como sublinha Todorov (2000), as teorias racistas biogenéticas sustentam uma continuidade, uma interdependência entre os traços físicos e os traços morais ou culturais. Mais precisamente, as diferenças físicas determinam, de modo rígido, as diferenças culturais, a hierarquização única de valores e a justificação hierárquica das raças com a subordinação ou mesmo eliminação das inferiores.

As teorias etológicas e sociobiológicas

Alguns autores como Lorenz (1987), ocupados com a etologia numa linha sociobiológica, sustentam que, na base dos diferentes comportamentos e qualidades sociais estariam ora os genes ou caracteres seletivos, ora os instintos ou coeficientes raciais de inteligência. Embora não necessárias ou declaradamente racistas, essas teorias têm alimentado interpretações racistas ou têm sido apropriadas pelos ideólogos racistas.

Os pseudoargumentos na reemergência de movimentos racistas de ultradireita retomam um cariz biológico-genético, continuando ainda a afirmar que, embora não existam "raças" puras, os homens são inevitavelmente diferentes. Tais pseudoargumentos, tal como refere Memmi (1993), buscam validar a referida posição através das diferenças reveladas pela análise do sangue humano, as quais, analisadas no nível dos indivíduos, são projetadas indevidamente no nível dos grupos humanos em termos raciais.

Algumas teorias psicológicas

Entre as teorias psicológicas, há que destacar, num primeiro momento, a posição de Le Bon (1998), que estabeleceu uma hierarquia psicologizante das "raças" – as superiores (indoeuropeias), as médias (chinesas e semitas) e as inferiores (primitivas). Ainda do ponto de vista psicológico, é clássica a posição de Dollard (1937), que, ao estudar as relações entre brancos e negros numa cidade do sul dos Estados Unidos, constata que o preconceito dos brancos sobre os negros se deveria a atitudes de personalidade originadas pelo preconceito racial, o qual é explicado pelo lado emocional inerente a certas disposições psíquicas originárias dos processos de socialização.

Numa orientação sociopsicológica, cruzando influências freudianas com a teoria crítica na sociologia, destacam-se ainda autores como Reich (1972), Horkheimer (1946) e Adorno *et al.* (1950). Tais estudiosos explicam as síndromas autoritárias, autocráticas ou até nazis com base em certas teorias psicanalíticas, interpretando tais condutas como resultantes dos processos de socialização e de sentimentos de frustração, dando lugar a "personalidades autoritárias", conformistas e subservientes para os "superiores", e rígidas e preconceituosas para com os "inferiores". Outros, por fim, analisam o problema a partir da externalidade do sistema de valores em inúmeras situações (SCHWEISGUTH, 1995), o qual está sujeito, como refere Tajfel (1978), a quatro tendências fundamentais quando da sua interiorização, a saber: a categorização, a generalização, a valorização-desvalorização e a identificação com o grupo.

Etnicidade e racismo sob olhares sociológicos

Os sociólogos, reagindo, em regra, às teorias biologistas e psicologistas sobre os preconceitos xenófobos ou mitos racistas, explicam a existência do racismo em bases e orientações diferentes. Mas a esse respeito não há, de modo algum, unanimidade argumentativa.

A perspectiva funcionalista-culturalista

Numa perspectiva funcionalista, designadamente durkheimiana (DURKHEIM, 1977), não é pensável uma sociedade igualitária: qualquer sociedade é estratificada na medida em que funções diferentes correspondem a talentos, desempenhos e recompensas desiguais. A diferenciação de papéis não afeta o desejável funcionamento harmônico da sociedade através da criação e do reforço dos laços sociais, seja numa sociedade tradicional perpassada de solidariedade mecânica ou por similitude de normas e valores nomeadamente religiosos, seja na moderna sociedade imbuída de solidariedade orgânica assente na divisão social do trabalho. Em ambas a consciência coletiva, mais forte na primeira que na segunda, influenciaria e moldaria a consciência individual de cada um. Seria, aliás, a diminuição da densidade moral ou a divisão forçada do trabalho social que explicaria a anomia social e, no caso em discussão, a discriminação e o racismo.

A corrente (neo)weberiana

No âmbito da sociologia, a importância das questões raciais e étnicas foi realçada por outros autores clássicos, sendo preciso destacar, em particular, dois nomes que mantêm uma enorme atualidade em nível local-regional, nacional e internacional: Weber (1978) e Du Bois (1961),[6] tendo este último sustentado no início do século, em tom aparentemente profético, que o século XX seria, pela "linha da cor", o século dos conflitos interétnicos.

O método weberiano, centrado na compreensão e na explicação, representa uma abordagem que parte, num primeiro momento, da perspectiva do outro – neste caso, dos significados atribuídos quer pelos membros da maioria autóctone, quer pelos indivíduos das próprias minorias étnicas ou migrantes. Nos conceitos de etnia e etnicidade, porém, a força da crença na origem e no sentimento de pertença e de vida em comum (*Gemeinsamkeitgefühl*), na ação coletiva e na comunidade política, independentemente da forma em que esta esteja organizada (WEBER, 1978), conta mais que os traços físico-biológicos. Essa crença comum, traduzida na linguagem, no ritual, no parentesco, no modo ou estilo de vida comum, é, tal como refere Jenkins (2008), mais efeito que causa, na medida em que é a ação coletiva que encoraja e reforça a identidade e a identificação étnica. Ora, o grupo étnico, na medida em que constitui uma forma especial de grupo estatutário, tende eventualmente ao fechamento social (WEBER, 1978). A pertença étnica constitui uma fonte de clivagem social tão ou mais importante que a pertença de classe (WEBER, 1978; GLAZER; MOYNIHAN, 1975; PARKIN, 1979; REX, 1988), beneficiando as filiações étnicas da "particularidade adicional de já possuírem o sentimento de formarem um todo, que as classes baseadas num ajustamento racional de interesses só adquirem gradualmente" (REX, 1988).

---

[6] O cientista social negro Stuart Hall (1993), considerando a diversidade de experiências sociais e identidades culturais, também viria a convergir nesta ideia, mas agora sobre o século XXI: "A capacidade de viver com a diferença é, no meu ponto de vista, a questão emergente do século XXI" (HALL, 1993, p. 361).

Na abordagem weberiana é salientada a tripla dimensão da distribuição do poder numa comunidade – a econômica designada pela classe, a social pelo prestígio ou honra (*status*) e a política pelo conceito de partido –, apresentando, nas relações interraciais e étnicas, uma enorme relevância. Os três conceitos relevam – e, não obstante sua relativa autonomia, eles são interdependentes – o que se coaduna com a convertibilidade de recursos, o que nem sempre é levado em conta por autores neoweberianos que destacam, unilateralmente, as relações assimétricas ora pela estratificação (REX, 1970, 1988),[7] ora pela exclusão social, ora ainda pelas relações de poder (PARKIN, 1979; TOURAINE, 1995).

A Escola de Chicago, o transacionalismo e o interacionismo simbólico

Nas primeiras décadas do século XX, uma época em que as questões raciais e étnicas estavam na ordem do dia, a Escola de Chicago assumiu-as, no quadro da enorme mobilidade de populações para a cidade, como um dos principais focos de atenção, embora com uma preocupação mais descritiva e interpretativa que analítica e explicativa.

Afastando-se do funcionalismo durkheimiano de cariz estruturalista, mas sofrendo quer as suas influências, quer as de Tonnies (1953) em torno do binômio comunidade-sociedade, quer sobretudo as de Simmel (1987) na sua reflexão sobre o estrangeiro, Park (1987) distingue-se pela transferência do modelo bioecológico no mundo vegetal e animal para a sociedade, designadamente em meio urbano. Tal pressuposto confere alguma conotação ao argumento social-darwinista, o que independe das suas intenções reformadoras face a um tecido urbano "desorganizado": as tendências "naturalistas" e "bioecológicas" induziram Park a interpretar as relações raciais e respectivas situações de fricção, competição e segregação como resultado de processos de expansão e como parte de "processos históricos ineluráveis de integração dos povos" numa sociedade "cosmopolita e livre".

Na sequência do contributo da Escola de Chicago, torna-se incontornável a referência aos contributos do interacionismo simbólico, cujos fundadores,

---

[7] Rex e Tomlinson (1979) relevam a situação das minorias étnicas e dos emigrantes em posição de desvantagem – que, na esteira de Myrdal (1944), designam de subclasse – mesmo em relação à classe operária autóctone assalariada. Isso se deve ao fato de aqueles estarem excluídos da negociação e da participação em termos sindicais e políticos, assim como correlativas conquistas sociais (e.g. salários, emprego, educação e saúde).

sobretudo Mead (1937), vieram mostrar como os indivíduos, sendo influenciados e mesmo condicionados pela sociedade – ou, mais especificamente, pelas imagens e representações dos outros (*Generalized Other*) que marcam o "eu" socializado (*Me*) –, não deixam de ser também seres ativos e criativos que moldam a própria sociedade, ou seja, cada indivíduo é um ser idiossincrático ativo (*I*). Porém, será Goffman (1988) que, quanto aos processos de identidade, nomeadamente étnica, mais luz dará sobre os preconceitos, os estereótipos e os processos de rotulagem que, embora aplicados à interação entre diversos grupos e categorias sociais, se aplica mormente às relações interétnicas, assumindo centralidade o conceito de estigma (GOFFMAN, 1988).[8]

No quadro da Escola de Chicago e numa perspectiva interacionista, importa destacar ainda, em 1948, o contributo marcante de Hughes (1994), defensor de uma abordagem relacional entre o grupo maioritário e os minoritários. No entanto, será o antropólogo nórdico Barth ([1969] 1980) quem, na sua crítica à perspectiva estrutural-funcionalista, desenvolverá uma inovadora linha transacionalista, a qual, de modo equivalente à interacionista na sociologia, potencializa sobremaneira a compreensão e a explicação das relações interétnicas. Com efeito, esse autor não define os grupos étnicos por algum substrato cultural, mas pela organização das diferenças culturais e pela demarcação de fronteiras e respectivas formas sociais entre comunidades ou grupos étnicos, entre o "nós" e o "eles", em que cada um dos grupos étnicos no seu processo de identificação partilha significados e, face aos outros, salienta as características percebidas e consideradas emblemáticas. Essa perspectiva evita não só a reificação fixista e naturalizada da etnicidade como atributo dos grupos étnicos minoritários como, tal como refere Jenkins (2008), corrige o senso comum de que o processo de identificação étnica é um fenómeno que apenas diz respeito aos outros, às minorias étnicas e não a todos, quando de facto estão relacionados todos os indivíduos, incluindo os do grupo étnico maioritário.

Tal como referimos acima, ainda na viragem do século XIX para o século XX, um autor incontornável na análise das questões raciais e étnicas, nomeadamente no preconceito racial, foi Du Bois (1961), o qual assinalou no

---

[8] O estigma advém da discrepância entre a identidade virtual – o conjunto de atributos esperados ou imputáveis a determinado indivíduo considerado normal – e a identidade real constituída pelos atributos efetivamente possuídos por determinado indivíduo, relevando, neste caso, de entre os três tipos – físico, de carácter e o tribal –, este último relacionado com raça, nação e religião.

seu livro *Souls of Black Folk* a presença da "dupla consciência" ou corte na "psique" coletiva dos oprimidos negros, embora surpreendentemente ele viria, num segundo momento, abandonar esse conceito, sem deixar de sublinhar a necessidade de organização própria para a defesa dos seus interesses e objetivos de libertação.[9]

A abordagem (neo)marxista

Segundo a clássica abordagem marxista, a explicação das conflitualidades interétnicas assenta basicamente na divisão antagónica de classes coadjuvadas por fatores de ordem política e sobretudo ideológica no sentido de criar clivagens interétnicas no seio das classes exploradas e oprimidas, ocultando a contradição fundamental entre as várias frações da burguesia detentoras dos meios de produção e as várias frações das classes trabalhadoras, produtoras de mais valias acumuladas em favor do capital, deslocando o centro de gravidade das lutas sociais em favor de expressões racistas e xenófobas (Cox, [1948] 1970; Castles; Kosak, 1973; Miles, 1986; Memmi, 1993; Balibar; Wallerstein, 1988, Wallerstein, 2000). Importa todavia contextualizar os diversos contributos marxistas: enquanto Cox ([1948] 1970) assume que "raças" e "preconceitos raciais" originados ao tempo dos primórdios do colonialismo nos finais do século XV se perpetuaram até ao imperialismo no século XX por "efeitos do processo de proletarização", Castles e Kosack (1973), utilizando convencionalmente esses conceitos mas sem os problematizar, rejeitam o paradigma dominante explicativo do racismo em torno das "relações raciais" e apontam que a imigração e a formação do estrato de emigrantes desprotegidos e discriminados devem-se à política económica e às relações de classe no quadro do desigual desenvolvimento do capitalismo mundial. Já, porém, Miles (1984, 1986), ainda que seguindo *grosso modo* o raciocínio de Castles e Kosack, constata a não problematização do racismo por parte destes autores e sobretudo critica o reducionismo simplista de Cox, na medida em que, desde o século XV até à abolição da escravatura, não há processo de proletarização no sentido marxista, mas relações laborais não livres (trabalho forçado).

---

[9] Tendo presente movimentos racistas como o Ku Klux Klan e partindo do princípio de defesa das comunidades negras saídas da escravatura, Du Bois (2000) é claro no seu discurso e estratégia de mobilização política e organizações raciais próprias em vários setores (empresarial, escolar, comunicacional, literário e artístico).

Sendo a dimensão económica a instância que condiciona a superestrutura jurídico-política e ideológica (MARX, 1971), o racismo seria, segundo Miles (1986), uma espécie de fórmula mágica para esconder as relações de classe e a dominação capitalista, como principal responsável pelo surgimento do preconceito racial.

Balanço crítico e perspectiva de síntese proteórica

Todas as teorias e formas de classificação racial e de racismo, mais biológico ou sociobiológico ou mais cultural, são formas sociais, cultural e historicamente construídas por certos grupos dominantes que pretendem preservar prerrogativas, expandir seu domínio colonial e/ou imperialista, naturalizar os preconceitos e legitimar práticas segregacionistas, apelando aos sentimentos da sua alegada raça ou etnia na base genética, o que não tem qualquer validade científica.[10]

O modelo sociopsicológico dominante pretende explicar as condutas racistas em bases cognitivas e emocionais e ocupa-se com pertinência em detectar as razões do preconceito e do estereótipo, nomeadamente nas interações entre endogrupo e exogrupo, mas, quando se centra basicamente na personalidade e nos seus desajustamentos ou irracionalidades, esquece os contextos sócio-históricos, económicos e políticos.[11]

Quanto às explicações sociológicas do racismo, se a linha conservadora e cultural-funcionalista assume a supremacia do complexo normativo-cultural-moral como fator "superorgânico" (SILVA, 1998) para explicar o funcionamento desigual da sociedade, podendo mesmo constituir uma justificação dos respectivos grupos étnicos dominantes, a orientação interacionista e transacionalista, tendo dado contributos relevantes nos processos microssociais de marginalização e estigmatização das minorias étnicas, necessita ser articulada com as raízes socioestruturais e político-ideológicas do racismo.

A concepção weberiana em torno da etnicidade é certamente a mais compreensiva em termos da formação do grupo e da identidade étnica, a qual

---

[10] Tal como o têm evidenciado diversas declarações dos próprios biólogos e suas organizações no quadro da UNESCO em 1951 e 1964 (TODOROV, 2000; DU BOIS, 2000).

[11] As linhas psicológicas de tipo individualizante foram descontruídas por Du Bois (2000) e têm sido fortemente criticadas nas últimas décadas por certos cientistas sociais (VAN DEN BERGHE, 1967) e inclusivamente por psicólogos sociais como Tajfel (1978), Taguieff (1997) e Amâncio (1994) ou teóricos da comunicação como Van Dijk (1987).

se constrói na demarcação e no confronto com o diferente, o que comporta, não raro, fenómenos de exclusão social, processos de mobilização e resistência face a formas de dominação e poder. Por sua vez, a perspectiva (neo)marxista, ao convocar a instância económica e as desigualdades de classe no sentido de explicar a reprodução e o reforço dos interesses das classes dominantes, oferece um contributo indispensável, mas é insuficiente e é redutor quando sustenta que o conceito de raça seria uma simples máscara ideológica da exploração e da dominação de classe.

Com efeito, interpretar o racismo apenas a partir das relações de poder e dominação ou simplesmente a partir das relações de exploração económica pressuporia um conceito tão amplo de racismo que este perderia a sua especificidade e diluir-se-ia no que diz respeito ao mecanismo de dominação política e à questão social da exploração econômica, respetivamente. Sucede, porém, que se verificam situações de exploração e opressão, sem que sejam necessariamente racistas. E, vice-versa, ocorrem situações de discriminação e práticas racistas sem haver exploração económica, o que obriga a abandonar a concepção reducionista de raça ou etnia aos conceitos de classe ou de poder.

O racismo exige uma análise em dois níveis – como racialismo, ideologia ou doutrina relativa a hierarquias de raças e como comportamento denotativo de desprezo ou ódio para com o outro diferente e considerado inferior (TODOROV, 2000; BAUMAN, 2000). Ou, segundo Fontete (1976), racismo como teoria/cognição e comportamento, sendo que para esse autor ambos são orientados para valores contidos em ideologias (POULANTZAS, 1974; OLIVEIRA, 1976). Alguns conceitos, se isolados, são insuficientes, mas, quando articulados, contribuem para compreender e explicar os conflitos étnicos: o etnocentrismo (LÉVI-STRAUSS, 1975), o pluralismo (VAN DEN BERGHE, 1967), o (auto)fechamento de grupo e o diferenciado grau de acesso sobre recursos e a presença de interesses, identidades, culturas, hábitos e estilos de vida específicos entre etnias, organização e liderança e, por fim, mas não menos importante, a ideologia de superioridade racial ou étnica para uns ou a utopia de emancipação para outros (WEBER, 1978; BADER; BENSCHOP, 1988; BADER, 1995; 2005; SILVA, 2009). Quanto ao controlo de recursos, o racismo pressupõe um desigual acesso e distribuição dos mesmos entre grupos étnicos e, em regra, o domínio político ou militar de um grupo étnico por outro, para defesa de certos privilégios. Na esteira de Hall (2000), Gilroy (2000), Omi e Winant (2002), Back e Solomos (2000) e Guimarães (2008), raça, racismo e política de raça são construções resultantes de relações sociais e políticas, o que implica relativa autonomia em relação ao conceito de classe. Por seu turno, a problematização em torno do racismo e da desigualdade étnica obriga a uma reconceptualização da teoria das classes sociais (GARNSEY, 1982), ou melhor, a uma abordagem interseccional entre raça, classe e género (CRENSHAW, 2000; HOOKS, 2000).

Relações interétnicas: representações, classificações e percepções da maioria sobre as minorias africanas no distrito de Braga

Tendo como pano de fundo a perspectiva eliana (ELIAS; SCOTSON, 1969) sobre a relação entre estabelecidos – dados convencionalmente como maioria – e forâneos entendidos como minorias, irei agora verter para o texto algumas representações da maioria, tendo igualmente presente o modelo teórico das representações sociais formulado de modo sistemático por Moscovici (1989), para quem uma dada representação social não tem que ser real, mas pode ser realidade para o conjunto de pessoas que a partilham. Porém, essa perspectiva do conceito de representação deve ser completada ou mesmo confrontada com as diversas e até opostas concepções sobre o estatuto explicativo (ou não) das representações sociais. Tal obriga a que, embora de modo sintético, se explicite que, enquanto na perspectiva durkheimiana-funcionalista representação social é vista como força constrangente e determinante (DURKHEIM, 1977), na marxista ela é concebida como efeito derivado das condições materiais de existência (MARX; ENGELS, 1976); por seu turno e numa posição intermédia, na abordagem weberiana e interacionista simbólica, o conceito de representação social é traduzido por ideia, concepção, mundividência (*Weltanschauung*), a qual, embora se correlacione com os interesses e a base económica, não é simples reflexo desta mas é culturalmente significativa, seja para a manutenção, seja para a inovação e mudança sociais (WEBER, 1990). Mas demos conta dalguns resultados obtidos na pesquisa.

Percepções, representações e discriminações face ao "diferente"

Questionados os inquiridos sobre quais os grupos que consideram mais discriminados, obtivemos a seguinte distribuição de respostas.

Quadro 1: Grupos mais discriminados por sexo dos inquiridos

Os mais discriminados	Sexo			
	Masculino		Feminino	
	N	%	N	%
Imigrantes africanos	02	14,7	92	10,9
Ciganos	258	37,1	292	34,6
Imigrantes africanos e ciganos	150	21,6	229	27,2
Imigrantes do Leste	2	13,2	138	16,4
Negros em geral	71	10,2	72	8,5
Outros cidadãos estrangeiros	3	0,4	5	0,6
Portugueses	19	2,7	15	1,8
Total	695	100	843	100

Fonte: Inquérito a cidadãos(ãs) do Distrito de Braga (ICDB), 2005.

O grupo étnico que colhe mais opiniões no sentido de ser discriminado são os ciganos na ótica quer masculina (37%), quer feminina (35%). Se porventura adicionarmos a resposta de 22% de homens e 27% de mulheres que englobam imigrantes africanos e ciganos no mesmo patamar de maior discriminação, as percentagens subirão para 59% dos homens e 53% das mulheres. Seguem-se os emigrantes do Leste como os mais discriminados na perspectiva tanto de 13% de homens como de 9% de mulheres, assim como os negros em geral para 10,2% de homens e 8,5% de mulheres. Residuais são as percentagens que apontam portugueses ou outros estrangeiros como discriminados.

Uma das questões relevantes residia em saber o local onde os inquiridos consideravam que as pessoas eram discriminadas. Pelas respostas se constata que a maior parte dos inquiridos – 60% de homens e 61% de mulheres – emite a opinião de que as minorias étnicas ou nacionais, nomeadamente imigrantes, são discriminados "por todo o lado". Segue-se uma considerável percentagem de inquiridos que afirmam tal ocorrer no local de trabalho (20% de homens e 18% de mulheres), bem como na rua (11% homens e 11% mulheres) e outros, ainda que em menor expressão (9% de homens e 10% de mulheres), na escola, no café, no local de residência ou no comércio.

Um modo indireto mas revelador do olhar dos portugueses sobre os imigrantes africanos consistirá em saber como é que veem os novos países independentes donde são originários os imigrantes africanos negros.

Quadro 2: Opinião em relação aos PALOP (ex-colónias)

Opinião face aos PALOP (Países Africanos de Língua Oficial Portuguesa)	Sexo			
	Masculino		Feminino	
	N	%	n	%
São países estrangeiros como quaisquer outros	254	28,3	256	25,6
São países irmãos com uma linguagem comum	498	55,4	545	54,4
São a grandeza passada de Portugal	87	9,7	130	13,0
São um equívoco e embaraço históricos	40	4,4	34	3,4
São a nostalgia de um regresso	6	0,7	22	2,2
Deveriam ser orientados pelos portugueses	14	1,6	14	1,4
Total	899	100,0	1001	100,0

Fonte: ICDB, 2005

Tal como se pode ver, predomina a posição bem marcada de os países africanos de língua oficial portuguesa serem "países irmãos" para 55% de homens e 54% de mulheres, seguida de uma opinião pragmática, por parte de 28% de homens e 26% de mulheres que consideram que as ex-colónias e hoje países independentes são países estrangeiros como quaisquer outros, deixando de lado ideias paternalistas ou neocoloniais: "Estes países, antes de lá chegarem os portugueses, não eram nossos, por isso são países estrangeiros como quaisquer outros, porque nunca foram nossos" (agricultor, 69 anos). Em terceiro plano, estão as atitudes derivadas de resquícios passadistas, por parte de 10% de homens e 13% de mulheres, os quais ainda veem as "ex-colónias portuguesas como a "grandeza passada de Portugal".

Tendo os inquiridos sido questionados como se sentem ao passar junto de um grupo de negros, 78,5% responderam de modo assertivo não sentirem qualquer sentimento de medo, mas 21,5% manifestaram ter algum receio. Questionados, porém, sobre a razão dos medos, evidencia-se tratar-se mais de medos imaginários ou boatos do que experiências próprias. Com efeito, se, por um lado, são relatadas experiências negativas havidas com familiares

(27%) e outras com menor expressão por parte de amigos e conhecidos (11,6% e 22,8% respetivamente), uma parte considerável de respondentes refere ter ouvido falar de más experiências, mas nunca ter sido maltratado (44,1%), havendo apenas 3,8% de homens e 7,8% de mulheres a quem "lhes fizeram mal". Confrontando os medos imaginados ou boatos e os factos, o Gráfico 1 dá conta duma sintomática discrepância.

Gráfico 1: Vítima de discriminação racial

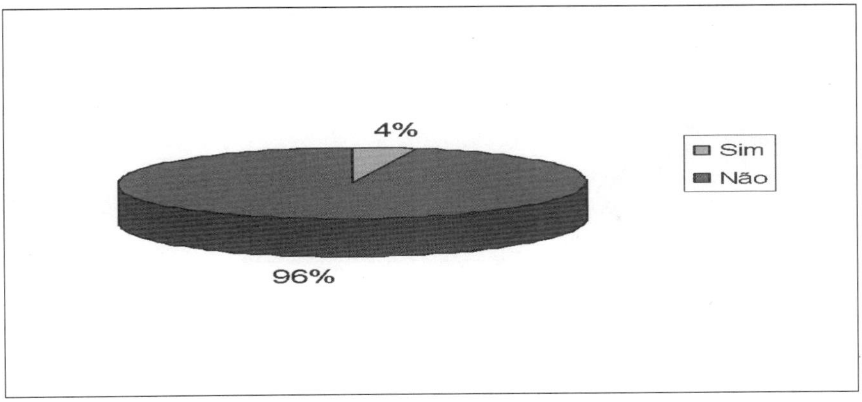

Fonte: ICDB, 2005

É surpreendente o relativo contraste entre o imaginado e o real traduzido em 4% de pessoas vítimas de discriminação: "Tive uma experiência negativa com negros e deixei mesmo de ir ao trabalho duas semanas" (H, curso médio, pequeno empresário). Porém, ressalvando este e outros casos excecionais, ressalta e de modo esmagador que 96% dos inquiridos afirmam nas respostas não terem sido vítimas de discriminação racial por negros e ciganos.

A dimensão normativa e cultural-simbólica

A dimensão cultural simbólica é imanente a qualquer sociedade e, como tal, não há sociedade sem cultura e sem um feixe de significados simbólicos. Repare-se no olhar dos portugueses sobre os africanos negros quanto a determinadas afirmações denotativas de valores e correspondentes semelhanças ou diferenças entre os da maioria e os das minorias africanas.

Quadro 3: Avaliação dos africanos negros por portugueses brancos

Afirmações sobre os africanos negros em termos de valores: Em relação aos portugueses, os negros relativamente	Avaliação						Total	
	Diferentes		Parecidos		Não sabe/não responde			
	N	%	N	%	N	%	N	%
Aos valores são:	1122	55,6	611	30,2	285	14,1	2018	100
Aos modos de educar os filhos são:	932	46,2	742	36,8	344	17,1	2018	100
Às crenças e práticas religiosas são:	1148	56,9	515	25,6	355	17,6	2018	100
Aos comportamentos sexuais são:	587	29,1	738	36,6	693	34,3	2018	100
À língua são:	679	33,6	1055	52,3	284	14,1	2018	100
À honestidade são:	552	27,3	1029	51,0	437	21,6	2018	100
Às atitudes perante a vida/morte são:	763	37,8	694	34,4	561	27,8	2018	100
Ao comprtamento em sociedade são:	899	44,6	845	41,9	274	13,6	2018	100

Fonte: ICDB, 2005

Desses resultados, é possível inferir que a maioria dos inquiridos tende a considerar os negros (muito) diferentes em relação aos portugueses no que concerne aos valores (56%), aos modos de educar os filhos (46%), às práticas religiosas (57%) e, ainda que em percentagens menos significativas, no que concerne às atitudes perante a vida e a morte (38%), aos comportamentos em sociedade (38%), à língua (34%), aos comportamentos sexuais (29%) e à honestidade (27%). Alguns denotam uma hostilidade racista flagrante: "Os africanos negros não têm nada de parecido com os brancos. Deviam ir todos para a África" (mulher, 65 anos, analfabeta, viúva, reformada). São, porém, sublinhadas amiúde em relação aos negros africanos algumas qualidades ou virtudes tais com a música e as danças (72%), a unidade familiar (10%), o convívio em grupo (7%) e o respeito pelos mais velhos (5%): "O que me desperta mais a atenção nos negros africanos são a música e danças negras, a união familiar, o pouco valor dado ao material e o respeito pelos mais velhos" (policial).

Procurando saber quais as características consideradas típicas dos imigrantes negros africanos por parte da maioria, o Quadro 4 dá-nos um retrato geral dessas representações.

Quadro 4: Características típicas dos imigrantes africanos atribuídos pela maioria

Características típicas: Os imigrantes africanos/negros são:	muito/ razoavelmente N	muito/ razoavelmente %	pouco/nada N	pouco/nada %	não sabe/não responde N	não sabe/não responde %	Total N	Total %
unidos/solidários	1478	73,2	173	8,5	367	18,1	2018	100
preguiçosos	1017	50,4	517	25,7	484	23,9	2018	100
alegres	1470	72,9	215	10,6	333	16,5	2018	100
desonestos	560	27,7	798	39,5	660	32,7	2018	100
livres	1123	54,7	403	20	492	24,4	2018	100
fisicamente fortes	1155	57,2	486	24,1	375	18.5	2018	100
inteligentes	1069	53,0	429	21,3	520	25,8	2018	100
selvagens	748	37,1	718	35,6	552	27,4	2018	100
agressivos	774	38,4	773	38,3	471	23,3	2018	100
maliciosos	624	30,9	754	37,3	640	31,7	2018	100
mentirosos/falsos	633	31.3	717	35,5	668	33,1	2018	100
impulsivos	991	49,1	452	22,4	575	28,5	2018	100
vingativos	801	40,2	568	28,1	639	31,6	2018	100

Fonte: ICDB, 2005

Agregando as respostas "muito" e "razoavelmente", por um lado, e "pouco" e "nada", por outro, podemos obter uma ideia geral sobre como é que portugueses classificam os diferentes atributos que lhes foram equacionados sobre os africanos. Se traços dos africanos como "solidários e unidos", "alegres" e, em menor medida, "livres" e "fisicamente fortes" vistos como atributos positivos colhem percentagens elevadas (entre 57 e 73%), outros como o de "inteligentes" já não o são tanto, atribuindo, a partir dum olhar étnico eurocêntrico e racizante, um lugar intermédio com 53%; e, em percentagens aproximadas ou menores, são também vistos como "preguiçosos" (50%), "impulsivos" (49%), "vingativos" (40%), "agressivos" (38%), "selvagens" (37%), "mentirosos" (31%) e "falsos" (31%). Refiram-se, entre outros, às seguintes afirmações: "Os pretos são uns gajos raivosos, nunca me dei bem com eles, só quando estive em Lisboa a trabalhar e porque fui obrigado. Não gosto das pretas, acho que é uma raça muito porca. Não gosto mesmo nada das pretas" (mulher, 42, 4ª classe); "Os africanos são patologicamente rancorosos e os negros historicamente têm um rancor escondido" (homem, 37 anos, casado, licenciado, professor de música).

Em relação aos africanos, em termos de trabalho, há entrevistados cujas percepções não são, todavia, negativas ou tão negativas como face aos ciganos: "Os negros esses ainda trabalham, os ciganos não. Esses vivem da droga, eu não digo que sejam todos, mas são uma grande maioria" (homem, casado, 9º ano, médio empresário). Outros, porém, afastam-se das classificações negativas sobre os negros, os quais, dizem, desde que os deixem em paz, não se imiscuem, nem incomodam outros cidadãos. Tal convicção é partilhada, por exemplo, por um juiz, relatando uma experiência sua concreta em Lisboa: "Nunca me incomodaram. Há quatro ou cinco anos, entrei no metrô por volta da meia-noite, e eu era o único branco, dois deles iam com um daqueles rádios muito grandes, iam a dançar, e ninguém me incomodou" (juiz). Não obstante a presença histórica secular dos portugueses nas ex-colónias, as experiências em teatro de guerra entre 1961 a 1974 e sobretudo no pós 25 de Abril de 1974 as vivências em Portugal e nos novos países independentes, os dados do inquérito mostram que 68% dos portugueses não têm conhecimento da cultura e tradições africanas. E, quando interpelados os inquiridos por que meio obtiveram o conhecimento das tradições e dos costumes de imigrantes africanos, só 7,8% o obtiveram por contato direto com os mesmos.

Conclusão

Não obstante uma grande parte dos Estados não só africanos e asiáticos como, inclusive, americanos e europeus serem atualmente multiétnicos, não há, em regra, por parte das elites étnicas no poder a consciência e a atitude de respeito pelo pluralismo étnico, mas antes, perante a concorrência em torno de interesses e privilégios, a tendência de humilhar, segregar ou até eliminar as etnias exteriores à etnia dominante ou instalada.

Na hora de fazer um balanço sobre o fenómeno e as pseudoteorias sobre o racismo, será adequado ter presente que o racismo apresenta facetas, diversas captadas por diversos olhares e ciências, as quais importa interpelar. Assim, enquanto tradicionalmente os psicólogos destacam os preconceitos e estereótipos, os economistas sublinham o lado perturbador da razão económica; os filósofos, historiadores, sociólogos ou politólogos ocupam-se das formas de teorização, justificação ou legitimação ideológica dos comportamentos interétnicos.

A construção de estereótipos e a procura de bodes expiatórios, que amiúde ocorrem por falta de informação, quando acompanhados de emoções ou sentimentos de angústia e frustração, podem exprimir mecanismos psicológicos de deslocação ou projeção de medos, hostilidades e frustrações sobre determinadas pessoas quando, na realidade, estas não são as verdadeiras causas do mal-estar: sem negar eventuais contrastes sociais e culturais interétnicos, é basicamente o sistema (neo)colonial e capitalista que, em maior ou menor grau, tem criado, ao longo da sua existência, um exército de desempregados, encorajando inclusive a vinda de estrangeiros para abaixar o preço dos salários dos trabalhadores autóctones.

Por sua vez, também as pessoas vítimas de discriminação tendem a interpretar todas as ações dos membros não pertencentes ao seu grupo étnico como racista, quando na realidade se poderá tratar simplesmente de uma relação de exploração, de opressão ou exclusão social que, aliás, afeta também membros brancos de classes desfavorecidas, o que nos obriga a não homogeneizar o grupo maioritário dos portugueses, nem os "colocar no mesmo saco". Em todo o caso, os resultados do inquérito e das entrevistas são sintomáticos de atitudes preconceituosas, formas de discriminação étnica, representações e práticas de racismo ora flagrante, ora subtil por parte da maioria dos inquiridos e entrevistados portugueses.

Considerando os aspetos objetivo e subjetivo, a identidade étnica, numa acepção lata, representa um produto de processos sociais no nível das estruturas, dos mecanismos institucionais e das próprias interações sociais entre os indivíduos no seio de cada etnia e na relação de cada uma com as demais. Relativamente aos imigrantes africanos, estes tornam-se amiúde bodes expiatórios da degradação da situação dos trabalhadores autóctones mais precarizados e vulneráveis, transferindo-se assim para aqueles a responsabilidade ou "culpa" pelas referidas situações.

Sendo Portugal tradicionalmente um Estado-Nação, não pode, todavia, ignorar as diversas minorias étnicas e nacionais, nomeadamente imigrantes, o que reclama separar a nação do Estado e, com isso, uma democracia renovada, onde, através da partilha do poder político, seja possível integrar a pluralidade das minorias étnicas numa estrutura estatal estável.

Referências

ADORNO, Theodor et al. *The Authoritarian Personality*. Nova York: Harper & Brothers, 1950.

ALEXANDRE, Valentim. O Império e a ideia de raça (séculos XIX e XX). In: VALA, Jorge (Org.). *Novos racismos: perspectivas comparativas*. Oeiras: Celta, 1999. p.133-144.

AMÂNCIO, Lígia. *Masculino e feminino: a construção social da diferença*. Porto: Afrontamento, 1994.

ARISTÓTELES. *Tratado da política*. Mem Martins: Europa-América, 1997.

BACK, Les; SOLOMOS, John (Orgs.). *Theories of Race and Racism*. Londres: Routledge, 2000.

BADER, Veit-Michael. Nieuw racisme of neo-nationalisme? *Komma*, Mannheim, v. 5, n. 1, p. 109-142, 1985.

BADER, Veit-Michael. Citizenship and Exclusion: Radical Democracy, Community and Justice. What is Wrong with Communitarianism? *Political Theory*, Nova York, v. 23, n. 2, p. 211-246, 1995.

BADER, Veit-Michael. Etnicidade e classe: um exercício para um mapeamento pró-teórico. *Configurações*, Braga, v. 1, n. 1, p. 15-38, 2005.

BADER, Veit-Michael; BENSCHOP, Albert. *Ongelijkheden*. Groningen: Wolters Noordhoff, 1988.

BALIBAR, Étienne. Racismo e nacionalismo: uma lógica do excesso. In: WIEVIORKA, Michel (Org.). *Racismo e modernidade: actas do colóquio "Três Dias sobre o Racismo"*. Venda Nova: Bertrand, 1995.

BALIBAR, Étienne; WALLERSTEIN, Immanuel. *Race, nation, classe: les identités ambigües*. Paris: La Découverte, 1988.

BANTON, Michael. *Race Relations*. Nova York: Basic Books, 1967.

BANTON, Michael. *A ideia de raça*. Lisboa: Edições 70, 1979.

BARTH, Fredrik. *Ethnic Groups and Boundaries: The Social Organization of Cultural Difference*. Oslo: Bergen/Tromsø, [1980 (1969)].

BAUMAN, Zygmunt. Modernity, Racism, Extermination. In: BACK, Les; SOLOMOS, John (Orgs.). *Theories of Race and Racism*. Londres: Routledge, 2000. p. 119-124.

BRÉTON, Roland. *As etnias*. Porto: Rés-Editora, 1983.

CABECINHAS, Rosa. *Preto e branco: a naturalização da discriminação racial*. Porto: Campo de Letras, 2007.

CASTLES, Stephen; KOSACK, Godula. *Immigrant Workers and Class Structures in Western Europe*. Londres: Oxford University Press, 1973.

COX, Oliver C. (1948). Caste, *Class & Race: A Study in Social Dynamics*. Nova York: Monthly Review Press, 1970.

CREENSHAW, Kimberlé W. Race, Reform and Retrenchment: Transformation and Legitimation in Antidiscrimination Law. In: BACK, Les; SOLOMOS, John (Orgs.). *Theories of Race and Racism*. Londres: Routledge, 2000. p. 549-560.

CUNHA, Luís. *A nação nas malhas da sua identidade: o Estado Novo e a construção da identidade nacional*. Porto: Afrontamento, 2001.

CUNHA, Manuela I. A natureza da "raça". *Cadernos do Noroeste*, Braga, v. 13, n. 2, p. 191-203, 2000.

DIAS, Maria do R. et al. Investigação transcultural sobre atitudes face aos imigrantes: estudo piloto em Lisboa. *Sociologia, Problemas e Práticas*, Lisboa, n. 25, p. 139-153, 1997.

DOLLARD, John. *Caste and Class in Southern Town*. New Haven: Yale University Press, 1937.

DU BOIS, William E. B. *The Souls of Black Folk*. Greenwich: Fawcet, 1961.

DURKHEIM, Émile. *Da divisão social do trabalho*. Lisboa: Presença, 1977.

ELIAS, Norbert; SCOTSON, John L. *The Established and the Outsiders: A Sociological Enquiry into Community Problems*. Londres: F. Cass, 1969.

ESSED, Philomena. Everyday Racism: A New Approach to the Study of Racism. In: ESSED, Philomena; GOLDBERG, David T. (Orgs.). *Race Critical Theories: Text and Context*. Oxford: Blackwell, 2002. p. 176-194.

FERNANDES, António T. Etnicização e racização no processo de exclusão social. *Sociologia*, Porto, v. 5, p. 7-69, 1995.

FONTETTE, François de. *O racismo*. Amadora: Bertrand, 1976.

GALLISSOT, René. Nationalisme et racisme. In: FOURIER, Martine; VERMÈS, Geneviève (Orgs.). *Ethnicisation des rapports sociaux*, Racismes, nationalismes et culturalismes. Paris: L'Harmattan, 1994. p. 7-29.

GARCIA FILICE, Renísia C. Tecendo redes antirracistas: África(s), Brasil e Portugal. In: JESUS, Danila; CONCEIÇÃO, Fernando; MARQUES, Maria M. (Orgs.). *Racistas são os outros: Contribuição ao debate lusotropicalista em África, Brasil e Portugal*. Salvador: Afirme-se, 2017. p. 57-91.

GARNSEY, Elizabeth. Women's Work and Theories of Class and Stratification. In: GIDDENS, Anthony; HELD, David (Orgs.). Classes, *Power and Conflict*. Londres: MacMillan Education, 1982. p. 425-445.

GEERTZ, Clifford. The Integrative Revolution: Primordial Sentiments in Civil Politics in New States. In: Old Societies and New States: *The Quest for Modernity in Asia and Africa*. Nova York: Collier Macmillan, 1963.

GELLNER, Ernest. *Nações e nacionalismo*. Lisboa: Gradiva, 1993.

GIDDENS, Anthony. *Sociologia*. Lisboa: Fundação Calouste Gulbenkian, 1997.

GILROY, Paul. The Dialectics of Diaspora Identification. In: BACK, Les; SOLOMOS, John (Orgs.). *Theories of Race and Racism*. Londres: Routledge, 2000. p. 490-502.

GLAZER, Nathan; MOYNIHAN, Daniel P. Introduction. In: *Ethnicity: Theory and Experience*. Cambridge: Harvard University Press, 1975.

GOBINEAU, Arthur de. *Essai sur l'inégalité des races humaines*. Paris: Firmin-Didot, 1940.

GOFFMAN, Erving. *Estigma: notas sobre a manipulação da identidade deteriorada*. Rio de Janeiro: Guanabara, 1988.

GUIMARÃES, António S. Cor e raça: raça, cor e outros conceitos analíticos. In: PINHO, Osmundo; SANSONE, Livio (Orgs.). *Raça: novas perspectivas antropológicas*. Salvador: AbA/EDUBRA, 2008. p. 63-82.

HALL, Stuart. Culture, Community, Nation. *Cultural Studies*, v. 7, n. 3, p. 349-363, 1993.

HALL, Stuart. Old and New Identities, Old and New Ethnicities. In: BACK, Les; SOLOMOS, John (Orgs.). *Theories of Race and Racism*. Londres: Routledge, 2000. p. 144-153.

HEGEL, Georg W. F. *The Philosophy of History*. Nova York: Cosimo Books, 2007.

HOOKS, bell. Racism and Feminism. In: BACK, Les; SOLOMOS, John (Orgs.). *Theories of Race and Racism*. Londres: Routledge, 2000. p. 373-388.

HORKHEIMER, Max. Sociological Background of the Psychoanalytic Approach. In: SIMMEL, Ernst (Org.). *Anti-Semitism*: A Social Disease. Nova York: International Universities Press, 1946.

HUGHES, Everett C. *On Work, Race and the Sociological Imagination*. Chicago: University of Chicago Press, 1994.

HUME, David. Des caracteres nationaux. In: *Essais moraux, politiques et littéraires*. Paris: Presses Universitaires de France, 2001.

JENKINS, Richard. *Rethinking Ethnicity*. Londres: Sage, 2008.

KANT, Immanuel. *Observações sobre o sentimento do belo e do sublime*. Campinas: Papirus,1993.

LE BON, Gustave. *Leis psicológicas da evolução dos povos*. Porto: Companhia Portuguesa, 1998.

LÉVI-STRAUSS, Claude. *Raça e História*. Lisboa: Presença, 1975.

LORENZ, Konrad. *De constructie van het verleden*. Amsterdam: Boom, 1987.

MACHADO, Fernando Luís. Etnicidade em Portugal: contrastes e polarizações. *Sociologia, Problemas e Práticas*, Lisboa, n. 12, p. 123-136, 1992.

MARQUES, João Filipe. O neo-racismo europeu e as responsabilidades da Antropologia. *Revista Crítica de Ciências Sociais*, Coimbra, n. 56, p. 35-60, 2000.

MARX, Karl. *Contribuição para a crítica da economia política*. Lisboa: Estampa, 1971.

MARX, Karl; ENGELS, Friedrich. *A ideologia alemã*. Lisboa: Presença, 1976.

MEAD, George H. *Mind, Self and Society: From the Standpoint of a Social Behaviorist*. Chicago: Chicago University Press, 1937.

MEMMI, Albert. *O racismo*. Lisboa: Caminho, 1993.

MILES, Robert. Marxism versus the "Sociology of Race Relations". *Ethnic and Racial Studies*, v. 7, n. 2, p. 217-237, 1984.

MILES, Robert. Labour Migration, Racism and Capital Accumulation in Western Europe. *Capital & Class*, n. 28, p. 49-86, 1986.

MILES, Robert. *Racism*. Nova York: Routledge, 1989.

MOSCOVICI, Serge. Des representations collectives aux representations sociales. In: JODELET, Denise (Org.). *Les representations sociales*. Paris: Presses Universitaires de France, 1989. p. 62-86.

MYRDAL, Gunnar. *An American Dilemma: The Negro Problem and Modern Democracy*. Nova York: Harper & Row, 1944.

NASCIMENTO, Sebastião; THOMAZ, Omar R. Raça e nação. In: PINHO, Osmundo; SANSONE, Livio (Orgs.). *Raça: novas perspectivas antropológicas*. Salvador: ABA/EDUFBA, 2008. p. 193-145.

OLIVEIRA, Roberto C. de. *Identidade, etnia e estrutura social*. São Paulo: Pioneira, 1976.

OMI, Michael; WINANT, Howard. Racial Formation in the United States. In: Essed. Ph; Goldberg, D. T. (Orgs.). *Race Critical Theories*: Text and Context. Oxford: Blackwell Publishing, 2002. p. 123-145.

PARK, Robert. A cidade: sugestões para a investigação do comportamento humano no meio urbano. In: VELHO, Otávio G. (Org.). *O fenômeno urbano*. Rio de Janeiro: Guanabara, 1987. p. 26-67.

PARK, Robert. The Nature of Race Relations. In: BACK, Les; SOLOMOS, John (Orgs.). *Theories of Race and Racism*. Londres: Routledge, 2000. p. 105-112.

PARKIN, Frank. *Marxism and Class Theory: A Bourgeois Critique*. Londres: Tavistock, 1979.

PETTIGREW, Thomas F.; MEERTENS, Roel W. Subtle and Blatant Prejudice in Western Europe. *European Journal of Social Psychology*, Hoboken, v. 25, p. 57-75, 1995.

PIERRÉ-CAPS, Stéphane. *A multinação: o futuro das minorias étnicas na Europa Central e Oriental*. Lisboa: Instituto Piaget, 1995.

POULANTZAS, Nicos. *Pouvoir politique et classes sociales*. Paris: Maspero, 1974.

QUIJANO, Aníbal. Colonialidad del poder: eurocentrismo y América Latina. In: LANDER, Edgardo (Org.). *La colonialidad del saber: eurocentrismo y ciencias sociales – Perspectivas latino-americanas*. Buenos Aires: CLACSO, 2000. p. 246-276.

REICH, Wilhelm. *La psychologie de masse du fascisme*. Paris: Payot, 1972.

REX, John. *Race Relations in Sociological Theory*. Londres: Weidenfeld & Nicolson, 1970.

REX, John. *Raça e etnia*. Lisboa: Estampa, 1988.

REX, John; TOMLINSON, Sally. *Colonial Immigrants in a British City*. Londres: Routledge and Kegan Paul, 1979.

SANTOS, Boaventura Sousa; MENESES, Maria Paula. Introdução. In: *Epistemologias do Sul*. Coimbra: Almedina, 2009. p. 9-19.

SCHWEISGUTH, Étienne. Racismo e sistema de valores. In: WIEVIORKA, Michel (Org.). *Racismo e modernidade: actas do colóquio "Três Dias sobre o Racismo"*. Venda Nova: Bertrand, 1995. p. 129-136.

SHILS, Edward. Primordial, Personal, Sacred and Civil Ties. *British Journal of Sociology*, Londres, v. 8, n. 2, p. 130-145, 1957.

SILVA, Manuel Carlos. Resistir e adaptar-se: constrangimentos e estratégias camponesas no noroeste de Portugal. Porto: Afrontamento, 1998.

SILVA, Manuel Carlos. Imigrantes africanos no noroeste de Portugal: relações interétnicas de acomodação e resistência. *Travessias*, n. 9, p. 61-93, 2008.

SILVA, Manuel Carlos. Classes Sociais: *condição objetiva, identidade e acção colectiva*. Vila Nova de Famalicão: Húmus, 2009.

SILVA, Manuel Carlos. *Sina social cigana*. Lisboa: Colibri, 2014.

SIMMEL, Georg. A metrópole e a vida mental. In: VELHO, Otávio (Org.). *O fenómeno urbano*. Rio de Janeiro: Guanabara, 1987.

SMITH, Anthony. *National Identity*. Londres: Penguin, 1991.

SOBRAL, José Manuel. Racismo e nacionalismo: contributos para uma genealogia das suas relações. In: *Etnicidade, nacionalismo e racismo: migrações, minorias étnicas e contextos escolares*. Porto: Afrontamento, 2014. p. 77-126.

SOUSA, Sandra; LEWIS, Tom. Para além da divisão Norte/Sul em epistemologia e política emancipatória. *Configurações*, Braga, n. 12, p. 29-45, 2013.

TAGUIEFF, Pierre-André. *Le racisme: un exposé pour comprendre, un éssai pour reflechir*. Paris: Flammarion, 1997.

TAJFEL, Henri. Social Categorisation, Social Identity and Social Comparison. In: *Differentiation Between Social Groups*: Studies in the Social Psychology of Intergroup Relations. Londres: Academic Press, 1978. p. 77-100.

TODOROV, Tzvetan. Race and Racism. In: BACK, Les; SOLOMOS, John (Orgs.). *Theories of Race and Racism*. Londres: Routledge, 2000. p. 64-70.

TONNIES, Ferdinand. Estates and Classes. In: BENDIX, Reinhard; LIPSET, Seymour (Orgs.). *Class, Status and Power*. Nova York: Free Press, 1953. p. 49-63.

TOURAINE, Alain. O racismo hoje. In: WIEVIORKA, Michel (Org.). Racismo e modernidade: actas do colóquio "Três Dias sobre o Racismo". Venda Nova: Bertrand, 1995. p. 25-43.

VALA, Jorge; LOPES, Diniz; BRITO, Rodrigo. A construção social da diferença: racialização e etnicização das minorias. In: VALA, Jorge (Org.). *Novos racismos: perspectivas comparativas*. Oeiras: Celta, 1999. p. 145-167.

VAN DEN BERGHE, Pierre L. *Race and Racism*: A Comparative Perspective. Nova Jersey: John Wiley & Sons, 1967.

VAN DIJK, Teun. *Communicating Racism: Ethnic Prejudice in Thought and Talk*. Londres: Sage, 1987.

VENÂNCIO, José Carlos. *Colonialismo, antropologia e lusofonias: repensando a presença portuguesa nos trópicos*. Lisboa: Veja, 1999.

WALLERSTEIN, Immanuel. O albatroz racista: a ciência social, Jorg Haider e a resistência. *Revista Crítica de Ciências Sociais*, Coimbra, n. 56, p. 5-33, 2000.

WEBER, Max. *Economy and Society*. Berkeley: University of California Press, 1978.

WEBER, Max. *A ética protestante e o espírito do capitalismo*. Lisboa: Presença, 1990.

WIEVIORKA, Michel. *A democracia à prova: nacionalismo, populismo e etnicidade*. Lisboa: Instituto Piaget, 1993.

Territorialidades quilombolas ameaçadas pela colonialidade do ser, do saber e do poder

Givânia Maria da Silva

Introdução

A inacabada abolição da escravidão brasileira, uma das mais longas (1539 - 1888), não só falhou no que seria o seu objetivo, como também, ao longo de mais de um século do anúncio de seu fim formal, deixou de cumprir o que seria seu papel que era reconhecer os escravizados como parte da sociedade nacional e com direitos a desfrutarem de parte do que o seu trabalho escravo durante mais de três séculos produziu. O Estado brasileiro, focando suas ações apenas em discursos de liberdade e igualdade, entre outros, tem legitimado as novas formas de colonialidades, pois nesse processo quem se fortaleceu foi o latifúndio brasileiro, o agronegócio, o setor minerário, as bases militares e projetos espaciais, grandes barragens e hidrelétricas, com argumentos da promoção do desenvolvimento. Os sujeitos escravizados e suas descendências continuaram livres, porém, privados de direitos mínimos, como saúde, educação, moradia e acesso à terra, direitos negados até hoje à maioria dos negros e negras brasileiros. No caso dos quilombos, só em 1988 foram reconhecidos como sujeitos de direito pela Constituição Federal (BRASIL, 1988), por meio dos artigos 215[1] e 216[2] e o artigo 68[3] do Ato das Disposições Constitucionais Transitórias (ADCT) (BRASIL, 2003).

---

[1] Art. 215. O Estado garantirá a todos o pleno exercício dos direitos culturais e acesso às fontes da cultura nacional, e apoiará e incentivará a valorização e a difusão das manifestações culturais.

[2] Art. 216. Constituem patrimônio cultural brasileiro os bens de natureza material e imaterial, tomados individualmente ou em conjunto, portadores de referência à identidade, à ação, à memória dos diferentes grupos formadores da sociedade brasileira, nos quais se incluem: I - as formas de expressão; II - os modos de criar, fazer e viver; III - as criações científicas, artísticas e tecnológicas; IV - as obras, objetos, documentos, edificações e demais espaços destinados às manifestações artístico-culturais; V - os conjuntos urbanos e sítios de valor histórico, paisagístico, artístico, arqueológico, paleontológico, ecológico e científico.

[3] Art. 68. Aos remanescentes das comunidades dos quilombos que estejam ocupando suas terras é reconhecida a propriedade definitiva, devendo o Estado emitir-lhes os títulos respectivos.

Esconde-se, por trás das narrativas de desenvolvimento e do progresso, a manutenção das violências físicas, simbólicas, epistêmicas, religiosas, entre outras, cujo objetivo é formar novas bases colonizadas para continuar servindo ao projeto colonial. Os quilombos, por exemplo, historicamente lutaram contra a escravidão no passado e continuam lutando contra a escravidão nos dias de hoje – escravidão esta que carrega várias nomenclaturas: progresso, desenvolvimento, modernidade, até mesmo políticas públicas, etc.

Constituídos como espaço de lutas e resistência do povo negro no Brasil para romper com a escravidão, os quilombos implodiram o sistema escravista e hoje ameaçam o projeto colonial-moderno ao tentarem resistir/existir para se manterem em seus territórios. São territórios disputados por várias forças, que vão desde grandes empreendimentos, monocultura, bases militares, e a sobreposição de áreas de preservação ambientais feitas sem estudos ou consultas a esses povos. Isso quer dizer que os quilombos estão submetidos a todos os tipos de pressão, repressão e opressão que não se limitam apenas às questões geográficas e ambientais, mas, sobretudo, aos aspectos históricos – patrimoniais, materiais e imateriais.

Uma das estratégias utilizadas pelo projeto colonial-moderno é o silenciamento das vozes com a eliminação das vidas humanas e não humanas, que, para esses coletivos, compõem sua estrutura territorial (animais, florestas, águas, lugares sagrados, saberes, etc.). A usurpação dos territórios quilombolas por variadas formas deixaria o terreno livre e sem embaraço para a continuidade do projeto de colonização iniciado com a chegada dos portugueses ao Brasil e, atualmente, investido de um discurso de modernidade.

Portanto, não se trata de ameaças aos territórios geofísico-regionais apenas. Trata-se de ameaças e perdas da história, da cultura e de muitas vidas de um povo que resistiu a um dos processos mais duradouros e violentos que foi a escravidão no Brasil.

Com o reconhecimento do *status* de detentores de direitos apenas com a Constituição Federal de 1988 (CF88), os quilombos passaram a pleitear e defender seus direitos constituídos de sentidos e valores, que muitas vezes nem são valores econômicos, e sim valores simbólicos. Porém, faz-se necessário registrar que a luta do povo negro no Brasil não se inicia por meio de normativas, pelo contrário, as lutas se deram de diversas formas do momento da retirada forçada do continente africano até os dias de hoje. Muito menos foram lutas isoladas. As lutas negras por liberdade ocorreram nas Américas, para onde os africanos foram levados para serem escravizados, conforme afirma Gomes (2015):

No século XVI, temos no Panamá o africano chamado Bayano, enquanto na Venezuela coube a liderança a um escravo crioulo chamado de rei Miguel. No início do século XVII, em Vera Cruz, no México, os *cimarrones* eram comandados por Nyanga, enquanto anos antes, na Colômbia, um grande *palenque* foi chefiado por Benkos Biaho. Na Jamaica, durante a disputa entre espanhóis e ingleses, os *maroons* chefiados por Juan de Bolas tinham uma movimentação intensa. Já na ilha de Saint-Domingue, em meados do século XVIII, a *maronage* floresceu com o líder Makandal (GOMES, 2015, p. 10).

Com relação aos quilombos no Brasil, Gomes (2015) salienta que as lutas datam do século XVII e foram organizadas em várias partes do Brasil, rompendo com as narrativas de quilombos como espaços isolados e de pouca organização e inteligência. Nota-se um processo de articulação para além das fronteiras do Brasil, e também muitas formas de enfrentamentos ao sistema colonial.

> Períodos de conflitos coloniais foram também determinantes para o aumento das fugas – principalmente as coletivas – e o crescimento dos quilombos. Em Pernambuco, a invasão holandesa e as batalhas coloniais decorrentes provocaram caos e deserções em vários engenhos. No século imperial, no período da Regência – com revoltas rurais em Pernambuco e Alagoas (Cabanada), no Maranhão (Balaiada), no Rio Grande (Farroupilha) e no Grão-Pará (Cabanagem) –, houve o recrudescimento das deserções. Os escravos percebiam que os senhores estavam divididos e as tropas, desmobilizadas para a repressão; portanto, havia maior possibilidade de sucesso para suas escapadas. De norte a sul, conflitos de fronteiras também facilitaram e muitos quilombos de determinadas regiões – países – foram estabelecidos por fugitivos de outras áreas. Assim foi nas fronteiras da Argentina e mais ainda do Uruguai, com muitos escravos que escaparam durante a guerra Cisplatina. Durante a independência, nos anos de 1822 e 1823, e principalmente durante a guerra do Paraguai, de 1864 a 1870, houve aumento das deserções, inclusive de escravos que tentavam se passar por livres e se alistar nas tropas, aliás, majoritariamente de libertos, de homens negros e de mestiços livres. No Mato Grosso, próximo do cenário de guerra, há registros de quilombos formados por desertores militares (GOMES, 2015, p. 13).

Os territórios quilombolas possuem, além do que a percepção visual alcança, valores e significados que só pelo ato de pertencer ao grupo se fazem visíveis. A contraofensiva a esse jeito de pensar o espaço a partir de outras visões tem sido a construção de narrativas que colocam os quilombolas como os que não produzem e são contra o desenvolvimento do país, portanto, significam o atraso.

Os quilombolas enquanto categoria de movimento social se organizam nacionalmente por meio da Coordenação Nacional das Comunidades Quilombolas (CONAQ)[4] para apresentar suas demandas ao Estado brasileiro, denunciar as injustiças e exigir a efetivação de seus direitos, sendo as questões territoriais o pilar mais forte de sua luta e da luta de suas organizações. É importante registrar que esses direitos ainda são pouco (re)conhecidos e efetivados. Mesmo assim, os quilombolas entram na zona de confronto que vai desde a estrutura do Estado que não foi pensada para implementar políticas públicas para esses sujeitos ou, mesmo quando o faz, em muitos casos não respeita suas formas de vida e violenta as manifestações culturais desses grupos, ou silencia e omite a sua existência.

Os quilombolas têm se confrontado diretamente com o agronegócio, mineradoras, madeireiras, grandes barragens (alguns desses financiados pelo capital estrangeiro) e os partidos políticos mais conservadores, como é o caso do então Partido da Frente Liberal (PFL), hoje Democratas (DEM), que pleiteou, ao Supremo Tribunal Federal, a inconstitucionalidade do Decreto nº 4887/03, por meio de Ação Direta de Inconstitucionalidade (ADI) de nº 3239/04 (BRASIL, 2003).[5] O referido decreto estabelece os procedimentos para garantir os dispositivos constitucionais do artigo 68 do Ato das Disposições Constitucionais Transitórias da Constituição Federal para titular terras quilombolas. Em 8 de fevereiro de 2018, a Suprema Corte rejeitou esse pleito e afirmou ser constitucional o referido decreto, sendo essa uma das vitórias mais importantes para a luta dos quilombolas pós CF88. Essa talvez tenha sido uma das vitórias mais importantes na luta antirracista no Brasil nos últimos tempos. Apesar da vitória, outros tipos de ameaças se apresentam

---

[4] A Coordenação Nacional de Articulação das Comunidades Negras Rurais Quilombolas (CONAQ) foi criada no dia 12 de maio de 1996, em Bom Jesus da Lapa/BA. A CONAQ é uma organização de âmbito nacional, sem fins lucrativos, que representa a grande maioria dos(as) quilombolas do Brasil. Dela, participam entidades dos 24 estados da federação e suas respectivas entidades.

[5] A ADI discute a constitucionalidade do Decreto Federal nº 4887/03, que regulamenta o procedimento de titulação dos territórios quilombolas no Brasil. A ação foi ajuizada pelo antigo Partido da Frente Liberal (PFL) – atual Partido Democrata (DEM) –, para interromper a titulação no país.

permanentemente, a exemplo dos grandes empreendimentos de construção de grandes barragens, hidrelétricas, produção mineral, bases militares e de outras iniciativas do Poder Legislativo, como é o caso da Proposta de Emenda Constitucional nº215/00[6], que demanda transferir do Poder Executivo para o Poder Legislativo a competência de reconhecer e titular os territórios quilombolas, indígenas, áreas de preservação, etc. Nessa ação, é possível ver as manifestações do autoritarismo e do racismo institucional.

O fato de o Estado brasileiro reconhecer as comunidades quilombolas como sujeitos de direitos não significa que esses mesmos direitos, que ainda são jovens (1988-2018), não estejam em constantes ameaças, mesmo antes de serem alcançados pela maioria dos quilombos no Brasil. A grande maioria das ameaças vem do próprio Estado, ou por este legitimada, a exemplo das sobreposições de bases militares, áreas restritas de preservação ambiental, grandes empreendimentos estatais sobre comunidades quilombolas, etc.

Terra e território quilombola significam a mesma coisa?

As lutas dos quilombos ou comunidades remanescentes dos quilombos remontam ao século XVII no Brasil. No entanto, só a partir da CF/88 passaram a ser reconhecidos como sujeitos de direitos.[7] Esse vazio constitucional ou legal do reconhecimento trouxe para esses grupos a invisibilização e a negação da sua existência, impondo um efetivo silenciamento às suas vozes e às suas manifestações culturais, criando um distanciamento entre a existência desses sujeitos e seus jeitos de ser, lidar com a terra, com as águas e com as florestas por meio de processos organizativos próprios, que fazem com que existam direitos que ainda não se efetivaram para esses grupos. Os quilombos

---

[6] A PEC 215 é uma proposta elaborada na Câmara que propõe alterar a Constituição para transferir ao Congresso a decisão final sobre a demarcação de terras indígenas, territórios quilombolas e unidades de conservação no Brasil. Atualmente, somente o Poder Executivo, munido de seus órgãos técnicos, pode decidir sobre essas demarcações.

[7] Essas questões se refletem no acesso dos quilombolas de forma plena no acesso às políticas públicas. Um dos ganhos mais importantes da CF88 para os quilombos foi a inclusão do termo "comunidades remanescentes de quilombos" com um artigo específico, o art. nº 68 dos Ato das Disposições Constitucionais Transitórias – ADCT, para tratar da questão da terra. Mesmo que o termo "comunidades remanescentes de quilombos" em si traga algumas discussões quanto ao significado da palavra "remanescente", como o resto, o que sobrou... o que não se aplica aos quilombos, o fato é que os quilombos no Brasil exercem um papel relevante para se pensar as políticas públicas.

existem, são detentores de direitos, todavia, a violação ou a negação desses mesmos direitos pode ter o Estado como seu principal ator, podendo resultar em obstáculo ao acesso a esses direitos.

Para evidenciar as tensões que existem entre os quilombos e o Estado, podemos citar a criação de bases militares e unidades de conservação ambiental sobrepostas às comunidades quilombolas. Essa é uma forma de apagamento das comunidades quilombolas e de seus conhecimentos em nome de um chamado "desenvolvimento", já que por um lado o Estado brasileiro por força da CF88 é obrigado a reconhecer os quilombos e titular suas terras definitivamente. Por outro lado, impõe projetos que desagregam, desterritorializam e violam direitos constitucionais dos quilombos.

Os territórios quilombolas como espaços de direito ancestral são também espaços de luta e de disputas. Para grande parte da sociedade e para o senso comum, terra e território significam a mesma coisa ou não se percebe um território com suas características, e sim apenas a terra, pois é nela e por ela que é possível medir sua extensão e seus limites. Ocorre que para alguns grupos sociais, coexistem os dois espaços ao mesmo tempo e lugar – terra e territórios se encontram nos seus significados e limites. Porém, em muitos casos, não coincidem, nem nas suas dimensões geográficas e nem nos seus aspectos culturais e identitários. Portanto, terra é uma extensão que se pode mensurar, medir, quantificar por diversas formas ou unidades de medidas. Já o território não é possível medir apenas por meio de unidades de medidas, pois outros sentidos são inerentes e incapazes de serem alcançados pelas fórmulas matemáticas.

Para Milton Santos (2009, p. 112), "os lugares são, pois, o mundo, que eles reproduzem de modos específicos, individuais, diversos. Eles são singulares, mas são também globais, manifestações da totalidade-mundo, da qual são formas particulares". Ao descrever os espaços dessa forma, o autor nos leva a compreender os riscos que corremos ao apresentar ou compreender terra e território de única forma, mesmo quando estamos falando daquilo que achamos que podemos mensurar, pois as complexidades que se apresentam são muitas e estão relacionadas com sua diversidade e com os aspectos individuais e coletivos, locais e globais, como ele apontou. Isso impede de chegarmos a uma única definição de um território.

Somados a esses elementos, entramos naquilo que o próprio Milton Santos (2009, p. 116) chamou de pedagogia própria, ao afirmar: "É fundamental viver a própria existência como algo unitário e verdadeiro, mas também como um paradoxo: obedecer para subsistir e resistir para poder pensar o futuro.

Então a existência é produtora de sua própria pedagogia". Ou seja, ao tentarmos ler os espaços/terra/território apenas com um sentido, sem perceber os sentidos produzidos a partir de suas especificidades, riquezas e contradições, componentes do existir, pertencer e resistir e como produtores de pedagogias próprias, podemos criar categorias inexistentes ou não compreender os significados que ali estão postos.

Como descrever uma terra ou território a partir das especificidades de grupos que constroem suas relações por outros meios? Esses são desafios que se apresentam quando vamos lidar com questões tão amplas e tão particulares ao mesmo tempo, como são as questões territoriais quilombolas e de outros grupos com características semelhantes e tão particulares.

Talvez seja essa uma das portas de entrada ou uma chave para encontrarmos mais elementos do confronto do projeto colonial-moderno e a vida dos quilombos no Brasil. As dicotomias existentes entre universalismos e especificidades, capitalismo e vida/direitos, colonizador e colonizado, desenvolvimento e *biointeração,* este último a partir de Antônio Bispo dos Santos (Santos, 2015, p. 81) quando afirma: "Nessa região o uso da terra era marcado pelas práticas e cultivos, mesmo quando se tinha algum documento". Aqui é evidente o significado da terra e seu uso. As leis de uso eram estabelecidas a partir dos costumes e não do quanto ela produziria para o capital. Não era o ter mais, e sim as práticas que definiam seu uso, seu tamanho, etc. Ao ganhar outros conceitos e não mais aqueles do lugar da vida, da partilha e do saber coletivo, a terra tem produzido, em vez de trocas de saberes e aprendizagem mútua, a pedagogia da violência, do silêncio, da desterritorialização e do extermínio, na qual aqueles que sempre cuidaram e preservaram já não podem mais nela ficar. Essas são características do projeto colonial ou da colonialidade do poder, do ser e do ter que se encontra em plena vigência, porém com outras vestimentas. Uma delas é a convencional modernidade.

Porém, as narrativas apresentadas são de a necessidade desses grupos passarem a ser modernos e se desenvolverem. Esse confronto, que data da chegada dos portugueses no Brasil tem produzido muitas mortes físicas, biológicas, psicológicas e socioambientais que não se relacionam apenas com os sujeitos envolvidos diretamente, os quilombolas, mas com o conjunto da sociedade. Essas são as tensões e os conflitos gerados pela colonialidade do ser, do poder e do saber. Refiro-me ao termo "colonialidade" tomado do projeto modernidade-colonialidade, mas, neste texto evoco-o na perspectiva e reflexão de Bernardino-Costa (2018).

Ao se confrontarem com as lógicas perversas da colonialidade do poder, do ser e do saber com as vestes do desenvolvimento e da modernidade, os quilombos ameaçam tais perspectivas e isso tem agravado os conflitos e muitas vidas foram ceifadas de forma assustadora, principalmente nos últimos dois anos (2016-2018), quando se percebe nitidamente uma aliança mais forte entre os poderes constituídos (Legislativo, Judiciário e Executivo) e os setores detentores do monopólio das grandes empresas do setor imobiliário, elétrico, agronegócio, mineração e da grande mídia.

A disputa nesse terreno tem como razões as narrativas de que os quilombolas não querem o desenvolvimento e, portanto, as terras, as águas e as florestas por eles ocupadas e preservadas devem ser entregues a quem produz e quer fazer o Brasil se desenvolver. Esse pensamento se sobrepõe a quaisquer outros que venham a circular e que contrariem a ordem posta. O que não se diz é quão violentas são as perspectivas desenvolvimentistas, não só com os grupos humanos, mas com todo o ambiente em volta. As lógicas impostas nesse cenário são do poder, do ser e do ter. Poder fazer, ser proprietário e, portanto, ter o domínio e fazer valer aquilo que considera importante, mesmo que a CF88, a lei maior do Brasil, não os autorize.

E é nesse momento que deparamos com os mais diversos mecanismos de marginalização dos negros já marcados pela escravidão e pelo racismo institucional, sobretudo. O que resta a esses grupos é resistir para existir em seus territórios, o que nem sempre tem sido possível.

Uma ação contra-hegemônica à colonialidade do ser, do poder e do saber

Desde sua chegada forçada ao Brasil, o povo negro tem forjado um conjunto de lutas e formas de organização e foram elas responsáveis pela manutenção expressiva dos negros, hoje passando da casa dos 54% da população brasileira. Os quilombos são uma dessas formas e não se constituem apenas na condição de escravizados, mas também pelos seus modos de organizações e base da resistência. Passando pela experiência do Quilombo dos Palmares até chegar aos dias de hoje, o que se buscou foi implodir o sistema escravista e suas ramificações.

A década de 1990 foi um período de intensas lutas do movimento negro para que o Estado brasileiro, além de reconhecer o legado violento da escravidão e suas práticas racistas, elaborasse e colocasse em prática políticas públicas capazes de diminuir a exclusão e a desigualdade em que se encontrava a população negra e assim combater os efeitos dos longos anos de escravidão dos negros no Brasil. Entre essas reivindicações estava o reconhecimento, a regularização e a titulação das terras dos quilombos. Além disso, buscou-se a mudança nas estruturas dos órgãos do Estado a fim de criar espaços para introduzir políticas públicas para os negros no Brasil.

Em 1995, juntamente com a marcha dos 300 anos de imortalidade de Zumbi dos Palmares – organizada pelos movimentos negros brasileiros –, as comunidades quilombolas realizaram o primeiro encontro nacional de quilombos do Brasil e produziram um documento de abrangência nacional reivindicando, do Estado brasileiro, a efetivação de políticas públicas e o cumprimento da CF88, no que diz respeito ao reconhecimento dos seus direitos territoriais. Foi nesse encontro que os quilombolas deliberaram pela criação de uma organização nacional de representação desses grupos para atuar na formulação de políticas públicas e defesa dos direitos dos quilombos, que é hoje a CONAQ. Ela é atualmente uma das principais organizações do movimento negro brasileiro, com representações em 24 estados e tem sido um dos principais instrumentos desse enfrentamento do chamado desenvolvimento moderno e na defesa dos direitos dos quilombos no Brasil.

Portanto, pensar os quilombos como espaço de emancipação, referência simbólica, imaginário coletivo é também pensar espaços/terra/territórios como lugares de construção de identidade e afirmação de pertencimento, arranjos institucionais e organizativos. Na perspectiva aqui descrita, a terra não é uma mercadoria, mas um bem que carrega um pertencer coletivo, com características próprias de cada grupo ou região. E, para isso, precisamos pensar os quilombos em outra perspectiva, que é como grupos e organizações circulares e não isoladas, sendo uma das heranças africanas para poder compreender como esses grupos têm conseguido resistir aos mais variados tipos de violências, reinventando-se e reivindicando-se hoje como mais de 5 mil quilombos em todo o território nacional.

É nesse deslocamento de sentidos que se pode colocar a força da organização dos quilombos como algo ainda não mensurado. De igual modo, pensar os papéis das mulheres quilombolas nesse debate e enfrentamento ao projeto colonial tomando para si o que sugere Costa (2006, p. 121): "A desconstrução desses essencialismos, diluindo as fronteiras culturais legadas tanto pelo colonialismo como pelas lutas anticoloniais", e nos colocando como instrumento da desconstrução das narrativas, a fim de produzir outras contranarrativas para o que se convencionou pensar sobre negros e não negros, homens e mulheres, moderno e não moderno, urbano e rural, ou melhor, sobre as identidades. É preciso reconhecer as fragilidades e contradições, sem deixar de conhecer a força desses grupos nos embates dentro do projeto colonial-moderno como expressão da resistência do povo negro.

É impossível falar, descrever os modos de vida nos quilombos, suas dinâmicas e suas histórias sem fazer associações com as lutas e resistência históricas contra a escravidão, sem reconhecer os relevantes papéis que desenvolveram e desenvolvem esses sujeitos em todos esses séculos – principalmente as mulheres quilombolas que, mesmo vivendo diariamente num cenário de violência, física e simbólica, continuam (re)existindo e enfrentando as muitas formas de negação de seus direitos e defendendo seus territórios, suas histórias, saberes e memórias individuais e coletivas. O fato é que existe, por trás de tudo isso, uma consciência de um fazer e (re)fazer negro, se assim entendermos, que ultrapassa as fronteiras estabelecidas para o ser homem e o ser mulher dentro do projeto colonial-moderno, como afirma Bernardino-Costa (2018, p. 119-120): "Podemos afirmar, não somente ontológica, mas epistemologicamente, que os povos foram subjugados pelas hierarquias raciais, de classe, de gênero, sexualidade moderno/coloniais".

É importante, nessa questão, perceber que as possibilidades de reação à ordem dominante vão se constituindo ao longo de cada processo. "Os efeitos da fronteira não são gratuitos, mas construídos; consequentemente, as posições políticas não são fixas", afirma Hall (2009, p. 98). É nesses entrelaçamento e entrecruzamento que se constituem as relações entre as identidades nas comunidades quilombolas e como se estabelecem os "jeitos próprios de ser". Em outras palavras, reafirmam, reconstroem suas identidades coletivas e individuais, sempre numa relação, que para Bhabha (2010): "Sua circulação de parte e todo, identidade e diferença, deve ser compreendida como um movimento duplo", para se contrapor à colonialidade. É preciso notar que não estamos falando de hegemonia e universalismo. Estamos falando de movimentos circulares em que mulheres e homens se apresentam com suas diferenças e individualidades, como parte de um todo que é o conjunto dos que compõem os territórios quilombolas e as territorialidades existentes e coexistentes.

É desses dois lugares, terra e territórios, que ora se juntam na sua complexidade e completude e ora divergem, que os quilombolas afirmam sua existência ameaçada e ameaçadora do projeto colonial-moderno e constroem narrativas afirmativas dentro de um ambiente que nega sua existência e não lhe reconhece como parte. No entanto, mesmo diante de todo o poder e violência que enfrentam, os quilombolas vêm corroendo, a partir de suas organizações, as bases da colonialidade do ser, ter e poder.

É prematuro dizer que já há um rompimento mais profundo, assim também como seria intempestivo afirmar que sem um poder de mobilização maior se vá para além de suas fronteiras e se abalaria radicalmente a estrutura constituída durante séculos com fomento do Estado brasileiro a partir do sistema escravista. O que se pode afirmar é que os quilombolas têm enfrentado diuturnamente as perversidades da colonialidade nas suas mais variadas formas, e se tornaram ameaças, assim como também são ameaçados.

Conclusão

Certamente muitas lacunas ficaram em aberto e algumas questões foram tratadas ainda sem a devida profundidade. No entanto, o objetivo deste texto era provocar reflexões e trazer para esse campo, o campo sociológico, questões que considero relevantes, mesmo reconhecendo que ainda carecem de discussões mais aprofundadas, como as identidades, as formas de organizações quilombolas, os enfrentamentos às lógicas estabelecidas e narradas a partir da visão da dominação. Se cumprimos essa tarefa, cumpriu-se também nossa intenção, pelo menos de imediato, requerendo um tempo maior para amadurecer tais questões.

Contudo, registra-se a importância de debater como a colonialidade opera e impera na vida dos sujeitos que já têm marcas profundas do processo de colonização. Por outro lado, é importante perceber com eles (quilombolas) e a partir deles, contribuições para visualizar os corpos e ouvir as vozes que historicamente foram silenciadas e subalternizadas. Esse movimento poderá fazer com que esses sujeitos façam seus próprios anúncios, utilizando-se de suas próprias características e agências, e produzam e narrem suas próprias histórias. Essa é, sem dúvida, uma possibilidade que se apresenta em um futuro próximo e que compõe o repertório de uma possível ruptura com a colonialidade do saber.

Não é fácil romper com uma cultura e com uma metodologia de descrever o outro. São sempre abordagens hegemônicas como se todos os grupos, movimentos e regiões fossem iguais. Essas metodologias foram constituídas para fortalecer os princípios da colonização e afirmar o imperialismo e a dominação de um povo sobre outro. Basta atentar para quem fala e de onde fala e como fala do "outro", e sobre aqueles e aquelas com marcador étnico-racial como parte de sua identidade. São sempre coisificados, enquadrados, classificados e nomeados, sempre a partir da visão da dominação, deixando explícito que, mesmo na tentativa de se ouvirem e considerarem as vozes dos subalternos, existe uma hierarquia que oprime, sufoca e silencia muitas perspectivas e visões de mundo. Essa é sempre a busca da colonialidade do ser, ter e poder.

Não queremos caminhar para afirmações hegemônicas e totalizantes sobre os quilombos e suas formas de organizações, nem mesmo ignorar as influências sofridas por esses grupos até então. Portanto, falar dos/nos/com quilombos no Brasil associa-se imediatamente às suas lutas por liberdade e emancipação, mesmo diante da opressão. Uma das características mais importantes dos quilombos nesse confronto é a afirmação e defesa de seus territórios, de suas formas de organizações, de seus jeitos de lidar com a terra e territórios, seus pertencimentos ancestrais e enfrentamentos para existirem nesse espaço chamado Brasil.

Referências

BERNARDINO-COSTA, Joaze. Decolonialidade, atlântico negro e intelectuais negros brasileiros: em busca de um diálogo horizontal. *Sociedade e Estado*, Brasília, v. 33, n. 1, jan./abr. 2018.

BHABHA, Homi K. *O local da cultura*. Tradução de Mirian Ávila, Eliana Lourenço de Lima Reis e Gláucia Renate Gonçalves. Belo Horizonte: Ed. da UFMG, 2010. p. 394.

BRASIL. Constituição (1988). *Constituição da República Federativa do Brasil: promulgada em 5 de outubro de 1988*. Texto consolidado até a Emenda Constitucional nº 91 de 18 de fevereiro de 2016. Disponível em: <http://www.planalto.gov.br/ccivil_03/Constituicao/Constituicao.htm>. Acesso em: 26 jan. 2019.

BRASIL. *Decreto nº 4.887 de 20 de novembro de 2003*. Regulamenta o procedimento para identificação, reconhecimento, delimitação, demarcação e titulação das terras ocupadas por remanescentes das comunidades dos quilombos de que trata o art. 68 do Ato das Disposições Constitucionais Transitórias. Disponível em: <http://www.planalto.gov.br/ccivil_03/Decreto/2003/D4887.htm>. Acesso em: 26 jan. 2019.

COSTA, Sérgio. Desprovincializando a sociologia: a contribuição pós-colonial. *Revista Brasileira de Ciências Sociais*, São Paulo, v. 21, n. 60, p. 117-131, fev. 2006.

DOS SANTOS, Antônio Bispo. *Colonização, quilombos: modos e significações*. Brasília: INCTI, 2015.

GOMES, Flávio dos S. *Mocambos e quilombos: uma história do campesinato negro no Brasil*. São Paulo: Claro Enigma, 2015.

HALL, Stuart. *Da diáspora: identidades e mediações culturais*. Belo Horizonte: Ed. da UFMG, 2009.

SANTOS, Milton. *Por uma globalização do pensamento único à consciência universal*. Rio de Janeiro: Record, 2009.

Entre o mito da *morabeza* e a (negada) questão racial em Cabo Verde: um olhar contracolonial

Redy Wilson Lima
Alexssandro Robalo

Entrada: discursos discriminatórios face à ideologia luso-tropicalista

N sta ben konta nhos un storia/Un storia triste/Sin pamodi e tristi o ki omis ta txora/Kanto bes kin txora, kanto bes kes diskriminan so pamodi nha kor di peli/Es txoman mandjaka la skola, n txora i e mas tristi inda o ki es disprezu ta ben di bu propi rasa/ [...]/ [N ka ta debi branku ki fari pretu moda bo/Toma bu moeda bu sai di nha porta antis din dau ku mo/Nunka mas, trividu, mandjadu di no se ke/Bai bu tera makaku, bu sta txera muff tanbe/ [...]/ Vivi nes angustia manu ka ta da/Tratamentu moda bitxu manu ka ta da/Fomi ku miséria manu ka ta da/Prikonseitu na trabadju manu ka ta da/Ser umanu tudu igual ma ka ta da/Triste rialidadi ya, dan burgonha manu ka ta da/Afrikanu moda bo nha manu, controla (BATALHA, 2017).

Fruto de um processo migratório forçado, Cabo Verde apresentou-se, a partir do século XVIII, período em que os baleeiros norte-americanos circulavam nos mares do arquipélago à procura de presas (CARREIRA, 1984), como um país com uma forte tradição em termos de emigração. Porém, a partir dos anos 1990,[1] o arquipélago passou a apresentar-se igualmente como um país

---

[1] Ano no qual entrou em vigor o Protocolo da Livre Circulação de Pessoas e o Direito de Residência e Estabelecimento no quadro da Comunidade Económica dos Estados da África Ocidental (CEDEAO).

de imigração, sobretudo de pessoas oriundas da sua sub-região africana,[2] fazendo despontar episódios de discriminação com base na cor da pele.

Ka Ta Da [Não Dá], do *rapper* Hélio Batalha (2017), que retrata a história de discriminação de três imigrantes oeste-africanos em Cabo Verde, é a narração de uma situação que, embora negada por alguns setores da sociedade cabo-verdiana, tem sido recorrente nos últimos anos. Boa parte dessa negação deve-se ao fato de que, em Cabo Verde, ao longo dos tempos, houve uma tentativa, por parte da elite intelectual[3] "assimilada" e "neoassimilada", de "eliminar" o debate sobre a questão racial e o seu lugar na construção do imaginário social cabo-verdiano. Outrossim, poder-se-á dizer que esta e outras negações, influenciadas pela lógica luso-tropicalista, enquadram-se num exercício de branqueamento do passado esclavagista e suas múltiplas formas de violência.

Entretanto, distante dos silenciamentos produzidos e perpetuados pelos pesquisadores e intelectuais cabo-verdianos, tem emergido uma nova vaga de cabo-verdianos, sobretudo jovens, com questionamentos fraturantes, entre os quais a questão racial, o que nos remete à história da formação da sociedade cabo-verdiana. Uma parte dessas novas vozes discordantes pode ser encontrada nas narrativas insurgentes e contestatárias dos *rappers*. Como salienta Lima (2018), as narrativas do *rap* devem ser encaradas como transposições artísticas de experiências individuais ou coletivas, uma vez que a esfera pública é o terreno no qual as representações sociais são geradas, cristalizadas e transformadas. Pois suas narrativas fornecem "o contexto dentro do qual as representações sociais se desenvolvem, mas também porque as relações substantivas da vida pública constituem-se em um elemento central para sua formação" (JOVCHELOVITCH, 2000, p. 175).

Com este artigo, que tem como base pesquisas etnográficas desenvolvidas a partir de 2010 junto de coletivos juvenis urbanos contestatários na ilha de Santiago, pretendemos, a partir da construção da ideia dos *mandjakus*,[4]

---

[2] Inicialmente, o objetivo destes migrantes era fazer das ilhas uma curta paragem a meio caminho rumo ao continente europeu. No entanto, o endurecimento das políticas migratórias na Europa e nos Estados Unidos, por um lado, e o surgimento de oportunidades laborais nos setores da construção civil e turismo, por outro, fez com que a sua estadia no território cabo-verdiano se prolongasse.

[3] Sobre este assunto, ver: FURTADO, 2012, p. 143-171.

[4] Nome como, homogeneamente, os imigrantes oriundos do continente africano são denominados em Cabo Verde. O termo original – "manjaku" – refere-se a um povo que

por um lado, trazer para o debate as questões raciais e as manifestações de práticas xenófobas em Cabo Verde, e, por outro, alargar, através do *rap*, o marco compreensivo de realidades urbanas contracoloniais ignoradas nas ciências sociais cabo-verdianas.

O fenómeno da imigração em Cabo Verde e o espectro da hierarquia racial

Um primeiro olhar sobre a situação de discriminação do outro negro-africano no solo cabo-verdiano remete-nos à consideração inicial avançada por Marcelino (2011), quando afirma que num país em que os recursos existentes são escassos e em que cada vez mais pessoas os disputam, incluindo nesse rol de pessoas os imigrantes da Costa Ocidental africana, as manifestações colaterais de racismo poderiam ser de base económica. É de referir que este fenómeno não é exclusivo de Cabo Verde, uma vez que Adepoju (2002; 2005) descreve situações de xenofobia em outros contextos africanos, em que vários imigrantes são transformados em bodes expiatórios em períodos de recessão económica, acusados de estarem a roubar os empregos de nacionais e de estarem associados a atividades criminosas.

É bom ter em atenção que, como referido anteriormente, a história migratória de Cabo Verde não foi feita apenas de partidas, como, por vezes, se tem percepcionado. Para além da imigração africana, muitos estrangeiros de outras nacionalidades têm chegado em Cabo Verde nos últimos anos. Com a abertura democrática nos anos 1990, vários europeus e asiáticos começaram a se instalar no país na qualidade de investidores. A categoria investidor é um ponto de bastante relevância que, ao lado de aspetos histórico-raciais, nos permite entender as relações sociais que se dão entre os cabo-verdianos e cidadãos de outras nacionalidades e sua repercussão na construção de hierarquias sociorraciais.

Relativamente aos chineses, que aumentaram a sua presença no início dos anos 2000, cedo se envolveram no negócio de importação e revenda de produtos em pequenas lojas, tanto nas zonas urbanas como rurais, alargando-se posteriormente a outros ramos de atividade. O investimento milionário do

---

habita territórios da Costa da Guiné (Guiné-Bissau, Senegal, Gâmbia) e que tem em si uma cultura de forte mobilidade. Corresponde a um dos vinte e sete povos africanos que migraram forçosamente na condição de escravos para Cabo Verde no século XV.

empreendimento *Cape Verde Integrate Resort & Casino*, em curso, liderado por um grupo chinês de Macau, alavancou uma transformação urbana na cidade da Praia sem precedentes na história arquipelágica, consolidando ainda mais a imagem positiva[5] que se tem da imigração chinesa no arquipélago.

Entretanto, os recentes casos de desaparecimentos de pessoas, nomeadamente de crianças, criaram certo grau de tensão entre as comunidades cabo-verdiana e chinesa, uma vez que surgiram rumores nas redes sociais de que os chineses estariam na origem desses desaparecimentos. O episódio mais grave aconteceu quando após a circulação de rumores de um grupo de chineses flagrados a sequestrar crianças num dos bairros da capital, a população tentou agredi-los, o que só não aconteceu devido à rápida intervenção da polícia. Houve quem aproveitou o acontecimento para questionar nas redes sociais se a tentativa de agressão desses imigrantes não configurava também uma situação de racismo. Na nossa visão, apesar de legítima, trata-se de uma leitura superficial e precipitada dos fatos, embora seja de reconhecer que a referida situação é merecedora de uma análise sociológica mais profunda, designadamente acerca da construção do "outro" e o tipo de "ameaça" que ele representa.

Os europeus, por seu turno, que começaram a chegar (ou a regressar) ao país poucos anos após a independência, aumentaram de número nos anos 1990, à medida que a economia cabo-verdiana progredia para um promissor futuro no mercado imobiliário e nos serviços turísticos. Segundo Marcelino (2011), esses números aumentaram significativamente nos finais dos anos 2000, tendo se instalado em todas as ilhas, mas com maior destaque nos dois principais centros urbanos (Praia e Mindelo) e nos destinos turísticos por excelência (Sal e Boa Vista).

Apesar de ela não ser a minoria mais significativa em Cabo Verde, a comunidade dos europeus é aquela que tem maior influência e afluência. Ainda que o nível de aceitação e interação desses imigrantes seja variado, "é-lhes garantido um certo grau de integração em virtude das suas posições sociais e económicas,[6] ou meramente do seu estatuto como 'estrangeiro europeu', sobre

---

[5] Esta imagem positiva é muito presente no continente africano, uma vez que a presença chinesa, sobretudo o seu apoio ao "desenvolvimento", tem sido cada vez mais evidente. Essa abordagem um tanto ou quanto "romantizada" constitui um obstáculo a uma visão mais crítica acerca dos investimentos chineses em África. Sobre este assunto, ver: BURGIS, T. A pilhagem de África. Amadora: Vogais, 2015.

[6] Embora no imaginário social cabo-verdiano os europeus a residir em Cabo Verde sejam todos investidores e de classes superiores, na realidade, uma grande parte desses

quem os cabo-verdianos aparentam ter alguma curiosidade" (MARCELINO, 2011, p. 60). Apesar do seu inegável privilégio, herdado da escravatura e do colonialismo, os portugueses são os que mais têm se queixado de algum tratamento discriminatório, que até consideram ser racistas,[7] na interação com alguns grupos sociais cabo-verdianos.

Apesar de a palavra racismo ser frequentemente utilizada quando se busca denominar esses tipos de discriminações, sobretudo contra chineses e europeus, ela se enquadra naquilo a que os especialistas da matéria designam de xenofobia. No entanto, o certo é que a realidade da comunidade imigrante dos nacionais de outros países africanos em Cabo Verde e sua relação com a população nativa são, na esmagadora maioria das vezes, profundamente diferentes.

Os mitos fundadores da nação crioula atlântica e a construção da cabo-verdianidade

O encontro que se deu, a partir do século XV, entre a Europa e a África, foi marcado pela construção ideológica de um conjunto de mitos fundacionais da relação que os europeus viriam manter com todo o continente negro e com os africanos. Dessa relação, todo um conjunto de dicotomias viria a ser construído: civilizados *vs* selvagens; letrados *vs* iletrados; povos com história *vs* povos desprovidos de história; modernidade *vs* tradição; cristãos *vs* pagãos, etc. Mesmo tendo passado vários séculos, essas dicotomias continuam a ser reproduzidas, mormente pelo cânone eurocêntrico de produção de conhecimento, em que Cabo Verde não está alheio.

Porém, esses mitos foram desde sempre contestados e desmontados por serem construções ideológicas cujo fim é garantir a dominação. Em África, quem melhor soube denunciar e desconstruir essa visão foi o intelectual multidisciplinar Cheik Anta Diop (1974), ao questionar:

---

imigrantes é de trabalhadores comuns que labutam diariamente lado a lado com os seus colegas cabo-verdianos e oeste-africanos, embora possam ter maiores regalias laborais e económicas. Normalmente, eles próprios não se veem a si como imigrantes.

[7] Um grande equívoco ainda gerado, propositadamente, em torno do racismo. O Estado e a sociedade portuguesa têm tido duas posturas (ideológicas) em matéria do racismo: primeira, sua negação, em que o exemplo paradigmático é a sistemática persistência em não recolher os dados étnico-raciais nos censos; segundo, "denunciando" como vítimas de racismo nas suas ex-colónias, nos casos de relações económicas e políticas que estabelecem com Angola.

O que eles acharam então em África? Qual povo eles encontraram? Eles estavam lá desde a antiguidade ou imigraram? Qual o seu nível cultural, o grau da sua organização social ou política? Que impressão os portugueses poderiam ter dessas populações? Que ideia poderiam obter da sua capacidade intelectual e aptidão técnica? Que tipo de relações existiriam entre Europa e África a partir de então? (Diop, 1974, p. 22).

É a partir desses questionamentos que, segundo o autor, se conseguirá compreender a construção do "mito do negro", ideia basilar da dominação ideológica e epistemológica da Europa em relação à África. De igual modo, a "síndrome da descoberta" (Depelchin, 2005), segundo a qual os europeus se gabam de ter "descoberto" terras até então "desconhecidas", é reflexo desta mentalidade, que visa tão-somente à dominação. No caso cabo-verdiano, a elite intelectual, ao ignorar essa construção ideológica, inconscientemente ou não, vem permitindo o domínio material e simbólico da Europa sobre o país. Convém não esquecer que essas ideias foram importadas e reproduzidas por aqueles que são considerados como as primeiras gerações[8] de intelectuais cabo-verdianos (nativistas[9] e claridosos[10]). Nesse sentido, torna-se forçoso (re)visitar os mitos fundadores da sociedade cabo-verdiana, que os inspiraram e que têm sustentado o imaginário simbólico[11] de um país que acredita ter um

---

[8] Semedo (2006) apresenta um quadro evolutivo da busca de uma identidade nacional por parte dos intelectuais cabo-verdianos, inicialmente ancorada na identidade lusitana (nativistas – finais do século XIX, início do século XX – e regionalistas – geração conhecida como os claridosos, décadas de 1930/1940) e, posteriormente, próxima da identidade africana (nacionalistas – década de 1950).

[9] O significado moral e político dos nativistas, que foi importado do Brasil e assumido em Cabo Verde pela elite, pode ser entendido como "consequência da hostilidade com que os nativos vinham sendo tratados, pelo que não era contra a pátria, mas a expressão de uma aspiração nobre à valorização dos filhos da terra" (DE CAMPOS apud SEMEDO, 2006, p. 215). É de realçar que para além da influência brasileira, a tomada de consciência dos nativistas crioulos deveu-se também à associação de alguns intelectuais da época às maçonarias portuguesas (e europeias) e dos Estados Unidos da América.

[10] Nome como ficou conhecida a geração de intelectuais que fundou, em 1936, a *Revista Claridade*, na cidade do Mindelo, ilha de São Vicente, sob o lema "fincar os pés na terra", e que esteve no centro de um movimento de cariz regional de emancipação cultural, social e política da sociedade cabo-verdiana. Filho (2017) chama a atenção que embora o movimento claridoso tenha sido redefinido e consolidado na cidade do Mindelo, foi na cidade da Praia que ele teve os seus primeiros desenvolvimentos.

[11] O mito das origens e o mito das hespérides. Segundo Filho (2017), acredita-se que a origem do arquipélago se encontra referenciada nos textos egípcios atribuídos a Platão, em que descreve o povo atlantes, que, como castigo por terem tentado dominar o mundo,

dom identitário e uma vocação natural atlântica (BARROS, 2014), derivado da história da sua formação sociocultural, o que predetermina a facilidade com que opera e se posiciona culturalmente entre a África e a Europa.

Foi, portanto, por meio desses mitos que se criaram os argumentos reproduzidos por alguns pesquisadores cabo-verdianos e cabo-verdianistas na explicação do seu suposto sucesso, reconhecido internacionalmente, como o país modelo em matéria de democracia e boa governação em África (BAKER, 2006, 2009). Todavia, essa performance governamental tem desencadeado um interessante debate com foco no conceito da identidade cabo-verdiana e sua relação com a construção do Estado-nação em Cabo Verde.

Os mitos de singularidade, especificidade e hibridismo surgem no centro desse debate, em que, como assinala João Paulo Madeira, se, num primeiro momento, todos os protagonistas desse combate intelectual se consideram cabo-verdianos, "em seguida, uns tendem a identificar-se com a matriz africanista e outros, com a matriz europeísta" (MADEIRA, 2016, p. 70). Ou seja, alguns autores (CARREIRA, 1984; MARIANO, 1991; PEIXEIRA, 2003; SEMEDO, 2006; MADEIRA, 2016; FILHO, 2017) explicam a construção de identidade cabo-verdiana – a cabo-verdianidade – centrados no processo da mistura de raças, resultado do encontro de duas matrizes civilizacionais diferentes, que contribuiu para a ascensão do mestiço e a apropriação das formas de poder e de prestígio intelectual a partir do processo da aculturação. Enquanto outros consideram que a mobilização da identidade atlântica, para além de uma estratégia de conservação de poder, visa a uma rejeição da identidade africana com o encobrimento das heranças africanas através de uma forçosa aproximação com a Europa (DOS ANJOS, 2000; FERNANDES, 2002, 2006; MONIZ, 2009; MARCELINO, 2011; VARELA, 2013a, 2014, 2017; FURTADO, 2012; BARROS, 2014; CABRAL, 2015).

Contudo, não obstante a intensidade desse debate, o certo é que a questão racial permanece ignorada, porque a discussão se centra quase que exclusivamente

---

foram devastados por um cataclismo – castigo de Zeus – e engolidos pelas águas do Atlântico, ficando apenas os cumes das montanhas, que corresponderão aos arquipélagos localizados na parte central desse oceano. Este mito é conjugado com um outro do jardim dos Deuses ou jardim das Hespérides, em que se acredita que as ilhas de Cabo Verde, juntamente com as ilhas dos Açores, Madeira e Canárias são fragmentos deste território, recuperado hoje simbolicamente com a designação de região da Macaronésia. Contudo, como afirma Cabral ([1969] 2014), fontes arqueológicas apontam a origem das ilhas a um pedaço de terra solta da região senegalesa de Cabo Verde, parte oeste da cidade de Dacar, portanto, africano.

e de forma propositada na questão classista (FURTADO, 2012). Deve-se realçar que boa parte desses autores colaboram com as opiniões de Almada (2005) e Germano Almeida, este último trazido por Marcelino (2011), de que a questão racial em Cabo Verde é uma falsa questão, na medida em que a cor de pele tenha, desde muito cedo, perdido significado social. É interessante verificar no estudo de Madeira (2016) que a identidade cabo-verdiana é colocada antes da identidade africana, mesmo por parte do grupo de intelectuais entrevistados que se identificaram com a matriz africana. Essa mesma lógica, encontramos no trabalho de Sousa (2016), que pensa o cabo-verdiano como uma evolução do afrodescendente, ou no trabalho de Henriques (2016), onde alguns ativistas[12] pró-identidade africana entrevistados se autointitulam "afro-cabo-verdianos" ou se consideram "politicamente negros".

Portanto, concordamos com a lógica argumentativa de Varela (2013a, 2017), em que mostra que mesmo os autores (DOS ANJOS, 2000; FERNANDES, 2002, 2006; MONIZ, 2009) que se esforçam no trabalho intelectual de desconstrução de alguns dos mitos acima apontados acabam, eles próprios, por ignorar algumas questões pertinentes (em que interpretamos a questão racial como uma delas), devido à sua incapacidade de escapar do paradigma ocidental moderno, também tributário do colonialismo europeu. Para nós, as autoancoragens à tese atlântica, mesmo que inconscientes, mostram a capacidade demolidora da violência simbólica incutida pelo colonialismo português na formação daquilo que Fanon ([1961] 2015) designou "intelectuais assimilados".

O mito da *morabeza* e a questão racial em Cabo Verde

No texto editorial intitulado "*Morabeza*", da obra *Radiografia crioula – um diagnóstico político e social de Cabo Verde*, este país é apresentado como "um arquipélago acolhedor, com identidade própria e cujos representantes se distinguem no melhor dos sentidos em qualquer parte do mundo". O texto, escrito por uma portuguesa "conhecedora do mundo", mas que nunca colocou os pés em África,[13] tendo apenas visitado o continente através das lentes

---

[12] Falamos de cabo-verdianos que em termos raciais se enquadravam na categoria institucional de mestiço-europeu, pelas caraterísticas biológicas que carregam como tonalidade de pele mais clara ou olhos esverdeados.

[13] Postura já bem consolidada na história intelectual europeia. Basta lembrar que Hegel, não obstante todas as ideias desprezíveis sustentadas acerca de África e o seu lugar na história, nunca pisou em solo africano. O privilégio imperial, com reflexo direto no campo episte-

de escritos africanistas, é elucidativo em relação aos aspetos discutidos na secção anterior.

Na palavra *morabeza*,[14] encontram-se sistematizados todos os imaginários simbólicos apontados anteriormente, em que, através da apropriação político-ideológica da história (BARROS, 2014), o país é apresentado e vendido como uma marca.[15] A *morabeza* crioula, então, seria a caraterística do homem cabo-verdiano, entendida como uma categoria cultural e identitária essencial para a manutenção da coletividade cabo-verdiana, o que faz com que o cabo-verdiano seja percebido e apresentado como um ser cordial, hospitaleiro, solidário, urbano, cosmopolita, democrático, etc. (DE PINA, 2006).

Essa visão essencialista da noção identitária é uma forma que normalmente o cabo-verdiano, particularmente uma boa parte da elite intelectual, tem encontrado como estratégia de demarcação de certas questões que foram e continuam a ser abordadas por vários países, especialmente aqueles que até recentemente estiveram perante o domínio colonial e racista. Trata-se de uma maneira de buscar uma certa "segurança ontológica ou psicossociológica" (FURTADO, 2012, p.14), mesmo que para tal seja necessário um apagamento da violência histórica. Nessa base, os mitos da *morabeza* e da singularidade surgem como uma espécie de "válvula de escape", ou dito por outras palavras, uma estratégia de (des)africanização.

No entanto, nos últimos anos têm emergido outras visões e narrativas sobre o assunto. A *morabeza*, embora defendida por uma grande parte da elite intelectual cabo-verdiana, é percebida por essa nova onda de jovens como uma falácia sustentada pela elite política como forma de escamotear as contradições e os conflitos sociais existentes:

> *Skina sta kontroladu pa kes omi dentu Prado/ Mai sta txora fidju ki gosi sta agaradu/ Justisa sta kunpradu/ Mo fitxadu sa ta dadu/ Inosenti kondenadu/ Bandidu sa ta largadu/ Majia sta kontisi, Lanxa sa ta bua/ Karu branku sta na street/ Munti nidja na patrulia/ Kori, pega, deta na delegasia/ Povu dja sega/ Quem sabe es ta korda um dia/ Hipinotizadu*

---

mológico, tem garantido a alguns pesquisadores e intelectuais europeus a "legitimidade" da fala sobre qualquer território em que estiveram na qualidade de colonizadores.

[14] Palavra eternizada inicialmente pelos claridosos, através da apropriação do conceito de cordialidade desenvolvido pela literatura brasileira dos anos 1930.

[15] A literatura cabo-verdiana e a sua eternização na música dita tradicional, os ensaios e trabalhos académicos de pesquisadores cabo-verdianos e cabo-verdianistas muito contribuíram para que esta imagem ganhasse peso.

pa boka di Ze Maria/ Kondenadu inganadu pa forsa demagogia/ Bu ka sabia Cabo Verde e Santa Maria?/ Turista ka kre konxi Ponta d'agu e ka tem boa vista/ La ten droga tem terorista/ TV fla la ten thugs ka bu bai ku gita (BATALHA, 2012).[16]

Essa narrativa do *rap* é representativa daquilo que entendemos como constituinte de elementos necessários para a construção de uma epistemologia da transgressão (ELA, [1994] 2013, comprometida com a denúncia e politicamente engajada. Ou seja, narrativas combativas, implicadas com a desconstrução dos mitos ainda presentes no discurso político oficial neocolonial, sustentadas por um conjunto de académicos e intelectuais. Mesmo no caso de académicos que se autoidentificam ou que são percebidos como "radicais", tem faltado uma postura mais transgressora, quiçá devido a uma "síndrome elitista" (ROBALO, 2016), que os tem impedido de construir canais de diálogo com outros tipos de sujeitos epistémicos e políticos que não os oficiais e formais.

A narrativa *Ka Ta Da* apresentada na introdução deste artigo traz-nos uma realidade de vida dos imigrantes africanos marcada por práticas discriminatórias, desconstruindo, assim, o discurso da *morabeza*. Mesmo partindo da hipótese de que exista de fato uma *morabeza* crioula, o que poderíamos defender é que então ela se encontra hierarquizada (VARELA; LIMA, 2017), uma vez que os imigrantes africanos encontram-se na base daquilo que "se poderia denominar de 'pedigree migratório', ou uma hierarquia dos diferentes grupos de imigrantes segundo linhas raciais"[17] (MARCELINO, 2011, p. 93).

---

[16] Música de Hélio Batalha, "Noz Morabeza", 2012. Tradução: As esquinas estão controladas por homens a conduzir Prado (referência a traficante de droga)/ Mãe a chorar filho que hoje encontra-se agarrado/ A justiça foi comprada/ Existe suborno/ Inocente condenado/ Bandido libertado/ Magia a acontecer/ Lancha a voar [referência à maior apreensão de droga em Cabo Verde]/ Carro branco na street [referência à Polícia Judiciária]/ Muitos ninjas a patrulhar [referência à polícia antigangue]/ Corre, pega e aprenda a dormir na delegacia/ O povo ficou cego/ Quem sabe um dia hão-de acordar/ Hipnotizado pelas palavras de Zé Maria [referência ao antigo primeiro-ministro]/ Condenado e enganado pela força de demagogia/ Não sabias que Cabo Verde é Santa Maria?/ Turistas não querem conhecer Ponta d'Água, ele não tem boa vista/ Ali tem droga e terroristas/ Na TV disseram que lá existem *thugs*/ não leves dinheiro.

[17] Em Cabo Verde, no imaginário social, as pessoas brancas, sobretudo de origem europeia ou americana, são tratadas como estrangeiras ou cooperantes; as pessoas originárias do continente asiático, sobretudo as chinesas, são percebidas como comerciantes ou investidores, enquanto que as pessoas oriundas da costa ocidental africana são as únicas remetidas à categoria de imigrantes e designadas, por isso, de *mandjakus*, que

Torna-se, assim, imperativo que se entenda o espaço ocupado pela questão racial na construção hierárquica de *morabeza* em Cabo Verde. Como afirma Eufémia Rocha, ao defender uma identidade supostamente mestiça, o cabo-verdiano está tão somente a delimitar fronteiras identitárias entre os cabo-verdianos e os imigrantes africanos. Logo, o *mandjaku* surge como "uma categoria de contraste que naturaliza e evidencia preconceitos, de modo a estabelecer uma distinção entre um 'nós' e 'eles'" (ROCHA, 2009, p. 85). A operacionalização dessa categoria prende-se com a necessidade de estabelecer uma oposição entre uma identidade cabo-verdiana e africana, da qual se quer fugir a todo custo, mesmo quando a história (BALENO, 2007; CABRAL, 2015, 2016) ou o estudo sobre a distribuição de cromossomas X[18] (LOPES, 2011) mostre o contrário.

O próprio Gilberto Freyre, pai do luso-tropicalismo, que tanta influência teve nos claridosos, quando de sua visita a Cabo Verde[19] em 1951, num périplo às colónias lusas em África a convite do Estado português, evidenciou, de forma racista, sua desilusão perante a constatação de uma forte presença africana na identidade cabo-verdiana (sobretudo na língua cabo-verdiana, que mais o repugnou), tendo em conta a resistência desse povo em se deixar absorver ou dissolver na cultura dos portugueses[20] (MEDINA, 2000), entendida como superior. De acordo com Freyre:

> Confesso que a minha forte impressão em Santiago é a de estar numa espécie de Martinica que, em vez de ser afro-francesa, fosse afro-portuguesa; ou como numa Trinidad que, em vez de ser afro-inglesa, fosse afro-lusitana; ilhas em que as populações fossem predominantemente africanas na cor, no aspeto e nos costumes, como salpicos de influência europeia sobre essa predominância étnica e social. A presença dominante do europeu apenas se revela no que é oficial: edifícios, ritos de administração, o trajo, o andar, a fala dos burocratas e dos negociantes mais importantes (FREYRE apud ALMADA, 2007, p. 279).

é o equivalente a preto ou uma ritualização do termo antigamente utilizado de gentios da Guiné.

[18] O que fica evidente é que existe uma maior preponderância de cromossomas X de origem africana no campo genético cabo-verdiano e, embora este estudo mostre uma forte miscigenação da sociedade cabo-verdiana, fato já provado pela história do povoamento das ilhas, a realidade é que não existe nenhuma sociedade que não seja miscigenada, fruto da forte mobilidade da população humana desde os primórdios da vida humana no planeta.

[19] Visitou as ilhas do Sal, Santiago e São Vicente.

[20] Apenas o luso-tropicalismo político, caraterizado pela postura patriarcal e paternal das autoridades, agradou Freyre (MEDINA, 2000).

Para o ideólogo do luso-tropicalismo, em Cabo Verde se vivia uma instabilidade cultural só ultrapassada pelo revigoramento da cultura europeia no arquipélago. Isso é, através de um intenso trabalho de branqueamento cultural, de igual modo como foi praticado no Brasil (país que sustenta o mito da democracia racial) logo nos primeiros anos após a abolição (formal) da escravatura.

Ao contrário daquilo que a intelectualidade cabo-verdiana estaria à espera, o "messias", como se referia Baltasar Lopes da Silva, não validou cientificamente a sua tese, o que levou um "discípulo" ofendido a ripostar, questionando espantado: "Pela cabeça de quem, medianamente informado sobre as coisas de Cabo Verde, é que passa que o cabo-verdiano é mais africano do que português?" (DA SILVA apud MEDINA, 2000, p. 58). Subentende-se, portanto, que afirmar a africanidade do povo cabo-verdiano constituía, naquele momento, um tipo de "heresia intelectual".

Ademais, olhando para a formação inicial[21] da sociedade cabo-verdiana, constatamos a contribuição de dois grupos – uma elite de homens brancos honrados[22] e uma mão de obra escravizada trazida da Costa Ocidental africana (CABRAL, 2015), que corresponderia à esmagadora maioria da população. Essa distinção por cor, segundo Iva Cabral, demonstra a estratificação racial que existia em Cabo Verde, divisão que terá consequências graves na evolução da sociedade cabo-verdiana. Afirma a autora que:

> [...] a dicotomia racial, mas, especialmente, a assemelhação positiva entre branco/elite (rico, proprietário rural e de escravos, "homem-bom" já que possuidor de direitos políticos) e negativa, entre negro/escravo ou forro, marcará o subconsciente cabo-verdiano durante muito tempo

---

[21] Na inexistência de documentos sobre a presença de povoamento do arquipélago antes da chegada dos portugueses por volta de 1462, conclui-se que o arquipélago era despovoado, não obstante a hipótese lançada por Carreira apud Baleno (2007) e Cabral ([1969] 2014) sobre a possibilidade da ilha de Santiago estivesse povoada pelo povo jalofo na altura dos achamentos, como seria o caso das ilhas canárias que já eram ocupadas pelos guanches, originários de populações berberes no norte da África, antes da chegada da armada espanhola. Também há a hipótese de que as ilhas teriam sido visitadas por povos da Ásia menor antes da presença portuguesa (FILHO, 2017).

[22] Para Cabo Verde houve uma transplantação da estrutura reinol, levando a que as diferenças nobiliárquicas tivessem desempenhado um papel importante na ordenação da hierarquia social no seio da população branca. A categoria dos homens brancos honrados é constituída por vários fidalgos, cavaleiros, escudeiros e criados do rei que optaram por residir nas ilhas mediante os privilégios concedidos. Fora do grupo dessa oligarquia local, havia outros brancos em posições sociais inferiores. Embora os portugueses fossem a etnia branca dominante, havia também muitos genoveses e castelhanos.

e terá um papel importante na negação da sua história por parte de muitos ilhéus, até hoje (CABRAL, 2016, p. 33).

A evidência dessa afirmação encontra-se na atual diferenciação identitária entre o *badiu*[23] e o *sanpadjudu*.[24] António Correia e Silva, no prefácio do livro *O bairrismo em Cabo Verde – Santiago e São Vicente*, de Elsa Fontes (2007), afirma que apesar do discurso dominante do país como um espaço culturalmente homogéneo, as identidades regionais mais fortes, a de *badiu* e *sanpadjudu*, parecem ser ambas originárias da crise da sociedade esclavagista.

A designação *badiu* surge no século XVIII precisamente no epicentro dessa crise, por um lado, como forma de designar os escravos fujões e, por outro, como forma de designar os foros e negros livres que os morgados não conseguiam transformar em assalariados (SILVA, 2007b). Como construção ideológica, o objetivo era estigmatizar um grupo de homens libertos carregados de uma identidade africana fortemente marcada, caraterizando-os de inúteis, festeiros, agressivos e vadios, numa manifesta estratégia de mobilização das forças de ordem para um projeto de (re)escravização ou de assalariamento forçado.

Antes, no século XVII, com a perda de posições vantajosas no comércio da costa da Guiné por parte da elite dos homens brancos honrados e as constantes secas numa terra já por si só árida, houve um estancamento da imigração europeia e uma retirada da primeira elite cabo-verdiana, substituída pelos chamados brancos (filhos) da terra, seus herdeiros,[25] o que levou Mariano (1991) à célebre afirmação de que em Cabo Verde o mulato criou o seu próprio

---

[23] É o termo cuja denominação em língua cabo-verdiana radica da palavra portuguesa "vadios", utilizado para designar, inicialmente, os negros fujões e os pretos forros de todas as ilhas e, posteriormente, os camponeses rústicos, mais concretamente os habitantes do interior rural da ilha de Santiago (ALMADA, 2008). Silva (1996) define *badiu* como preto livre, refratário à escravidão e às suas decorrências. A recusa da condição de escravo e o controle das instituições dominantes. Considera a sua marginalidade simultaneamente um ato de resistência social (à escravatura e ao trabalho assalariado) e cultural. Essa categorização ganha contornos novos na ilha de Santiago, na relação entre o elemento rural e urbano, em que o originário do campo é designado de *badiu di fora*, que quer significar alguém de fora da cidade, pensada como espaço de civilização.

[24] É o termo utilizado pelos naturais da ilha de Santiago para, inicialmente, identificar os originários da ilha do Fogo que migravam para essa ilha e, depois, para denominar os originários de todas as outras ilhas de Cabo Verde que não as de Santiago e Maio, mais particularmente as situadas no barlavento (ALMADA, 2008).

[25] Devido ao medo da Coroa de que a miscigenação poderia criar uma elite local não branca já não tão próxima do Reino, levou-a a enviar para o arquipélago portuguesas degredadas, na esperança de darem filhos brancos aos colonos locais (SILVA, 2007a).

mundo.[26] É, no entanto, importante ressaltar que, segundo, Silva (2007a), o denominado mestiço seria o aliado ideal dos brancos num contexto marcado por um ambiente de violência, derivado, sobretudo, da constante fuga de pessoas escravizadas para as serras. É de ter em conta que para alguns teóricos da supremacia branca, os mestiços "tinham boas hipóteses de se adaptarem a uma cultura avançada e se fossem claros o suficiente para passarem por brancos, tanto melhor" (FREDRICKSON, 2004, p. 136).

Esse período coincide, igualmente, com a fixação humana nas ilhas da Brava, São Nicolau e Santo Antão, dando início a um segundo processo de migração interinsular.[27] Seguiram-se as ilhas baixas e salineiras (Boa Vista, Maio e Sal) e, por fim, no século XIX, já nas vésperas da abolição da escravatura, a ilha de São Vicente.

Pelo fato de ter-se tornado no século XIX uma paragem obrigatória no circuito marítimo entre a Europa e a América do Sul e não ter vivido intensamente o período esclavagista, a cidade do Mindelo se constituiu como a expressão moderna do cosmopolitismo cabo-verdiano (SILVA, 1996), substituindo as cidades portuárias de Santiago. Surgiu na ilha, nas palavras de Elsa Fontes, um sentimento de superioridade cultural e uma espécie de microcolonialismo (intelectual) interno, fazendo com que a questão do *badiu* e do *sanpadjudu*, como representação subjetiva da intelectualidade mindelense, fosse criada (ou melhor, reatualizada), "quer por razões políticas, quer administrativas, quer mesmo pela cor (*ou melhor, tonalidade*) da pele" (FONTES, 2007, p. 107).

Nessa linha, vários foram os autores que reproduziram essa visão, na medida em que viram no *badiu* e *sanpadjudu* dois grupos socais bastante distintos, variando consoante o seu grau de assimilação dos valores civilizacionais portugueses. João Lopes (1996), um dos claridosos, é um desses exemplos.

> O bádio, isolado, *não beneficiou*, na mesma medida dos seus irmãos das outras ilhas, das consequências da miscigenação e da interpenetração de culturas que marcaram a acção do colonizador português. S. Tiago

---

Contudo, essa estratégia falhou devido, sobretudo, à enorme desproporcionalidade de elementos negros em relação aos brancos.

[26] Segundo Cabral (2016), nessa altura os mestiços representavam 14% da população total e detinham força económica para ocupar os lugares de poder. Os negros, também designados pela documentação colonial de povo, vadios e indígenas representavam 53% da população total.

[27] O primeiro aconteceu logo no início da colonização da ilha de Santiago com o povoamento da ilha do Fogo.

é em parte um *compartimento estanque* em Cabo Verde. Seus batuques evocando na insistência monocórdica do cimbó o que ficou *lá longe em África*. As tabancas, anunciadas por meio de cornetas de chifre de boi com suas missas grandes, em que num curioso sincretismo religioso as bandeiras são solenemente benzidas na igreja matriz. A fé nos bruxedos e histórias mal-assombradas. A magia negra (LOPES *apud* SILVA, 1996, p. 70, grifo nosso).

A problemática do *badiu* e do *sanpadjudu* é por nós entendida igualmente como uma forma de discriminação que reatualiza os imaginários raciais da primeira estrutura social cabo-verdiana nas ilhas de Santiago e Fogo. O trabalho de Neves e Liedke (2010) evidencia esse aspeto e denuncia, na mesma linha de Marcelino (2011), a segregação espacial em algumas ilhas, tomado como uma manifestação de um tipo de racismo residencial, em que os *badius* e os *mandjakus* são os mais prejudicados. A invenção dos *badius* e *mandjakus* é um indicador da forma como ainda se manifesta o processo de racialização em Cabo Verde. Apesar de toda investida ocorrida no sentido de se negar o debate racial, a existência dessas categorias apela à necessidade da sua análise.

Rocha (2009), a partir de um trabalho etnográfico junto de imigrantes africanos no maior mercado "informal" do país, trouxe essa questão a debate. Entretanto, apesar de dar visibilidade académica a um assunto fundamental na compreensão da questão racial na atual sociedade cabo-verdiana, sua abordagem foca em dois pontos que merecem uma reflexão mais atenta.

O primeiro, por ter adotado uma postura teórica com base em postulados epistemológicos de cariz eurocêntrico, que a fez reproduzir ideias de difícil adequação no contexto cabo-verdiano. O exemplo é a noção de racismo apresentada, importada da perspetiva de autores que pensaram essa questão em contextos em que ela apresenta outras lógicas sócio-históricas. O segundo, por ter misturado em vários momentos noções de racismo, xenofobia e racialismo e a forma como se manifestam em Cabo Verde. Sua análise nesse aspeto deixa-nos a impressão de que ela se esquece que está a analisar o fenómeno nas ilhas, um arquipélago africano, habitado por um povo africano. Ao nosso ver, de forma inconsciente, a autora acaba por transportar para a sua análise a noção da identidade cabo-verdiana construída de forma essencialista com base nos mitos acima descritos. Ou seja, um povo culturalmente afastado do continente africano.

Entendemos que a compreensão de práticas discriminatórias dos imigrantes africanos com base na cor da pele exige uma análise mais aprofundada e fora dos parâmetros epistemológicos eurocêntricos. Cabo Verde passou, à semelhança do resto do continente africano, quiçá do mundo, por um violento processo de racialização, como forma central de desumanização. Como consequência desse processo, houve uma internalização de práticas racistas reproduzidas na pós-época de independência jurídica, fazendo com que, em inúmeras circunstâncias, os cabo-verdianos criem, por um lado, atitudes de distanciamento em relação aos outros africanos e, por outro, atitudes "racialistas", como fica patente no uso indiscriminado do termo *mandjaku*.

Fanon ([1952] 2008) elucida de forma ímpar esse tipo de atitude a partir da análise da dimensão psicológica do colonizado, demonstrando a forma como o colonialismo afeta sua mente, ao ponto de os levar a pensar e agir como se colonizadores fossem. Isto é, uma psicopatologia que afetou e tem afetado os sujeitos colonizados e racializados. O fato é que o colonialismo tem tido ainda hoje um peso enorme na memória dos colonizados, ao ponto de os fazer desviar da sua consciência histórica e a optar pela crença com que se fundamenta o projeto imperial e colonizador europeu.

No caso das ciências sociais em Cabo Verde, o rompimento com essa lógica colonial está na procura de outras formas de construção de narrativas, sobretudo aquelas que têm no combate à política de silenciamento e esquecimento de determinados fatos o seu principal desafio. São narrativas que, contrariamente a uma suposta diluição de África (FERNANDES, 2002), têm revitalizado uma (re)africanização do espírito e das mentes, no sentido que lhe dá Cabral ([1969] 2014).

Saída: o *rap* e a emergência de um olhar contracolonial

Embora seja legítima a acusação de o *rap* que se faz em Cabo Verde ser uma cópia do *rap* norte-americano, sua apropriação e indigenização por parte dos jovens desafiliados devem-se sobretudo por encontrar, na sociedade cabo-verdiana, um contexto político, cultural e económico ideal para se tornar numa expressão musical emergente e uma nova forma de consciencialização juvenil (LIMA, 2015) e social. Segundo Lima (2017), foi através da estética politizada de Tupac[28] que tal apropriação se efetivou, o que fez com que a partir

---

[28] Foi um *rapper* e ator norte-americano nascido na zona Este de Harlem, Nova York, conhecido ainda por 2 Pac, Pac ou Makaveli. Pac tinha fama e nome de revolucionário. Era filho de pais ex-Black Panther Party, tendo vivido muito tempo com o padrasto,

da primeira metade dos anos 2000 a questão racial passasse a constituir um importante elemento de construção identitária de muitos jovens.

Ao refletir sobre as múltiplas dimensões de violência urbana nos Estados Unidos, simultaneamente a partir da perspectiva de vítimas e de agentes, as narrativas de Tupac coincidiram com a situação social e urbana de muitos jovens em nível mundial e em Cabo Verde particularmente, criando condições para que pudessem olhar ao seu redor a partir de uma perspectiva alternativa que lhes possibilitasse uma nova compreensão dos processos históricos que estão na base da formação sociocultural cabo-verdiana. Assim, a reconstrução identitária desses jovens em torno de uma cultura que têm no contexto africano a sua génese[29] possibilitou a rejeição da identidade atlântica, imposta pelos claridosos, reproduzida por uma parte da elite cultural pós-movimento claridoso e apropriada pela classe política. Reforçou igualmente a identidade africana e negra, historicamente explorada e estigmatizada, possibilitando a apropriação daquilo a que Dos Santos (2015) designou de "guerra das denominações", uma vez que passam a produzir discursos contracoloniais.

Desta feita, o *rap* cabo-verdiano, entendido como uma representação do "mundo de baixo" e, por conseguinte, a voz do subalterno, é por nós percebido como um dos expoentes máximos do tipo de cultura popular emergente em África a que Ela ([1994] 2013) apela aos cientistas sociais africanos que estejam atentos. Em Cabo Verde, o estudo do *rap* é ainda encarado como um assunto pouco académico. Contudo, seu estudo (juntamente com outras manifestações culturais tidas como periféricas), fora da ótica eurocêntrica e comprometido com aquilo a que Ela ([1994] 2013) denominou de "antropologia do próximo", poderá criar condições para que os pesquisadores cabo-verdianos possam evitar não só a síndrome elitista, antes referida, como o complexo electra-claridoso (VARELA, 2013b), que de certa maneira os tem aprisionado às lógicas de reprodução intelectual influenciadas pelo formalismo científico ocidental.

Por outro lado, obriga-os a mobilizar o conceito "raça", que, como já vimos anteriormente, se encontra ausente dos estudos sobre a identidade cabo-verdiana, escolha propositada, na medida em que boa parte da produção

---

igualmente um ex-membro desse movimento revolucionário. Nas suas letras falava do nacionalismo negro, igualdade e liberdade. Viveu uma vida violenta contra o sistema social norte-americano e foi assassinado em 1996 por um atirador desconhecido.

[29] Sobre este assunto, ver: LIMA, R. W. *Do finason ao rap: Cabo Verde e as músicas de intervenção*. Buala: [s.n.], 2015. Disponível em: <http://www.buala.org/pt/palcos/do-finason-ao-rap-cabo-verde-e-as-musicas-de-intervencao>.

teórica e ensaística sobre as ilhas situa-se ideologicamente no primado do povo singular, fruto da síntese cultural perfeita, em vez de se centrar na problematização dos desencontros e encontrões culturais entre africanos e europeus na época dos achamentos.

Referências

ADEPOJU, Aderanti. Fostering Free Movement of Persons in West Africa: Achievements, Constraints and Prospects for Intra-regional Migration. *International Migration*, Londres, v. 40, n. 2, p. 3-28, 2002.

ADEPOJU, Aderanti. Creating a Borderless West Africa: Constraints and Prospects for Intra-regional Migrations. In: PÉCOUD, Antoine; DE GUCHTENEIRE, Paul de (Eds.). *Migration Without Borders: Essays on the Free Movement of People*. Nova York: UNESCO/Berghahn Books, 2005. p. 161-174.

ALMADA, José L. H. Estes poetas são meus: algumas reflexões sobre a poesia cabo-verdiana, nos trinta anos da independência nacional. In: SILVA, Filinto E. C. (Org.). *Cabo Verde, 30 anos de cultura – 1975-2005*. Praia: IBNL, 2005.

ALMADA, José L. H. Funcionalização político-ideológica e síndromas de orfandade nos discursos identitários cabo-verdianos. *Direito e Cidadania*, Praia, v. 8, p. 265-373, 2007.

ALMADA, José L. H. Um excurso complementar à história e à cultura cabo-verdianas a partir do ano-miradouro de 2006. In: *O ano mágico de 2006: olhares retrospectivos sobre a história e a cultura cabo-verdianas*. Praia: IBNL, 2008.

BALENO, Ilídio C. Povoamento e formação da sociedade. In: SANTOS, Maria E. M.; TORRÃO, Maria M. F.; SOARES, Maria J. (Coords.). *História concisa de Cabo Verde*. Lisboa: IICT; Praia: IIPC, p. 69-83, 2007.

BAKER, Bruce. Cape Verde: The Most Democratic Nation in Africa? *Journal of Modern African Studies*, Cambridge, v. 44, n. 4, p. 493-511, 2006.

BAKER, Bruce. Cape Verde: Marketing Good Governance. *Africa Spectrum*, Hamburgo, v. 44, n. 2, p. 135-147, 2009.

BARROS, Victor. Cabo Verde e o mito da vocação atlântica: entre a apropriação política da história e a ideologia do dom identitário. In: DELGADO, José P.; VARELA, Odair B.; COSTA, Suzano (Orgs.). *As relações externas de Cabo Verde: (re)leituras contemporâneas*. Praia: ISCJS, 2014. p. 133-159.

BATALHA, Hélio. Noz Morabeza. Disponível em: <https://www.youtube.com/watch?v=Q52Mpa4uiLY>. Acesso em: 31 jan. 2019.

BATALHA, Hélio. Ka Ta Da. 2017. Disponível em: <https://www.youtube.com/watch?v=4-i_kjDSfxY>. Acesso em: 31 jan. 2019.

CABRAL, Amílcar. *Pensar para melhor agir: intervenções no Seminário de Quadros, 1969*. Praia: Fundação Amílcar Cabral, 2014.

CABRAL, Iva. *A primeira elite colonial atlântica: dos "homens honrados brancos" de Santiago à "nobreza da terra"* (finais do séc. XV – início do séc. XVII). Praia: Pedro Cardoso, 2015.

CABRAL, Iva. O processo de formação da sociedade cabo-verdiana (finais do séc. XV a finais do séc. XVIII). In: REIS, Bruno C. (Org.). *Radiografia crioula: um diagnóstico político e social de Cabo Verde*. Lisboa: UAL/Sílabas & Desafios, 2016. p. 29-47.

CARREIRA, António. *Cabo Verde: aspectos sociais, secas e fomes do século XX*. Lisboa: Ulmeiro, 1984.

DEPELCHIN, Jacques. *Silences in African History: Between the Syndromes of Discovery and Abolition*. Dar Es Salaam: Mkuki Na Nyota, 2005.

DE PINA, Leão. *Valores e democracia em Cabo Verde: entre adesão normal e embaraço cultural*. Brasília: UnB, 2006. Dissertação (Pós-Graduação em Sociologia) – Programa de Pós-Graduação em Sociologia, Departamento de Sociologia, Universidade de Brasília, Brasília, 2006.

DIOP, Cheikh A. *The African Origins of Civilization*. Chicago: Lawrence Hill Books, 1974.

DOS ANJOS, José C. Cabo Verde e a importação do ideologema brasileiro da mestiçagem. *Horizontes Antropológicos*, Porto Alegre, v. 6, n. 4, p. 177-204, 2000.

DOS SANTOS, Antônio Bispo. *Colonização, quilombos: modos e significações*. Brasília: INCTI, 2015.

ELA, Jean-Marc. *Restituir a história às sociedades africanas. Promover as ciências sociais na África negra*. Mangualde: Pedago; Luanda: Mulemba, 2013.

FANON, Frantz. *Pele negra, máscaras brancas*. Salvador: EDUFBA, 2008.

FANON, Frantz. *Os condenados da Terra*. Lisboa: Letra Livre, 2015.

FERNANDES, Gabriel. *A diluição da África: uma interpretação da saga identitária cabo-verdiana no panorama político (pós)colonial*. Florianópolis: Ed. da UFSC, 2002.

FERNANDES, Gabriel. *Em busca da nação: notas para uma reinterpretação do Cabo Verde crioulo*. Florianópolis: Ed. da UFSC, 2006.

FONTES, Elsa M. L. *O bairrismo em Cabo Verde – Santiago e São Vicente*. Praia: Edição da Autora, 2007.

FURTADO, Cláudio A. Raça, classe e etnia nos estudos sobre e em Cabo Verde: as marcas do silêncio. *Afro-Ásia*, Salvador, n. 45, p. 143-171, 2012.

FILHO, João L. *Clabedotche – Tchapa-tchapa*. Praia: Acácia, 2017.

FREDRICKSON, George M. *Racismo: uma breve história*. Porto: Campo das Letras, 2004.

HENRIQUES, Joana G. *Racismo em português: o lado esquecido do colonialismo*. Lisboa: Tinta da China, 2016.

JOVCHELOVITCH, Sandra. *Representações sociais e esfera pública: a construção simbólica dos espaços públicos no Brasil*. Petrópolis: Vozes, 2000.

LIMA, Redy W. Lógicas de desafiar a mudança nas "periferias" do espaço urbano em (i)mobilização: representar Zona Ponta, Praia, Cabo Verde. In: FERRO, Lígia; RAPOSO, Otávio; GONÇALVES, Renata S. (Orgs.). *Expressões artísticas urbanas: etnografia e criatividade em espaços atlânticos*. Rio de Janeiro: Mauad, 2015. p. 189-208.

LIMA, Redy W. Gangues de rua: breve revisão da literatura e aproximação ao caso cabo-verdiano. In: DE PINA, Leão; PINA, Gilson; VARELA, Odair B. (Orgs.). *Estudos em comemoração do X aniversário do ISCJS: dinâmicas sociológicas, Estado e direito*. Praia: ISCJS, 2017. p. 381-423.

LIMA, Redy W. Rap and Representation of Public Space in Praia City. In: MARTINS, Rosana; CANEVACCI, Massimo (Eds.). *"Who We Are" – "Where We Are": Identity, Urban Culture and Languages of Belongings Lusophone Hip-Hop*. Oxford: Sean Kingston, 2018. p. 205-221.

LOPES, Jailson V. S. *Distribuição de segmentos do cromossoma X com ancestralidade europeia e africana na população de Cabo Verde: implicações para o estudo da miscigenação em populações humanas e para a história do povoamento do arquipélago*. Porto: U.Porto, 2011. Dissertação (Mestrado em Biodiversidade) – Programa de Pós-Graduação em Genética e Evolução, Universidade do Porto, Porto, 2011.

MADEIRA, João P. A construção do Estado-Nação em Cabo Verde. In: REIS, Bruno C. (Org.). *Radiografia crioula: um diagnóstico político e social de Cabo Verde*. Lisboa: UAL/Sílabas & Desafios, 2016. p. 49-82.

MARIANO, Gabriel. *Cultura caboverdeana: ensaios*. Lisboa: Veja, 1991

MARCELINO, Pedro F. *O novo paradigma migratório dos espaços de trânsito africanos – Inclusão, exclusão, vidas precárias e competição por recursos escassos em países tampão: o caso de Cabo Verde*. Mindelo: Ilhéu; Bissau: Corubal, 2011.

MEDINA, João. Gilberto Freyre contestado: o lusotropicalismo criticado nas colónias portuguesas como álibi colonial do salazarismo. *Revista USP*, São Paulo, n. 45, p. 48-61, 2000.

MONIZ, Elias A. V. *Africanidades versus europeísmos: pelejas culturais e educacionais em Cabo Verde*. Praia: IBNL, 2009.

NEVES, Celsa do C. L.; LIEDKE, Elida R. Migração interinsular, interação e representações sociais: relações entre moradores da ilha de Boa Vista e migrantes da ilha de Santiago. In: DOS ANJOS, José C.; BAPTISTA, Marcelo Q. G. (Orgs.). *As tramas da política extrapartidária em Cabo Verde: ensaios sociológicos*. Praia: Uni-CV, v. 2, p. 163-204, 2010. Série Estudos Sociais Cabo-Verdianos.

PEIXEIRA, Luís M. S. *Da mestiçagem à caboverdianidade: registros de uma sociocultura*. Lisboa: Colibri, 2003.

ROBALO, Alexssandro. Música e poder em Cabo Verde: das práticas contestatárias dos jovens rappers à potencialidade "castradora" do Estado. *Desafios*, Praia, n. 3, p. 105-130, 2016.

ROCHA, Eufémia V. *Mandjakus são todos os africanos, todas as gentes pretas que vêm de África: xenofobia e racismo em Cabo Verde*. Praia: Uni-CV, 2009. Dissertação (Mestrado em Ciências Sociais) – Curso de Pós-Graduação em Ciências Sociais, Universidade de Cabo Verde, Praia, 2009.

SEMEDO, Manuel B. *A construção da identidade nacional: análise da imprensa entre 1877 e 1975*. Praia: IBNL, 2006.

SILVA, António C. *Histórias de um Sahel insular*. Praia: Spleen, 1996.

SILVA, António C. A sociedade agrária – Gentes das águas: senhores, escravos e forros. In: SANTOS, Maria E. M.; TORRÃO, Maria M. F.; SOARES, Maria J. (Coords.). *História concisa de Cabo Verde*. Lisboa: IICT; Praia: IIPC, 2007a. p. 295-313

SILVA, António C. Dinâmicas e decomposição e recomposição de espaços e sociedades. In: SANTOS, Maria E. M.; TORRÃO, Maria M. F.; SOARES, Maria J. (Coords.). *História concisa de Cabo Verde*. Lisboa: IICT; Praia: IIPC, 2007b. p. 295-313.

SOUSA, Nardi. Muntu: o outro (lado) esquecido da caboverdianidade! *Revista de Estudos Cabo-Verdianos*, Praia, s. 3, n. 1, p. 21-38, 2016.

VARELA, Odair B. Cabo Verde: a máquina burocrática estatal da modernidade (1614-1990). In: SARMENTO, C. M.; COSTA, S. (Orgs.). *Entre a África e a Europa: nação, estado e democracia em Cabo Verde*. Coimbra: Almedina, 2013a. p. 173-208.

VARELA, Odair B. Manifesto "lusofóbico": crítica da identidade cultural "lusófona" em Cabo Verde. *Desafios da Cátedra Amílcar Cabral*, Praia, n. 2, p. 1-24, 2014.

VARELA, Odair B. *Crítica da razão estatal – O Estado moderno em África nas relações internacionais e ciência política: o caso de Cabo Verde*. Praia: Pedro Cardoso, 2017.

VARELA, Aquilino. A literatura como estética de demarcação e estratégia da afirmação diplomática em Cabo Verde. In: SARMENTO, Cristina M.; COSTA, Suzano (Orgs.). *Entre a África e a Europa: nação, estado e democracia em Cabo Verde*. Coimbra: Almedina, 2013b. p. 499-531.

VARELA, Odair B.; LIMA, Redy W. Foreman of the Empire? Re-analysis of the Readmission Agreement with the European Union and of Repatriation in the Archipelago of Cape Verde. *Working Paper CEsA*, Lisboa, n. 161, 2017.

Apropriação cultural, antropofagismo, multiculturalidade, globalização, pensamento decolonial e outros carnavais

Daiara Tukano

O debate sobre apropriação cultural foi reacendido ultimamente nas redes sociais. Colocações sobre intolerâncias, identidades étnicas e raciais, moda, trocas culturais e relações de poder na sociedade têm sido argumento constante em diversas discussões, transformando o termo num bicho de sete cabeças.

A maioria das discussões que tenho tido oportunidade de acompanhar tem partido rapidamente para o deboche e as ironias de ambos lados, mas tive a oportunidade de ser interpelada por várias pessoas com as quais tive ótimas conversas, inclusive nas divergências! Acredito que o debate sobre apropriação cultural enriquece a todos, pois ele trata essencialmente da expressão das identidades, que são múltiplas e em constante transformação.

Apropriação cultural se refere a dois termos: "apropriação" e "cultura", mas, afinal, o que é cultura?

Calma, gente, não vou tentar explicar a história do mundo, mas vamos minimamente de Wikipédia: "Cultura significa todo aquele complexo que inclui o conhecimento, a arte, as crenças, a lei, a moral, os costumes e todos os hábitos e aptidões adquiridos pelo ser humano não somente em família, como também por fazer parte de uma sociedade da qual é membro". Em suma, cultura é um conceito extremamente complexo e impossível de ser fixado de modo único. De qualquer forma, podemos afirmar que, ao longo da história da humanidade, a cultura está constantemente em transformação, e que ela varia na infinidade de contextos, que acabam definindo, mais ou menos, as identidades de grupos humanos. Assim, com o tempo vamos falando de cultura negra, europeia, asiática, indígena etc.

O debate sobre apropriação cultural é, acima de tudo, um debate sobre identidade cultural: a autoafirmação e o pertencimento a um grupo diante da necessidade de se definir diante do universo; aquelas perguntinhas básicas: "quem sou eu, de onde venho e para onde vou?", coisa de bicho gente.

A identidade, um dos principais paradigmas da consciência humana, constrói-se em relação a si e em relação ao outro: as alteridades, aproximações e distanciamentos, e a maneira como os grupos sociais interagem ao longo da história acabam criando relações de poder, de acordo com o desconhecimento e o reconhecimento do outro.

Não precisamos contar a história do mundo para entender qual parte herdamos dela. Todos estamos inseridos em contextos próprios que nos revelam com sutileza quotidiana nosso recorte social: nossos privilégios e principalmente desvantagens dentro da sociedade.

Todos temos nosso contexto e a expressão "apropriação cultural" também. A expressão tem sido utilizada atualmente diante das relações da colonialidade e do pensamento decolonial, porque todas as nossas culturas continuam inseridas no paradigma da colonização, especialmente aquele em que a cultura europeia passou a se sobrepor às outras, fazendo uso de violência e força bruta: a colonização, a escravidão e o genocídio são fato histórico que colocou diversos grupos numa situação de desvantagem estrutural em nossa sociedade.

Quando usamos o termo "minoria", nós nos referimos basicamente àqueles que estão em desvantagem diante dos herdeiros do poder hegemônico e não em termos numéricos. São oprimidos aqueles que sofrem violência, preconceito e discriminação por afirmar sua identidade, que é vista como periférica e inferior aos parâmetros da cultura hegemônica.

O etnocentrismo europeu ainda é um pensamento tão forte que continuamos a diferenciar o pensamento oriental do ocidental como se a terra não fosse redonda.

"Ah, mas hoje vivemos num mundo globalizado!"

O termo "globalização" pode ser uma armadilha, mas somos um povo de fé; muitos acreditam na globalização e outros, na democracia, e dizem que somos iguais como se hoje no planeta não existissem enormes violências e desigualdades sociais testemunhadas diariamente. Alguns argumentos contra a tese da apropriação cultural se tecem em falsos paralelismos entre as minorias e a hegemonia. Nessas horas gosto de lembrar de Malcolm X e sua frase mais célebre: "Não confunda a reação do oprimido com a violência do opressor".

Quando nos referimos às violências estruturais em nossa sociedade, como racismo ou machismo, nós nos referimos a uma problemática do sistema que nos coloca em certos contextos, por exemplo, o fato de o fenótipo caucasiano ser considerado e apresentado pelas mídias como superior, mais bonito e bem-sucedido que os outros, principalmente nos países que sofreram uma colonização mais bruta. Basta andar na rua, abrir qualquer revista ou site para ver nos anúncios ou na TV uma maioria branca e urbana vendendo coisas e comprando outras, o que nos leva a um quarto paradigma: o dinheiro, porque o poder econômico também é origem e resultado do processo colonial.

Não sejamos ingênuos: toda guerra e toda colonização acontece por poderio econômico. De acordo com o Dicionário Informal, "apropriação": "É o ato no qual o sujeito obtém posse de algo que não lhe pertencia, tornando-o próprio". Tem gente que chama colonização de "conquista e progresso", outros que chamam de "genocídio e roubo", para uns, o ouro significa riqueza, para outros morte. A história do mundo se divide em duas versões, a dos colonizadores e a dos invadidos.

O termo "colonizar" vem de colônia, do latim *colonia*, "terra com gente instalada, granja", de *colonus*, "pessoa instalada numa nova terra", de *colere*, "habitar, cultivar, respeitar, guardar". Muito bonito aprender latim, o problema é quando pessoas querem se instalar numa terra que já é habitada, tomam à terra a força, exploram suas riquezas naturais e culturais, e ainda têm a pachorra de fazer isso sob o argumento de que a população que ali habita é menos capaz, inteligente ou humana que a invasora. E essa é a história de muitos povos originários que tiveram e têm seus territórios ocupados até hoje.

Quando me refiro a território não falo unicamente da terra material, mas dos territórios dos corpos e das culturas dessas sociedades, que também foram sumária e arbitrariamente invadidas e diminuídas por séculos.

"Ah, mas as trocas culturais são inevitáveis!"

Abordei no texto alguns termos para entender a discussão sobre apropriação cultural: cultura, identidade, poder, colonização, dinâmica e estruturação, mas talvez o mais relevante seja "contexto". Existem trocas e trocas. Vamos pensar numa boa janta, há poucas coisas mais bonitas gostosas e sagradas que poder compartilhar um bom alimento, sentar lado a lado e saborear um prato delicioso com amigos. Agora imagine que você está comendo e chega um desconhecido, pega tua comida, que você plantou, caçou e cozinhou, te chuta, come tudo e, daqui a pouco, abre um restaurante com tua receita porque achou gostosa, mas não sabe minimamente do trabalho que dá pra fazer, então te bota pra cozinhar pra ele, lucra com isso e te deixa comer só os restos... apropriação cultural é tipo assim e pior.

Identidade é significado, é responder àquelas perguntas de bicho gente, quem somos, de onde viemos e apontar para onde vamos; ter identidade é existir como indivíduo e como grupo. Para as populações que sofreram o processo colonial, afirmar sua identidade tem sido um ato de resistência muito dolorosa, porque durante séculos fomos chamados de inferiores, burros, selvagens, feios, incapazes ou loucos: é o drama da alteridade, do não reconhecimento do outro e da mais pura e violenta ignorância.

A identidade e a cultura também precisam de um espaço vital para poder respirar e continuar existindo como tal. Toda cultura tem seu espaço do sagrado e do segredo, aquilo que nos é próprio e que não vai ser compartilhado de maneira leviana, aquilo que está na zona da intimidade (umas coisas são como roupa íntima e escova de dente, outras como o fígado ou o coração.

"Ah, mas todas as culturas também se apropriam da cultura ocidental!"

Esse é um argumento utilizado ignorando a violência do processo colonial. Aqui não estou falando em tukano, mas escrevendo em português e isso não me torna menos indígena. Aos povos originários, foram impostos a língua, os costumes e os saberes do colonizador. Não é à toa que, para argumentar, sejamos constantemente cobrados quanto à validação científica de acordo com o pensamento ocidental, como se já não tivéssemos um próprio e, justamente por isso, somos colocados na necessidade de discutir racismo, preconceito e apropriação cultural, o que nos cansa e irrita tanto. A cultura do colonizador nos foi imposta sob ameaça de morte. Para sermos minimamente reconhecidos como humanos, nos foram reservados apenas os espaços periféricos, sempre em desvantagem diante daqueles que tomaram nossas riquezas e continuam se reservando o poderio econômico e cultural. No Brasil, a Lei Áurea é de 1888 e, até 1988, os "índios" eram considerados incapazes. Negros e indígenas, somos os grupos com maior vulnerabilidade social, em situação de pobreza, dificuldade de acesso à propriedade e à terra, à saúde, à educação e ao mercado de trabalho, e ainda assim precisamos conviver com discursos rasos sobre meritocracia e "aprender a pescar".

"Aculturação" é um processo que implica a recepção e a assimilação de elementos culturais de um grupo humano por parte de outro. Dessa forma, um povo adquire uma nova cultura ou certos aspectos dela, usualmente em detrimento da cultura própria e de forma involuntária. A colonização costuma ser a causa externa de aculturação mais comum. Os processos de aculturação têm diferentes níveis de destruição, sobrevivência, dominação, resistência, modificação e adaptação das culturas nativas perante o contato intercultural. O termo "aculturado" é frequentemente usado para desqualificar, diminuir e até negar a identidade indígena.

O racismo foi um conceito criado como argumento para a colonização, a violação e a desqualificação do corpo e da cultura dos povos invadidos. Por isso, afirmar que "branco sofre racismo" é um falso paralelismo, afinal eles não herdaram essa parte da história, enquanto que os "não brancos", somos lembrados quotidianamente dela.

"Mas, afinal, e a história do turbante?"

O turbante poderia ser um cocar. Somos sujeitos de uma identidade cultural repleta de saberes, práticas e objetos que traduzem profundos significados, elementos que usamos para reafirmar quem nós somos. Cada grupo social tem símbolos, práticas, saberes ou objetos que sintetizam suas identidades, as quais esses grupos preferem reservar para si, ou não fazer deles objetos de comercialização para outros grupos.

A questão da apropriação cultural trata frequentemente da comercialização desses objetos, porque o comércio muitas vezes os esvazia de seu significado, tornando-os acessórios de moda. E isso também é uma prática colonialista.

"Ah, mas o turbante é um acessório, era usado nos anos 20, e além do mais tem em muitas outras partes do mundo"

Esse argumento é usado com frequência inclusive mostrando fotos de turbantes tradicionais de vários grupos étnicos ao redor do mundo, mas pode ter certeza que cada turbante tem um significado único e diferente para cada um. Aliás, vários adereços não europeus viraram moda na Europa, quando outras regiões estavam colonizadas, e era uma forma de a classe dominante exibir as riquezas e raridades que vinham das colônias sem abrir mão do preconceito contra os povos colonizados. O tal "exotismo" exibido em modelos brancas parece misteriosamente mais vendável que em peles mais escuras. A moda vem e passa, enquanto os povos de origem desses objetos sentem sua identidade banalizada. Estamos no Brasil, e aqui, frequentemente, minorias são agredidas por expressar e vestir sua cultura: muitos já fomos insultados usar um turbante fora do terreiro ou um cocar ou pintura fora da aldeia.

"O resto do mundo não se importa, só vejo esse papo de apropriação cultural no Brasil e nos Estados Unidos"

Muitos reclamam também que a tal apropriação cultural só é discutida nas Américas, porque aqui o paradigma da colonização é bastante peculiar. Então o turbante negro aqui no Brasil tem um significado próprio, a não ser se comparado com o contexto dos outros países: afinal, este foi o último país do mundo a assinar o fim da escravidão. Por isso, acredito que os símbolos da resistência negra sejam, sim, algo a ser muito respeitado, pois só eles sabem de sua história e têm o direito de definir os espaços de sua identidade.

Como indígena, posso citar o cocar como um dos mais importantes símbolos da resistência indígena. Cada povo tem seu cocar e, geralmente, cada cocar seu significado. Nos cocares dos povos da América do Norte por exemplo, cada pena é conquistada pelos guerreiros, por isso os povos indígenas de lá se organizam entre eles para restringir a comercialização dessas penas apenas a indígenas. É possível ver, na internet, belíssimos registros dos Pow-wows estadunidenses, em que os maiores cocares pertencem aos anciões. Vi, em vários povos, diferenças entre os cocares das lideranças políticas e espirituais, de homens, mulheres e crianças, etc. Esses objetos valiosos são algumas vezes presenteados como ato de reconhecimento, amizade ou honra para pessoas de outros povos, o que pode ser considerado uma troca respeitosa e legítima, diferente daqueles que querem comercializar para usar no carnaval ou na festa rave, para afundar na lama um estereótipo terrível de índio.

"O quê? Não pode usar fantasia de índio no carnaval? Ah, que chato! Que patrulha!"

Você pode se fantasiar até de abacaxi se quiser. Eu curti muito a fantasia de "muro do Trump" neste ano; fantasia não falta, pode se fantasiar de índio, padre, de freira, de nazista, de blackface, mas, sinceramente, não ache que essa liberdade toda impede de alguém se incomodar com isso, ou porque essa identidade é inalienável a essa pessoa, e para ela não se trata de fantasia, ou porque ela fere diretamente sua memória identitária. A questão não é "poder isso" ou "não poder aquilo": o arbítrio é livre, empatia e respeito é legal.

"Ah, mas no clipe da Madonna tem fantasia de freira!... E o Antropofagismo na arte?"

A criação artística tem um contexto poético. José de Alencar escreveu "*O guarani* e *Iracema* num período de afirmação da identidade brasileira. O movimento modernista da Semana de 22 também: cada um no seu contexto histórico e a Madonna também. Por sinal, o exemplo do clipe "Like a prayer" da Madonna é ótimo, porque, caso não tenha ficado claro, ela faz uma severa crítica certas a visões que a Igreja Católica teve em certos momentos de sua história sobre sexualidade e raça. Conversando com um amigo, lembramos de como a cruz tem sido um símbolo usado de maneiras diversas ao longo da história. Por exemplo, para os primeiros cristãos, a cruz era um símbolo de resistência ao imperialismo romano; ironicamente, depois, a Igreja Católica se tornaria estandarte da colonização europeia.

Um dos símbolos sagrados que sofreu uma apropriação cultural das mais brutais foi a suástica, símbolo sagrado de povos asiáticos, que foi apropriada pelos nazistas e, hoje, é mais conhecida como símbolo de extermínio e intolerância. Cito isso como exemplo de como pode ser violenta a dessignificação de um símbolo, ou sua ressignificação total.

"Poxa, mas nem brinco pode? E pulseira?"

Bem, vamos voltar à moda: todos os povos têm seus acessórios decorativos que não se inserem nessa questão profunda da espiritualidade ou da identidade. Eles sempre foram objeto de troca comercial. Mas, de qualquer forma, quando se trata de reverenciar ou celebrar a cultura indígena, fica o convite de conhecer um pouco mais sobre sua origem e seu povo. Tem muitos artesanatos indígenas lindíssimos a serem apreciados por todos; muitas vezes a questão está mais para quem vende. Existem muitos atravessadores que compram esses objetos por preços baixíssimos e os revendem superfaturados e acrescentados de um exotismo esvaziado de sua real riqueza cultural: o melhor é sempre adquirir na fonte.

"Ah, mas eu quero prestar homenagem a uma cultura, ou a um povo"

Uma das conversas mais interessantes que tive sobre a questão da apropriação cultural foi quando uma amiga que trabalha com mandalas de lã colorida veio falar comigo, preocupada em saber se ela estaria cometendo uma gafe. Explicou que fazer as mandalas era uma terapia maravilhosa para ela e que tinha se tornado uma alternativa para seu antigo trabalho; explicou que tinha origem no povo Huichol do México. Meu primeiro impulso foi perguntar a ela o que ela sabia sobre aquele povo; por exemplo, o verdadeiro nome na língua dele: Wixárika, uma vez que "huichol" significa "bêbado"; então ela fez uma pesquisa simples no Google para ler mais sobre esse povo e descobriu, atônita, que eles faziam uso de plantas de poder. Eu expliquei para ela que a planta sagrada desse povo é o peyote ou hikuri, base de toda sua espiritualidade, identidade, e do colorido de seu vestuário, desenhos e mandalas... Ela finalmente entendeu que sabia muito pouco sobre o objeto de sua profissão, e ficou empolgada em conhecer mais sobre a cultura daquele povo. Eu espero sinceramente que ela chegue ao ponto de se informar mais sobre sua situação política hoje e, por exemplo, da guerra que travam contra a mineração em sua terra sagrada, onde nasce o hikuri sagrado. Acredito que a melhor homenagem é aquela que reconhece a singularidade de uma identidade, sem necessariamente querer entrar em todos os seus espaços porque pode gerar atrito sobre a questão do protagonismo dessa identidade.

"E se for no contexto espiritual ou religioso?"

A espiritualidade, a cosmovisão e o entendimento de mundo estão no coração e na coluna vertebral de cada cultura. O direito democrático à liberdade religiosa é uma conquista enorme, após séculos de intolerância religiosa que parece não ter fim. As religiões, como as culturas, também estão em constante transformação. No Brasil existem várias religiões que são frutos de sincretismos diversos; cada uma nasceu num contexto histórico e social particular, criando identidade própria.

Porém não posso deixar de mencionar um fenômeno peculiar que acontece ocasionalmente com a apropriação cultural da espiritualidade indígena: o xamanismo de butique. Sem desconsiderar as experiências espirituais que algumas pessoas vivenciam em "cursos" e "oficinas" de "xamanismo", é necessário chamar a atenção para personagens exóticos capazes de comprar qualquer cocar, qualquer roupa e colar, usar qualquer pintura e se apresentar como "Xamãs" ou "Pajés" e ainda "diplomar" outros "xamãs", sem, é claro, deixar de cobrar por isso.

A espiritualidade está para ser vivenciada e celebrada por quem abrir o coração a ela. Cada povo tem a sua e cabe apenas a ele decidir se vai compartilhá-la, esperando que seja recebida com muito cuidado e respeito. Nesse quesito, o que define o pajé não é o cocar, mas sua experiência e seu aprendizado; e dinheiro não tem nada a ver com isso.

A real identidade indígena pode estar bem distante dos estereótipos criados sobre os índios no Brasil: a imagem do "silvícola", "não miscigenado", "selvagem", "aldeado" ainda predomina no imaginário brasileiro que ignora que, segundo o IBGE, 38,5% da população indígena vive em contexto urbano. E muitos ignoram a enorme resistência de muitos povos do primeiro contato que continuam aqui até hoje fortalecendo sua cultura. Cultura é algo dinâmico, em constante transformação e autoafirmação. No caso dos povos indígenas das Américas, por exemplo, fala-se no processo de etnogênese, no qual muitos povos, que chegaram a ser quase extintos ou totalmente "integrados", passaram a afirmar sua raiz e fortalecer suas práticas originárias para afirmar sua identidade.

Se um dia fomos considerados "aculturados", hoje muitos estamos em processo de "desaculturação", e quando for necessário, estaremos dispostos a lutar para defender os símbolos de nossa cultura, passados de geração em geração.

"Esse policiamento do politicamente correto cansa"

Certamente, é muito chato ter que sentar para conversar e explicar eternamente algo que, para nós, parece tão evidente. Pessoalmente sou favorável ao diálogo, e a polêmica da apropriação cultural tem chegado a embates físicos que acho questionáveis, porque esse é um problema do sistema, da história comum a todos, e não unicamente de indivíduos.

Em uma conversa, Sandra Fontana resume bem a problemática:

Este é um assunto difícil por se levar pela amplitude do desenvolvimento da humanidade, mas o primordial é o compreender que a crítica à apropriação cultural se refere à descolonização, já que tem um profundo poder de crítica aos paradigmas dominantes ao propor outros princípios de inteligibilidade da história e do presente, das hierarquias naturalizadas e dos silenciamentos constitutivos, enfim, uma nova perspectiva analítica para compreender, de outros modos, algumas das problemáticas que se enfrentam por causa da globalização colonial e do universalismo eurocentrista. Esse debate acontece no contexto da afirmação das propostas da pluriversalidade e da interculturalidade dos grupos minoritários, sendo assim, criadas pela necessidade de se assumir, compreender e respeitar o surgimento da resistência das comunidades negras e indígenas frente à modernidade/colonialidade para uma construção de uma nova transformação social, econômica, política e cultural.

Para poder contribuir com a transformação da sociedade num espaço mais justo, igualitário e respeitoso da diversidade, precisamos nos questionar sobre os estereótipos que tecemos sobre a imagem dos outros e a compreensão de seus símbolos, reconhecendo que cada um tem sua história e uma identidade própria a ser respeitada, cultivada e celebrada.

Para mim, discutir apropriação cultural é um convite para o abraço: nos conhecer melhor em nossa alteridade, nossas identidades, histórias e culturas.

Metodologia interativa na gestão de políticas públicas: métodos combinados numa abordagem antissexista e antirracista

Renísia Cristina Garcia Filice
Rayssa Araújo Carnaúba

Neste texto pretendemos compartilhar algumas reflexões preliminares que vêm sendo realizadas pelas autoras, em momentos separados e conjuntamente,[1] no Programa de Pós-Graduação da Faculdade de Educação da Universidade de Brasília (UnB). Trata-se de uma proposta – ainda em elaboração – de combinação de diferentes métodos a serem utilizados em pesquisas no campo das políticas públicas, e que se comprometam com uma educação (em seu sentido amplo) antirracista e antissexista. Sem a pretensão de apresentar uma ferramenta metodológica pronta e acabada, o intuito é partilhar uma possibilidade com os(as) leitores(as).

Trata-se de uma metodologia que tem a pretensão de servir para o campo das políticas públicas, em particular, aquelas cujas abordagens adotem uma perspectiva de análise mais atual que perceba o Estado imerso num campo de disputas e que se configure em ações públicas, resultado de um longo e efetivo movimento de ampliação das estruturas e das prerrogativas estatais iniciadas, no longevo período da passagem do feudalismo em direção à modernidade (MULLER; SUREL, 2002; LASCOUMES; LE GALES, 2012).

Perceber o Estado materializado em políticas públicas, e estas como ação pública, amplia o escopo de abrangência mais restrito, posto que extrapola formas de intervenções exclusivas do Estado. Muito embora, em certa medida, sempre estejam em conexão com essa instância, seja na sua participação direta ou indireta, como norma orientadora (aspecto legal, por exemplo) ou de efetivação (dotação orçamentária destinada ou aplicação direta de recursos

---

[1] Nosso agradecimento à leitura cuidadosa da professora, também do referido programa, Fernanda Natasha Cruz.

financeiros por meio de editais, etc) ou mesmo suas ausências. Aí se dá a ocupação desses espaços por diferentes atores públicos ou privados originários da sociedade civil, e é com estes/as a serem identificados em suas necessidades e singularidades que a metodologia que aqui chamamos interativa se insere como possibilidade e contribuição. Perfis, formatos e performances de atuação, em especial, os múltiplos contatos com os demandantes de ações públicas na busca por seus direitos sociais são o foco desta ferramenta. Público para o qual voltamos, neste artigo, nosso interesse maior, principalmente para pensar reflexões que incluam uma perspectiva, como dito, antirracista e antissexista.

As reflexões contemporâneas em torno do Estado como aparelho burocrático encarregado de missões mais e mais complexas de regulação social viu, com a eclosão de duas guerras mundiais, em particular após a Segunda Guerra (1939-1945), a generalização do Estado providência, cujas missões de proteção social e de redistribuição das rendas pareceram inaugurar uma nova forma de cidadania (MARSHALL, 1950; EWALD, 1986 apud MULLER; SUREL, 2002). O lugar do Estado tornou-se, assim, determinante, sendo sua evolução simbolicamente ritmada pela variação da taxa dos impostos obrigatórios no PIB das nações. Antes encarnação da "razão na História", "braço armado da burguesia", ou detentor do "monopólio da violência legítima", o Estado transformou-se profundamente (MULLER; SUREL, 2002). Hoje percebido por meio de suas dinâmicas, com múltiplos atores/atrizes individuais, coletivos, grupos de interesse, grupos de classe, movimentos sociais com pautas diferenciadas, uma complexidade de sujeitos e um feixe de redes essenciais para que eles/as sejam conhecidos/as e considerados/as por meio de suas ações.

Nesses termos, ainda baseadas em Muller e Surel (2002), colocamo-nos o desafio da análise de políticas públicas irem muito além da compreensão dos resultados e das decisões do Estado, em qualquer uma das etapas comumente consideradas no ciclo de políticas públicas (agenda, formulação, implementação ou avaliação). Trata-se de interrogar profundamente sobre o funcionamento da democracia, ressaltando o nosso interesse em verificar em que medida metodologias combinadas de métodos diferenciados podem ajudar a pensar os múltiplos formatos da ação pública, e nos aproximarmos das demandantes de políticas públicas em suas reais necessidades.

Assim, para além da dimensão técnica ou processual do ciclo de políticas públicas aumentar a atenção ao problema da (re)integração do(a) cidadão(ã) como sujeito de direito, consideramos com a mesma atenção do olhar destinado aos percursos e processos internos de pactuação que levam à materialização de determinada política de forma positiva ou negativa (considerando aí todas as performances de coleta de dados, investimento, análise de indicadores e resultados, etc); nosso olhar volta-se para o público demandante de políticas públicas e sua atenção junto ao Estado. Em particular, mas não só, nossas reflexões atentam para fortalecer a importância das políticas afirmativas de diversidade e inclusivas. Comprometemo-nos, com uma perspectiva transversal de análise, a que as conexões entre raça, gênero, classe, geração e outros marcadores estejam presentes, e também que conceitos como intersetorialidade e interseccionalidade ganhem visibilidade em nossa discussão. Por intersetorialidade, entendemos, com Junqueira, Inojosa e Komatsu (1997) e Cruz (2017), o propósito de gestão visando à melhoria das condições de vida da população, considerando a ruptura do modo de organização convencional da burocracia conforme estruturas setoriais, revendo lógicas hierárquicas e transferindo poder para novas instâncias localizadas e participativas, a fim de corresponder à Constituição Federal de 1988 (BRASIL, 1988) e solver problemas públicos complexos (que não cabem nas caixinhas setoriais).

 Pautadas pela melhoria das condições de vida de segmentos historicamente discriminados e cujas prioridades deveriam ser definidas em diálogo entre tomadores de decisão com os próprios indivíduos, coletivos, ou lideranças (que não sejam apenas pelos mecanismos institucionais de controle e participação social como conselhos, órgãos colegiados, etc); assumimos a definição de intersetorialidade. Vista como uma forma de articulação de saberes e experiências no planejamento, realização e avaliação de ações para a solvência de problemas complexos da população, intervindo em especial sobre processos de exclusão social (JUNQUEIRA; INOJOSA; KOMATSU, 1997).

 Assim, a intersetorialidade insurgiria num contexto de implementação dos anseios da Constituição Federal de 1988 (BRASIL, 1988), e exigiria em especial senão a transferência de poder, o compartilhamento com e para instâncias permeáveis à influência da população e, por isso, visaria ao atendimento a anseios de forma integrada e nas municipalidades, acionando múltiplas formas de gestão nos entes federados. Junqueira, Inojosa, Komatsu (1997) também consideram a lateralidade indispensável para uma organização, e aliam tal prescrição à exigência de tecnologias de informação capazes de amparar as reformas nas culturas organizacionais, permitindo aos burocratas encontrar a flexibilidade nas novas conformações (aspectos que não cabe explorar no âmbito deste artigo).

Considerando a necessidade de aproximação cada vez mais próxima com as múltiplas singularidades que conformam os demandantes de políticas públicas, faz-se necessário usar também outro conceito, o de interseccionalidade. Por "interseccionalidade", Kimberlé Williams Crenshaw (1989) entende:

> [...] uma estrutura provisória que nos permita identificar a discriminação racial e a discriminação de gênero, de modo a compreender melhor limitando as chances de sucesso das mulheres negras. O segundo objetivo é enfatizar a necessidade de empreendermos esforços abrangentes para eliminar essas barreiras. A questão é reconhecer que as experiências das mulheres negras não podem ser enquadradas separadamente nas categorias da discriminação racial ou da discriminação de gênero (CRENSHAW, 1989, p. 8).

Essa forma de perceber como as relações assimétricas se dão a conhecer pela sobreposição de discriminações compõe com a perspectiva de análise intersetorial de políticas públicas, pois contribui para perceber em sua complexidade a natureza dos problemas e das questões públicas a depender do coletivo para as quais esta ou aquela política está voltada (CRENSHAW, 1989; BOTELHO; NASCIMENTO, 2016).

O conceito de interseccionalidade adotado ajuda a romper com análises lineares e sequenciais do ciclo de políticas públicas (SARAVIA, 2007), e busca romper com uma visão hegemônica e universalista sobre os problemas a serem enfrentados em meio à complexa desigualdade social, racial e de gênero brasileira, e as múltiplas formas como incide de maneira diferenciada sobre este ou aquele segmento. Daí a necessidade de se voltar para e com uma lógica de olhar para o(s) problema(s) – seja a evasão escolar, a gravidez na adolescência, a violência, os altos índices de criminalidade e outros –, numa abordagem interseccional, estabelecendo, no Estado, *estratégias de gestão* intersetorial/transversal com políticas mais efetivas e direcionadas. Crenshaw (1989) relata a preocupação em estabelecer pontes entre as políticas que incidem sobre a discriminação de gênero e as discriminações de raça, de forma sobreposta. Seja qualquer um dos problemas citados anteriormente, e que atingem a sociedade brasileira como um todo e alguns segmentos de maneira mais enfática. Atentar para as convergências que envolvem os envolvidos nos problemas públicos em termos de raça, gênero, classe e geração pode e deve significar atacar de forma mais direta a natureza do problema. Conforme defende a autora, "as leis e as políticas nem sempre preveem que somos, ao mesmo tempo, mulheres e negras". Por essa razão, esse projeto procura estabelecer uma ponte entre o que é vivenciado na prática e como uma política pública prevê esses problemas (CRENSHAW, 1989). Assume-se, de uma forma complexa, que em estudos sobre a implementação de políticas públicas é preciso abordar as diferenças dentro da diferença, se não quisermos correr o risco de continuar propondo políticas de gabinete.

Feitas essas breves articulações, voltamos ao nosso propósito, que é contribuir com a proposição de ferramentas metodológicas operacionais combinadas para pensar políticas que intervenham e contribuam para a consolidação de práticas de gestão antirracistas e antissexistas, incorporadas ao núcleo duro do estudo de políticas públicas, e que impactem nas desigualdades sociais, considerando seus aspectos racial e de gênero. Baseadas numa revisão bibliográfica que, panoramicamente, abordou conceitos como políticas públicas e ação pública, e que aciona a transversalidade de gênero e raça, bem como intersetorialidade e interseccionalidade, passamos às nossas reflexões ainda de caráter não conclusivo (se é que em algum momento o serão) sobre formas diferenciadas de pensar as conformações, atritos, conflitos e pactuações de diferentes atores do processo de implementação de políticas. Consideramos, em especial, como dito, o público demandante das políticas em termos de gênero e raça. Nesse sentido, trata-se de uma metodologia de caráter antirracista e antissexista, que aciona conceitos como raça, etnia, gênero, classe, geração e outras singularidades que se apresentem como problema público e parte das ações públicas a serem analisadas, e tem como uma das contribuições teóricas a serem consideradas o Materialismo Histórico e Dialético (MHD). Todavia, antes de explicarmos em que medida o MHD se insere em nossas reflexões, faz-se necessário, brevemente, apresentar a pesquisa de mestrado a que faremos referência em determinados momentos da nossa narrativa.

Intitulada Evasão escolar e gravidez na adolescência: um olhar interseccional nas políticas educacionais (Cidade Estrutural/DF), a pesquisa tem como objeto de estudo as políticas públicas de atenção a adolescentes grávidas e mães na Cidade Estrutural/DF. Busca identificar e analisar as políticas que existem, e que estão voltadas para a redução da evasão escolar das adolescentes mães que residem na Cidade Estrutural; e se há transversalidade da temática de gênero, raça, classe e geração, em particular nas políticas educacionais e de saúde no Distrito Federal. Vistas como coparticipantes (e não sujeitos) da pesquisa, as adolescentes grávidas selecionadas são negras. A pesquisa está na fase de coleta de dados por meio das seguintes metodologias: história de vida (HV), questionários, entrevistas narrativas e análise documental. A metodologia

HV será mais bem explicada mais à frente, pelo grau de importância que adquire na metodologia interativa.

Dito isso, informamos que uma das bases metodológicas que julgamos importantes é o MHD. Útil para pensar o caráter racializado e sexista no formato não só dos estudos, mas na maneira como as políticas públicas operam no Brasil – país com grandes desigualdades e em que incidem, sobre os/as demandantes dessas políticas, consideráveis assimetrias (GARCIA FILICE, 2011). O método dialético é evocado no sentido de contribuir para compreendermos os aspectos históricos e críticos que evidenciem as contradições sociais. Os fatos são estruturantes e formatam a desigualdade social, racial e de gênero que incidem sobre as "escolhas" das participantes das nossas pesquisas. Em especial, nós nos referimos às participantes do sexo feminino, adolescentes grávidas, citadas anteriormente, mas não entendemos que essa metodologia esteja, necessariamente, restrita a esse segmento. Trata-se do nosso compromisso em inserir, ao debate das políticas públicas, reflexões interseccionais sobre as questões de gênero, raça e classe, e no caso das adolescentes, ressaltamos também a geração.

O apoio do MHD se circunscreve à sua articulação com estudos sobre a sobrevivência material em sua concretude, e nos ajuda a pensar aspectos da desigualdade social que interferem, por exemplo, nas "escolhas" de adolescentes, jovens ou mulheres em determinadas situações. Gravidez na adolescência de meninas negras em situação de vulnerabilidade social é um dos assuntos que temos enfocado, e será, como dito, a pesquisa em curso, à qual faremos referência direta.

Incide sobre as meninas negras adolescentes uma dose considerável de opressões estruturais que nem sempre são acionadas por elas quando omitem opinião sobre suas "escolhas" de engravidar (isso quando as narrativas assumem essa condição de autonomia). Neste caso em específico, aumenta nosso interesse em compreender o peso dessa "consciência racial, de gênero e de classe" – se assim podemos chamar – sobre os formatos (limites e potencialidades) na implementação de ações públicas para adolescentes grávidas por parte de instâncias do Estado. No caso específico em questão, da Secretaria de Educação do Distrito Federal (SEEDF) e da Secretaria de Saúde do Distrito Federal (SESDF), na cidade Estrutural. E ainda por entendermos que o fator socioeconômico é estrutural e tem peso, mas não necessariamente será "o" determinante em situações de falta de acesso à informação e gravidez na adolescência, buscamos compreender, concomitantemente, a subjetividade, o simbolismo que permeia "as escolhas" estabelecidas segundo essas que, nas narrativas históricas coletadas, pela metodologia da HV, assumem o papel não de sujeitos da pesquisa, mas de coparticipantes da pesquisa (mais a frente, explicaremos o motivo).

Nesse sentido, nós nos afastamos do MHD e nos aproximamos da literatura decolonial de feministas negras e autoras de estudos sobre gênero, raça e classe, numa perspectiva interseccional (CRENSHAW, 1989).

Feito este preâmbulo, submetemos ao público nossas ponderações sobre metodologias interativas e combinadas voltadas para a tentativa de nos aproximarmos, numa perspectiva interseccional de análise, do núcleo duro do campo das políticas públicas, segmentos historicamente negligenciados pelo Estado e pela sociedade brasileira, a saber: negros, negras, indígenas, mulheres, LGBTs (lésbicas, gays, bissexuais, travestis e transexuais). Assim, este artigo está dividido além desta Introdução e da Conclusão, em três seções: I) Metodologia Interativa: do método dialético combinado à perspectiva antissexista e antirracista; II) Metodologia Interativa: a contribuição das feministas negras; e IIIl) As Histórias de Vida (HV) como método.

Metodologia Interativa: do método dialético combinado à perspectiva antissexista e antirracista

Em ciências sociais, temos dois tipos principais de percursos metodológicos, o quantitativo e o qualitativo.

Silva (2007) considera metodologia quantitativa aquela que tem por característica principal a quantificação, tanto na coleta quanto na interpretação dos dados, através da estatística. Por essa via, a pesquisa está condicionada ao observável e ao empírico, podendo estar submetida a uma lente positivista que tende a aplicar modelos das ciências naturais às ciências sociais (mas não só, entretanto, não nos aprofundaremos nas múltiplas reflexões que tal abordagem aciona). E, para Goldenberg (1997), a pesquisa qualitativa seria aquela que se recusa a legitimar seus conhecimentos por meio de processos quantificáveis que venham a se transformar em leis e explicações gerais, isso porque as ciências sociais possuem especificidades que exigem metodologias próprias. Pressupõe-se, portanto, o abandono do modelo positivista, o qual considera a imparcialidade, neutralidade e objetividade como características basilares para as pesquisas. A dialética se opõe a análises em que aspectos quantitativos busquem tornar-se uma norma. Essa abordagem busca compreender a realidade sob uma ótica qualitativa, considerando-se o contexto sócio-histórico, cultural e econômico (por hora, apesar de, digamos, simplista, esta explicação nos atende).

Segundo Paulilo (1999), por meio da pesquisa qualitativa pode-se penetrar na esfera da subjetividade e do simbolismo, enraizados no contexto social do qual emergem, construídos no âmbito das relações sociais, das trocas, das visões e perspectivas de mundo. Permite-se a imersão do pesquisador/a nas circunstâncias e contextos da pesquisa. O reconhecimento dos atores sociais como sujeitos – no nosso caso adotamos participantes ou coparticipantes –, e os resultados da pesquisa como fruto da dinâmica entre pesquisadora e pesquisadas. Intenta construir uma relação mais horizontal e próxima entre teoria e prática, produção do conhecimento acadêmico e sociedade. A expectativa é criar laços que possam se tornar vínculos de legitimidade entre participante, pesquisadora e pesquisada, e o texto engendrado nesta construção da narrativa acadêmica.

Consideramos que a pesquisa qualitativa dialética se compromete com as causas da existência do fato, na tentativa de explicar sua origem, suas relações, e busca também a miríade de consequências imbricadas em atitudes e ações que incidirão nas relações concretas humanas. Ademais:

> A pesquisa de caráter histórico-estrutural, dialético, não ficou [fica] só na compreensão dos significados que surgiam em determinados pressupostos. Foi além de uma visão relativamente simples, superficial, estética. Buscou [busca] as raízes deles, as causas de sua existência, suas relações, num quadro amplo do sujeito como ser social e histórico, tratando de explicar e compreender o desenvolvimento da vida humana e de seus diferentes significados no devir dos diversos meios culturais (TRIVIÑOS, 1987).

É importante salientar ainda que, de acordo com Paulilo (1999), os modelos quantitativo e qualitativo não são opostos, mas diferentes, podendo ser complementares um ao outro na compreensão de dado aspecto da realidade, se utilizadas dentro dos limites de suas próprias especificidades. O que não está em jogo é um possível caráter de neutralidade nessa combinação.

Cabe ainda elucidar questionamentos recorrentes acerca do rigor científico da pesquisa qualitativa. Como nos afirma Demo (1986), toda produção intelectual diz respeito a um ponto de vista acerca do objeto. O/a pesquisador/a, como membro de uma sociedade, atua carregado/a de historicidade, que lhe confere determinado ponto de vista. Cabe então, como investigadores/as, relativizar nosso lugar de fala, de modo a poder nos colocar no lugar do outro. Mesmo assim, nossa realidade será a lente de onde observaremos nosso campo de pesquisa e consideraremos o sujeito a ser pesquisado/a. E isso não invalida o rigor científico do estudo, apenas reforça a necessidade de concebê-lo como objetividade relativa, interpretativa, e fruto de um determinado contexto (VELHO, 1978 apud PAULILO, 1999).

Vale acrescentar o caráter limitado dessa observação. Em assim sendo, também pretendemos mais do que *falar sobre* é tratar os "sujeitos" como coparticipantes da pesquisa e não como objeto. Traçar procedimentos de coleta que nos possibilitem *falar com*, numa perspectiva dialógica em que a descrição dos fatos vá sendo tecida respeitando visões de mundo, sentidos e significados pensados e vividos. No caso da dissertação, em curso, citada (CARNAÚBA, 2018), as participantes/adolescentes grávidas serão interpeladas por meio de uma escuta sensível. Nesse sentido, a metodologia da HV assume um caráter procedimental, como veremos. Uma ferramenta que contribuirá para a compreensão dos processos individuais das participantes, do e no trabalho de campo.

Ao final, o intuito é criar situações em que haja o compartilhamento/devolutiva desses escritos, que, na verdade, espera-se, possam ser escritos *com* e não *sobre* elas, as participantes da pesquisa. Não se trata de um teste de validação do texto elaborado pelas pesquisadoras, mas do reconhecimento da legitimidade que se dá pela consideração das participantes. E isso não significa descartar o caráter científico da proposta (embora saibamos que as críticas virão).

Para que uma pesquisa seja considerada científica, alguns critérios são elencados como necessários: que haja coerência, consistência, originalidade e objetivação. Coerência seria uma argumentação lógica; consistência seria sua capacidade de resistir a contra-argumentações; originalidade diz respeito a sua inovação; objetivação seria a palavra empregada por Pedro Demo (1986) para substituir objetividade e diz respeito à tentativa de reproduzir a realidade o mais próximo possível, numa busca de aproximação cada vez maior ao objeto que se pretende compreender (PAULILO, 1999).

Como dito, não temos pretensão à neutralidade e compreendemos que, como pesquisadoras, não somos elementos separados do processo de construção de dados. Nas relações estabelecidas com as participantes da pesquisa, fazemos interpretações, construímos sentidos, tendo em vista nosso próprio contexto e visões de mundo e processos (SCHOLZE, 2014).

Desse modo, cuida-se para que a pesquisa não tenha caráter meramente descritivo da realidade como se manifesta, mas seja também uma tentativa de compreensão do fenômeno como processo social (Gatti, 2001), impactado pela cultura e o contexto sócio-histórico, por singularidades de gênero, raça, etnia, geração e classe; pelas "escolhas" que vão sendo tecidas na materialidade da existência de cada uma das participantes do estudo que serão ouvidas.

Acerca da realidade concreta, e tomando como base o método dialético, cabe delinearmos que nenhum método tem a capacidade de conhecer todos os aspectos da realidade. São versões e perspectivas que, na proposta de métodos combinados, acionam o cuidado a uma escuta sensível às participantes.

A dialética nos fornece os meios para uma interpretação totalizante da realidade e ao mesmo tempo dinâmica, uma vez que, por meio desse método, os fatos sociais não podem ser compreendidos isoladamente, ignorando-se o contexto sócio-histórico, político, econômico e cultural (Kosik,1969).

Para Alves (2010), o componente dialético nos afirma que a realidade concreta não é estática, impressa numa unidade indiferenciada, mas uma unidade que é diferenciada e contraditória, uma vez que no conflito de contrários há avanços da realidade num processo de transformação histórica constante e progressivamente (não linearmente). E a depender de assimetrias, seja de raça, gênero e classe, as combinações serão as mais diversas possíveis.

Os métodos combinados nos levam a interpretar a problemática da desigualdade numa perspectiva interseccional. A tentativa é compreender "se" e "como" a falta de acesso a serviços básicos de sobrevivência, e/ou o percurso histórico que "leva" a determinadas situações, como a gravidez na adolescência, aflige adolescentes negras em situação de vulnerabilidade social. Mas não só. Interessamos-nos também pelo caráter subjetivo da trajetória das coparticipantes da pesquisa, numa metodologia de viés antirracista, antissexista e contra-hegemônico. Por isso, já mencionamos, propomos como possibilidade ir a campo munidas da metodologia de HV, na busca de compreender o fenômeno também do ponto de vista das coparticipantes.

Pretende-se, outrossim, com esta proposta, que as informações coletadas, apropriadas e transcritas devido ao trabalho com a HV, a partir da análise e organização das ideias coletadas, sejam identificadas pelas coparticipantes. Considerando a subjetividade, impregnada na nossa leitura, nas transposições e análise das narrativas, também consideraremos o contexto no qual elas estão imersas. Ou seja: o contexto material, as concretudes das relações sociais têm peso e serão consideradas, mas, principalmente, nos interessa criar uma metodologia interativa.

Por metodologia interativa, entendemos que a coleta de dados por meio da HV gera informações que, ao serem compiladas, destacadas e reorganizadas para dar sentido ao estudo das pesquisadoras, possam ser desconectadas da proposta das coparticipantes da pesquisa. Nesse sentido, retornar ao campo, embora possa significar um trabalho mais demorado, significa, espera-se, uma relação mais próxima entre pesquisadoras e pesquisadas. Com isso cai por terra o entendimento de que a produção do conhecimento se dá pelas pesquisadoras. Pelo contrário, trata-se de uma coprodução sistematizadas pelas pesquisadoras, mas, e principalmente, devido à articulação respeitosa entre pesquisadas e investigadoras.

Portanto, contemplar-se-á uma visão ampla acerca da complexidade do real.

Esta proposta distancia-se, por exemplo, de lidar com duas etapas, aspecto que se articula, por vezes, à pesquisa marxista: a análise do fenômeno e a realidade concreta do fenômeno caminham como etapas separadas. Como primeiro momento, seria importante a observação dos elementos que integram o fenômeno, estabelecendo-se relações sócio-históricas acerca do fenômeno, elaborando juízos, raciocínios e conceitos acerca do objeto, que por vezes determinam estatisticamente aspectos do fenômeno (Triviños, 1987).

Num segundo momento, evidencia-se o que o marxismo chama de "a realidade concreta do fenômeno", em que se estabelecem os aspectos essenciais do fenômeno (seu fundamento, conteúdo, forma, realidade e possibilidades). Por meio do estudo das informações, observações e experimentos, em que se dá a experimentação e a verificação das hipóteses. Ou seja, são duas etapas que se articulam, mas apresentam-se em etapas; a teoria norteia o olhar sobre a realidade, em seguida mergulha-se na contraditória realidade, da prática, para depois voltar à teoria. Esses procedimentos de pesquisa, articulados, seriam reveladores da realidade concreta do fenômeno estudado. Nesta proposta, entende-se que o exercício de rever extensa e cuidadosamente cada passo a ser dado sobre a teoria metodológica, em seguida a observação cuidadosa do campo de estudo, sem necessariamente, haver uma troca entre pesquisadoras – pesquisadas, faz com que haja um distanciamento que pode vir a nublar, se não inverter a ideia que se quis transmitir nas histórias de vida coletadas. Pode mesmo engessar perspectivas sobre a complexidade da dinâmica das relações sociais e raciais. No caso das políticas públicas, centrar a atenção num ou noutro aspecto –

comumente, econômico –, inviabiliza considerar assimetrias importantes no que se refere, por exemplo, aos impactos diferenciados da estrutura. A falta de recurso poderia ser um deles. No caso de adolescentes negras grávidas residentes em locais de baixo nível socioeconômico, pressupõe-se um quadro de abandono, miséria, falta de oportunidades, etc. Todavia, sem isolarmos o aspecto econômico, e ampliando o foco, por exemplo, para as políticas protetivas para adolescentes negras grávidas e sua relação com a evasão escolar, subentende-se que aspectos estruturantes como o racismo, o sexismo e as questões geracionais passariam despercebidos.

As diferenças de caráter racial e de gênero em ambientes mais favoráveis economicamente, consequentemente, com mais recursos, comportam-se de forma diferenciada. Entender essas performances, que atingem adolescentes negras grávidas em diferentes contextos, é de suma importância no campo das políticas públicas.

Nesse sentido, uma metodologia interativa aponta não só para múltiplas metodologias e técnicas, mas, principalmente, requer análises complexas e capacidade de profundidade. A metodologia interativa dialoga, pois, com contribuições do MHD, entretanto, esse diálogo motiva-se, em especial, pela centralidade do foco na realidade concreta. Já a contribuição de feministas negras se soma/interage com a perspectiva marxista, no que se refere à abordagem interseccional que permite olhar com atenção o cruzamento entre mais de uma assimetria, seja ela racial, sexista, econômica, geracional ou qualquer outra que se apresente.

Metodologia Interativa: a contribuição das feministas negras

Considerando as contribuições do MHD, busca-se compreender no capitalismo, em seu processo de acumulação e reprodução de desigualdades e suas conexões com a realidade das participantes da pesquisa, exemplificadas neste estudo: adolescentes grávidas negras em situação de vulnerabilidade sociais. Mas não só.

As vidas humanas que queremos captar pela HV são construídas e compartilhadas pelas pesquisadas, e apreendidas pelas investigadoras. No MHD é nas relações socioeconômicas e nas relações de produção que se encontram os fundamentos das sociedades. Como dito, para nós é importante, mas não é o suficiente.

Na esfera das análises combinadas e na perspectiva das metodologias interativas, a contribuição de feministas negras de base marxista como

Crenshaw (1989), bell hooks (2017), Angela Davis (2016) e outras, fazem acionar o conceito de interseccionalidade explicado na introdução deste artigo. Considerar que as opressões incidem de forma diferenciada sobre as mulheres, em particular, as mulheres negras, e explorar de forma integrada e interseccional essas outras materialidades é nosso esforço. Entendemos que, a depender das dinâmicas, acomodação e formas de reivindicar este ou aquele benefício por parte de agentes públicos, seja na Escola, seja no Posto de Saúde – locais onde as adolescentes grávidas negras da Cidade Estrutural foram localizadas –, singulariza o perfil da demandante. E isso nem sempre tem sido considerado. Assim, nós nos alinhamos com o pensamento marxista, considerando que as coparticipantes da pesquisa são atores sociais cujas ações podem produzir transformações importantes nos fundamentos materiais dos grupos sociais (TRIVIÑOS, 1987).

Mas, para conhecer melhor a vida das coparticipantes do estudo, no caso demandantes de políticas setoriais, carece questionar o desenho capitalista global, que oprime e subalterniza socialmente as pessoas, em particular mulheres, negras e pobres. É necessário reconhecermo-nos como país formado a partir de relações racistas e sexistas. Por isso, o debate em nível econômico não é suficiente para explorarmos o caráter multidimensional das desigualdades sociais, e também multissetorial, quando se trata de adolescentes grávidas e evasão escolar. As lutas brasileiras não são apenas de classe, são étnico-raciais e de gênero também.

Entendemos que uma metodologia interativa, em que há uma relação assumida entre a/o pesquisador/a – pesquisado/a, se insere no rol das metodologias contemporâneas antirracistas e antissexistas. Tem o compromisso admitido de reduzir a distância entre academia – sociedade, e no nosso caso, gestor/a de políticas públicas, tomadores/as de decisão, ou mesmo professores/as e estudantes adolescentes grávidas e o foco no problema público, atento à população envolvida.

Mas o que seria uma pesquisa de caráter antirracista e antissexista?

A esse respeito, Okolie (2008) salienta que, diferentemente da pesquisa hegemônica, uma pesquisa antirracista, por exemplo, não deve estudar pessoas como vítimas de patologias ou de problemas sem solução. Ao contrário, deve considerar que a opressão e a marginalização são os seus problemas, e estes são instrumentos externos, sociais. Por isso, baseadas no autor, consideramos que gravidez na adolescência, por exemplo, não é o problema de que perecem essas adolescentes, mas, na verdade, esse fator é consequência dos problemas reais: a opressão e a marginalização. É produto das patologias de uma sociedade racializada. Por isso, na perspectiva de Okolie, é a discriminação racial que deve ser alvo de atenção, caso busquemos encontrar soluções duradouras para a questão da gravidez adolescente.

Como proposta metodológica para a perspectiva que nos foi apresentada, Okolie (2008) determina que os/as investigadores/as antirracistas se conscientizem de que suas coparticipantes de pesquisa já são vítimas de um sistema racista, sexista e classista, e que não devem voltar a ser vítimas em nossas pesquisas, "objetos" que não falam por si. Por isso mesmo devemos estudar não só as vivências e relatos pessoais, mas também como elas são oprimidas, inferiorizadas e desprovidas de legitimidade, quando falam, por exemplo, da gravidez ou formas de acolhimento a que foram submetidas na escola ou nos postos de saúde. Enfim, não basta analisar as consequências da opressão, há que se pesquisar como as opressões operam e se perpetuam para, de fato, nos comprometermos com uma investigação antirracista. Outrossim, a devolutiva em relação à nossa organização dos dados e leitura dos fatos dados a conhecer é de grande importância.

Sociedades de base escravocrata como a nossa foram fundadas no racismo, por isso, torna-se impensável criar um projeto de nação que desconsidere a centralidade da questão racial, e ainda reproduzir pesquisas que imputem falas e sentidos para a vivência das coparticipantes sem que estas se reconheçam nos relatos.

Há que se considerar a não hierarquização das opressões, ou seja, a interseccionalidade de gênero, raça e classe. Seja na dissertação de Carnaúba (2018), nos estudos de Garcia Filice e Cruz[2] (2017), essa proposta de metodologia interativa se compromete com outro projeto de nação, mais humano, diverso e inclusivo. Aciona um Estado, em suas variadas performances, que lide de maneira mais respeitosa com os/as demandantes de políticas públicas. Grupos, coletivos, sujeitos múltiplos com diferentes demandas e necessidades. Por isso, mesmo com orientação marxista, cabe criticar como um modelo engessado, em que incide a primazia do aspecto de classe sobre as outras formas de opressão, separa investigados e objeto.

Nessa perspectiva, é necessário um novo olhar não apenas *sobre* os/as coparticipantes de pesquisas, mas *com* eles/as. E que se materialize – seja no ato da pesquisa, seja na implementação de políticas públicas (caso haja a presença mais articulada do Estado) ou em ação pública (quando a rede se ramifica em múltiplos

---

[2] Agradecemos à professora Fernanda Natasha Bravo Cruz pelas contribuições para esta reflexão.

atores) (LASCOUMES; LES GALÈS, 2012), um espaço para a manifestação de diferentes subjetividades e saberes. No caso da pesquisa, que seja capaz de produzir relações mais horizontais e dialógicas entre pesquisador/a e pesquisado/a.

A esse respeito, Scholze (2014) nos chama a atenção em relação ao trabalho de campo:

> No trabalho de campo, tanto de pesquisa como de extensão, a identificação *dos múltiplos problemas trazidos pelos sujeitos*, integrando contextos de vida, valores, desejos, afetos, crenças e recursos mobilizados, diante das iniquidades e da territorialidade implica na compreensão de uma formação para a "arte da alteridade" – que seja capaz de congregar *a noção de humanidade plural*, quando nega a existência de um centro do saber e aceita a diversidade de culturas, e aprenda a conviver com a diferença. Traduzido no esforço de entender a necessidade do intercâmbio coletivo de conhecimentos, experiências, sentimentos pelo protagonismo dos diferentes atores presentes na sociedade (SCHOLZE, 2014, p. 561, grifo nosso).

À combinação de pressupostos que agregam olhares sobre a subjetividade e o simbolismo das narrativas dos/as coparticipantes de pesquisa, e atestadas por eles/as quando da sistematização da pesquisa, articulam-se no sentido de contribuir para potencializar práticas contra-hegemônicas na academia, em consonância com as demandas sociais mais recentes, e com vistas a refletir sobre outras possibilidades metodológicas menos cristalizadas, mais dinâmicas e até, pode-se dizer, performáticas. Investe-se na proximidade pesquisador/a – pesquisado/a, com isso, novos temas, projetos, propostas nascem –, e também, no campo das políticas públicas a mobilização de redes e recursos assumem múltiplas e articuladas configurações. Ou, poderiam assumir. Pois, certamente, ter uma proposta mais interativa não supera o fator "vontade política" tão presente neste campo. Não cabe a nós traçar percursos de como a implementação de políticas poderia se dar, mas chamar a atenção para o fato de que há caminhos possíveis. Cabe a nós, pesquisadores/as, abandonar o assimilacionismo desrespeitoso sobre nossos "sujeitos de pesquisa".

Não intencionamos aqui incluir esses sujeitos para transformá-los, transformar suas histórias de vida ou fazer juízo de valor sobre eles. Na verdade, buscamos reconhecer a pluralidade de saberes vividos por eles, em contextos díspares, e como percebem e se comportam em contextos refratários à sua condição. E intencionamos que eles sejam reconhecidos como sujeitos de direito, e que o Estado tenha responsabilidade, seja por meio da escola, de atender a algumas demandas que evitem, por exemplo, a evasão devido à gravidez na adolescência, em particular, de adolescentes negras. Mas não só. A metodologia interativa se compromete a retornar a sistematização feita na investigação, por questão de respeito e comprometimento.

A esse respeito, Okolie (2008) afirma:

> Os investigadores antirracistas não se limitam a lidar com "factos sociais" – a questão passa também pela forma como as pessoas interpretam estes fatos, como o investigador interpreta essas interpretações, as contextualiza e presta assistência às pessoas para que estas desenvolvam uma compreensão teórica das suas vivencias (OKOLIE, 2008, p. 200),

A dinâmica apresentada por Okolie destaca os limites das contribuições do MHD. Discordando em parte, entendemos que aspectos socioeconômicos estruturam exclusões, é fato, mas nublam aspectos subjetivos e singulares dos coparticipantes de pesquisa. Daí, nossa perspectiva ampla, que remete ao debate em torno dos limites do marxismo, em face do racismo e do sexismo. E não se trata de observação inovadora, visto que a produção acadêmica em torno dos limites da abordagem economicista é vasta (GARCIA FILICE, 2014). Trata-se de uma tentativa de avançar na contribuição social de pesquisas de caráter engajado, como esta.

Ao considerarmos que a formação histórico-cultural racista e sexista de nosso país incide sobre as coparticipantes da pesquisa de alguma maneira, busca-se compreender essas especificidades. Não temos aqui a pretensão de apresentar uma inovação marxista. Longe disso. Apenas buscamos dialogar como os sujeitos de pesquisa de forma respeitosa. Nossa própria formação que segregou e brutalizou corpos negros e femininos será levada em conta, visto esta ser uma atitude recorrente no campo da colonização dos corpos. Na construção respeitosa da escrita e transcrição seletiva das falas, esse cuidado deve estar presente.

Para finalizar, apresentamos o registro das HV como um método notável no contexto das metodologias interativas.

As Histórias de Vida (HV) como método

As HV constituem um dos vários métodos de construção e análises de dados em pesquisa qualitativa. Meksenas (2002) define HV como um método de pesquisa empírica que utiliza o trabalho de memória. Para ele, memória é a faculdade da inteligência de reter ideias, impressões e conhecimentos previamente adquiridos. Como técnica de pesquisa, o ofício do investigador consiste em "fazer vir à tona" o maior número possível de informações do sujeito de pesquisa sobre sua vida.

Silva (2007) afirma que esse método tem como principal preocupação o vínculo entre pesquisador/a e coparticipante de pesquisa. De acordo com Paulilo (1999), por meio dessa abordagem, pode-se captar o que acontece na interação entre o social e o individual, além de permitir que elementos do presente fundem-se em acontecimentos passados. Mas para além da perspectiva de se ter uma compreensão mais profunda do presente em relação ao passado, fazer uso das reminiscências do passado.

Propomos que a coleta das narrativas se dê por meio da gravação sonora ou filmagem, da narrativa do/a coparticipante de pesquisa:

> [...] o modo como ele reinterpreta seu passado por recortes mediados pelo acúmulo de experiências adquiridas, por sua visão de mundo, por seus valores/projetos, tudo isso orientado pelas vivências do presente. Ou seja, o passado nunca é descrito de modo a saber-se o passado, mas a partir de uma visão particular e localizada de mundo (a do sujeito pesquisado e com referência ao presente (MEKSENAS, 2002, p. 125).

Meksenas (2002) entende a HV como técnica de pesquisa que busca a narração integral da vida do/a depoente, suas contradições, sensibilidades estarão visíveis. Nós a entendemos como metodologia central no projeto de metodologias interativas.

Os/as coparticipantes provavelmente não começarão suas narrativas a partir do eixo temático da pesquisa, mas sim de suas infâncias, descrevendo a família, amigos, a trajetória escolar, projetos, sonhos, realizações. Portanto, como técnica, a HV não tem roteiro prévio que o/a entrevistador/a poderia utilizar para conduzir a entrevista. Ao contrário. Como método também não. Quanto menor for a intervenção na fala do/a outra, melhor. Por isso, podem ser necessários vários encontros, e é comum que o/a pesquisador/a lide com um número menor de pessoas, para aprofundar-se mais em cada história colhida.

Cabe ressaltar que, em narrativas, permeiam traços de fantasia e de idealização e, sendo as HV constituídas por narrativas de memórias, lembranças e recordações, devemos considerar que também estão imbuídas de seletividade em que o/a entrevistado/a aprofunda-se em determinados assuntos e afasta outros da discussão (FARIAS, 1994 *apud* PAULILO, 1999). Esses aspectos não podem ser considerados um ponto fraco da metodologia de pesquisa de que estamos tratando.

De acordo com Bosi (1994 *apud* PAULILO, 1999), o foco do/a pesquisador/a ao trabalhar com as HV está na narrativa de vida do seu coparticipante de pesquisa, exatamente da maneira como ele quer que sua vida seja narrada. E para Queiroz (1988), o ponto forte da HV está justamente na intersecção existente entre a vida individual e o contexto social, possibilitando-nos apreender aspectos das relações estabelecidas entre o que o indivíduo traz dentro de si e aquilo que lhe é exterior. Tensionar esse exterior pode se dar de diferentes formas. Escolhemos o método dialético de inspiração marxista, mas não só. Há um elemento importante que não pode ser negligenciado, casos individuais não serão tomados como retrato de coletivos, ou de segmentos, mas no cruzamento, aspectos que se repetem e conectam a aspectos estruturais serão considerados como parte do problema público – no caso, gravidez na adolescência e evasão escolar –, a ser enfrentado pelo Estado, senão por instâncias que passam a compor uma rede de ações públicas.

Estudos marxistas de feministas negras, nosso outro destaque, faz emergir reflexões de Angela Davis, bell hooks e Lélia Gonzalez, para citar algumas. Seus estudos não deixam dúvida do peso a ser considerado da estrutura racista, classista e sexista em relação às trajetórias e histórias de vida individuais.

O valor da narrativa encontra-se em sua capacidade de questionar a vida e a relação entre os indivíduos. Para Sousa *et al.* (2014, p. 576): "Pode-se dizer que é contando a própria vida, a experiência pela qual ela passa, que a pessoa dá sentido à própria existência". Assim, segundo as autoras, a experiência narrativa teria valor por nos ajudar a organizar as ideias, recriar a realidade, possibilitando que projetemos nela desejos, sonhos e frustrações, e "a experiência que desestabiliza, atualiza e faz surgir a pergunta: quem sou?, ou ainda, como me tornei quem sou? põe em questão o sentido estabelecido de si mesmo(a)." (SOUSA *et al.*, 2014, p. 577).

Silva *et al.* (2007) nos apontam que, no processo de construção de dados captados por meio das HV, oportuniza-se ao/à coparticipante de pesquisa – no processo de relatar sua história –, experimentá-la, rever significados. O ato de relembrar e sistematizar para dar a conhecer ao/a pesquisador/a permite (re)significar a forma de explicar a própria vida e abre possibilidade à construção de outros sentidos possíveis. Para além disso, Paraná (1996, *apud* SILVA *et al.*, 2007) demonstra que um método como este, HV, enseja uma abordagem histórica mais democrática, tratando-se de uma tentativa de oferecer escuta, bem como "de dar voz àqueles cujo discurso foi calado ou teve pouca influência no discurso dominante" (PARANÁ, 1996 *apud* SILVA *et al.*, 2007). Silenciamento típico de sociedades desiguais capitalistas como o Brasil.

Diante de todas essas contribuições, propomos que haja aprofundamento nas HV. Sugerimos que a técnica de uma ou mais entrevistas, denominadas entrevistas prolongadas – em que há a interação entre pesquisador/a e o coparticipante de pesquisa – se dê de forma concomitante, de modo a permitir que seja explorado o universo cultural destes/as sem questionamento forçado (PAULILO, 1999). Para que isso seja possível, é necessário que a entrevista se passe em um encontro um pouco mais descontraído, onde haja espaço para a troca de experiências num ambiente de empatia mútua.

Para Sousa *et al.* (2014):

> [...] a cultura fornece sentidos para os encontros com o mundo, e a pessoa constrói sua própria compreensão dele a partir das vivências nos diferentes contextos culturais [...] Porém, a pessoa constrói sentidos de modo que não refletem, necessariamente, as formas exatas da cultura na qual interage, isto é, a pessoa constrói a sua compreensão do mundo em idiossincrasias. Esta compreensão pessoal pode levar a esforços para mudar aspectos da cultura coletiva, começando por contextos da vida própria imediata (SOUSA *et al.*, 2014, p. 576).

Portanto, endossando estas perspectivas, Paulilo (1999) considera que a HV é instrumento privilegiado para a produção dos dados da pesquisa, uma vez que mescla as experiências subjetivas a contextos sociais, tornando-se, dessa forma, basilar para o entendimento da historicidade dos fenômenos individuais. E que, em alguma medida, ajuda a refletir sobre problemas públicos, alvos de políticas públicas. Entretanto, não cabe aqui explorar a contribuição dos estudos culturais. Ficará para um próximo artigo.

Concluindo: métodos combinados e metodologia interativa

No que se refere às técnicas de pesquisa, por coerência ao que dissemos sobre os métodos combinados, e a perspectiva de realizar uma metodologia interativa que prescinda do ateste por parte dos/as coparticipantes de pesquisa, que serão ouvidos/as pela HV, fez-se necessário fazer uso de uma combinação de métodos (MHD, HV) e várias técnicas, podendo ser: análise documental, questionários, entrevistas e, por fim, a triangulação desses dados.

É importante levar em consideração que, como pesquisadores/as feministas e numa perspectiva antirracista, devemos ser cautelosos/as na interpretação e construção dos dados. Segundo Duarte (2004), é comum que os/as pesquisadores/as busquem extrair do material empírico elementos que confirmem os pressupostos do seu referencial teórico. Por esse motivo, há que nos atentarmos para a interferência de nossa subjetividade, tendo consciência dela e assumindo-a como parte inerente do processo de investigação, que não o invalida, mas o enriquece.

Essas reflexões fundamentam-se no exposto por Krawczyk (2011), quando afirma que as percepções teórica e histórica devem caminhar juntas, para que a pesquisa possa "interpelar as políticas educacionais e a realidade educacional concretizada como processos que carregam historicidade".

Com as estratégias metodológicas e de coletas de dados descritas, intencionamos compreender e interpretar aspectos da vida dos/as coparticipantes da pesquisa a partir da significação subjetiva que eles/as mesmas dão às suas ações, com vistas a aproximarmo-nos da construção identitária delas. Entretanto, combinado à afirmação de suas identidades a partir de suas trajetórias sociais e individuais, consideramos, num viés marxista desenvolvido por Garcia Filice (2011), o peso da estrutura racista, classista e sexista na combinação com suas escolhas. Ao final, por meio da metodologia interativa, cabe retornar aos coparticipantes o resultado e incorporar, se necessário, suas percepções sobre o trabalho realizado até ali.

Assim, o objetivo principal desenhado no quadro é traçar o perfil dos/as coparticipantes de pesquisa, mas, centralmente, ouvi-los/as.

Os produtos das HV dos/as coparticipantes da pesquisa serão, como salientado por Silva *et al.* (2007), uma produção de si mesmos/as, uma vez que:

> Ao contar sua vida, o sujeito fala de seu contexto – fala do processo por ele experimentado, intimamente ligado à conjuntura social onde ele se encontra inserido. Ao se trabalhar o vivido e o subjetivo dos sujeitos, através do método de Histórias de Vida, temos acesso à cultura, ao meio social, aos valores que elegeu e, ainda, à ideologia (Silva *et al.*, 2007, p. 32).

O intuito é dar visibilidade à voz dos/das coparticipantes, com vistas a promover a justiça social, os direitos humanos e a inclusão de gênero, com base num produto analítico antirracista e antissexista materializado em políticas públicas.

Propomos que as narrativas sobre as histórias de vida dos/as coparticipantes de pesquisa sejam produzidas individualmente, combinadas com a técnica das "entrevistas narrativas" (BAUER, 2002). Desse modo, é possível tentar privilegiar o ouvir e valorizar a voz daqueles/as que são as únicas a terem conhecimento acerca de suas vidas e experiências. Já o aspecto contextual, propomos que seja construído por meio da análise documental, bem como entrevistas realizadas com os/as profissionais envolvidos no contexto pesquisado.

Lowy (1997), em sua leitura da obra marxista, afirma que a emancipação autêntica só acontece por meio da autoemancipação:

> Em outras palavras: *a autoemancipação é a única forma de emancipação autêntica*. Deste ponto de vista, a célebre fórmula do Manifesto inaugural da Associação Internacional dos Trabalhadores resume, em sua brevidade lacônica, o núcleo mais central do pensamento político marxiano: "A emancipação dos trabalhadores será obra dos próprios trabalhadores". A revolução como práxis autolibertadora é simultaneamente a mudança radical das estruturas econômicas, sociais e políticas, e a tomada de consciência, pelas vítimas do sistema, de seus verdadeiros interesses, a descoberta das ideias, aspirações e valores novos, radicais, libertários (LOWY, 1997, p. 23).

É nesse aspecto que pretendemos combinar as metodologias, ao assumirmos a "Pedagogia Engajada" e seu caráter libertário da educação (HOOKS, 2017), a importância da decolonização de nossas mentes para avançarmos como nação (QUIJANO, 2005), bem como o conceito de autoemancipação marxista (LOWY, 1997). Podemos compor nossa interpretação como propostas teóricas basilares para a área da pesquisa qualitativa, de cunho antirracista, antissexista e anticlassista. Combinaremos também técnicas que privilegiem dar voz aos nossos sujeitos de pesquisa individualmente, sem, no entanto, deixarmos de lado a estrutura, aspectos sócio-históricos, políticos e econômicos. Então, tal como o proletariado de Marx, os racialmente oprimidos também não precisam de salvadores, apenas eles próprios podem "aplicar o remédio" (OKOLIE, 2008).

E Okolie (2008) complementa:

> É claro que os investigadores antirracistas podem adoptar elementos das metodologias de investigação utilizadas nas Ciências Sociais em geral [...] Mas isto é insuficiente. Os sentidos e as interpretações subjectivas são fundamentais, por que o antirracismo não se limita a lidar com os fenômenos objetivos que sejam observáveis; também lida com as suas formas escondidas, os sentidos subjectivos das pessoas. E estes têm de ser situados no seu contexto histórico, socioeconômico e político mais abrangente (OKOLIE, 2008, p. 199).

Incumbe ressaltar que numa perspectiva metodológica antirracista, torna-se indispensável construir esta pesquisa com o ateste dos/as entrevistadas, de modo que haja uma troca – as pessoas coparticipantes aprendam com as investigadoras, ao mesmo tempo que as investigadoras aprendam com elas, impedindo que nos apropriemos ou empreguemos indevidamente os conhecimentos dos/as coparticipantes de pesquisa (OKOLIE, 2008).

Por esse motivo, quando da realização das entrevistas individuais e, após a transcrição, é importante compartilhar numa roda de conversa o texto para apreciação dos/as coparticipantes de pesquisa. Captar suas impressões e fazer adequações é parte do processo da escrita. Essas etapas prescindem levar em consideração que é possível que algumas falas sejam, de alguma maneira, adulteradas e afetadas por algum imprevisto, desatenção ou descuido (e por que não?). Por isso, qualquer alteração da entrevista gravada ao ser transcrita tem que ser feita "com" os/as entrevistados/as, num espaço seguro, livre e sensível às relações de poder envolvidas.

Por fim, propõe-se uma triangulação de dados (MINAYO, 2005), de forma que o levantamento bibliográfico, a análise documental, as entrevistas, a metodologia de HV, o diálogo em formato de devolutiva com os/as demandantes de políticas públicas sejam correlacionados com os dados construídos, e que resultem numa produção acadêmica coerente e relevante acerca do problema.

O método da triangulação tem em Denzin (1989) um de seus maiores teóricos, e consiste em estratégia de pesquisa que cruza os dados oriundos de múltiplos pontos de vista, múltiplas técnicas de coletas de dados e múltiplas fontes. Por isso compõe com mais uma combinação, e engrossa nossa lista para a metodologia interativa.

Submeter a várias interpretações o registro primeiro da investigadora/or por meio da proposta de compartilhamento e tessitura da pesquisa torna-se na metodologia interativa, sua maior contribuição. Daí o caráter decolonial e inovador dessa metodologia interativa advinda de métodos e técnicas combinadas.

Referências

ALVES, Álvaro M. O método materialista histórico dialético: alguns apontamentos sobre a subjetividade. *Revista de Psicologia da UNESP*, São Paulo, p. 1-13, 2010.

BAUER, Martin W.; GASKELL, George. *Pesquisa qualitativa com texto, imagem e som: um manual prático*. Petrópolis: Vozes, 2002.

BOTELHO, Denise; FLOR DO NASCIMENTO, wanderson. Celebração móvel: políticas públicas, transversalidade e interseccionalidade de gênero e raça. In: SANTOS, Deborah S.; GARCIA FILICE, Renísia C.; RODRIGUES, Ruth M. M. *A transversalidade de gênero e raça nas políticas públicas: limites e possibilidades.* Brasília: Ed. da UnB, 2016.

BRASIL. Constituição (1988). *Constituição da República Federativa do Brasil.* Brasília: Senado Federal, Centro Gráfico, 1988.

CRENSHAW, Kimberlé W. *Demarginalizing the Intersection of Race and Sex: A Black Feminist Critique of Discrimination Doctrine, Feminist Theory and Antiracist Politics.* University of Chicago Legal Forum, Chicago, p. 139-167, 1989.

CRUZ, Fernanda N. B. *Conselhos nacionais de políticas públicas e transversalidade: (des)caminhos do desenvolvimento.* Brasília: UnB, 2017. Tese (Doutorado em Desenvolvimento, Sociedade e Cooperação Internacional) – Programa de Pós-Graduação em Desenvolvimento, Sociedade e Cooperação Internacional, Universidade de Brasília, Brasília, 2017.

DAVIS, Angela. *Mulheres, raça e classe.* São Paulo: Boitempo, 2016.

DEMO, Pedro. *Metodologia científica em ciências sociais.* São Paulo: Atlas, 1986.

DENZIN, Norman K. *The Research Act.* Englewood Cliffs: Prentice Hall, 1989.

DUARTE, Rosália. Entrevistas em pesquisas qualitativas. *Educar em Revista*, Curitiba, n. 24, p. 213-225, 2004.

GARCIA FILICE, Renísia C. *Raça e classe na gestão da educação básica: a importância da cultura na implementação de políticas públicas.* Campinas: Autores Associados, 2011.

GARCIA FILICE, Renísia C. Em defesa da História no campo das políticas educacionais de gênero e raça. In: NADER, Maria B. (Org.). *Gênero e racismo: múltiplos olhares.* Vitória: EDUFES, 2014.

GATTI, Bernardete. Implicações e perspectivas da pesquisa educacional no Brasil contemporâneo. *Caderno de Pesquisa*, São Paulo: FCC, n. 113, jul. 2001.

GOLDENBERG, Mirian. *A arte de pesquisar: como fazer pesquisa qualitativa em ciências sociais.* Rio de janeiro: Record, 1997.

HOOKS, bell. *Ensinando a transgredir: a educação como prática da liberdade.* São Paulo: Martins Fontes, 2017.

JUNQUEIRA, Luciano A. P.; INOJOSA, Rose M.; KOMATSU, Suely. Descentralização e intersetorialidade na gestão pública municipal no Brasil: a experiência de Fortaleza. In: CONCURSO DE ENSAYOS DEL CLAD, 9., 1997, Caracas. *Anais...* Caracas: UNISC, 1997.

KOSIK, Karel. *Dialética do concreto.* Rio de Janeiro: Paz e Terra, 1969.

KRAWCZYK, Nora. A pesquisa em educação e os desafios para a área de política educacional. In: GOUVEIA, Andréa B.; PINTO, José M. de R.; CORBUCCI, Paulo

R. (Orgs.). *Federalismo e políticas educacionais na efetivação do direito à educação no Brasil*. Brasília: IPEA, 2011. p. 217-227.

LASCOUMES, Pierre; LE GALÈS, Patrick. A ação pública abordada pelos seus instrumentos. *Revista Pós Ciências Sociais*, São Luís, v. 9, n. 18, jul/dez. 2012.

LÖWY, Michael. Por um marxismo crítico. *Lutas sociais*, São Paulo, n. 3, p. 21-30, jul./dez. 1997.

MEKSENAS, Paulo. *Pesquisa social e ação pedagógica*. São Paulo: Loyola, 2002.

MINAYO, Maria C. de S.; ASSIS, Simone G. de; SOUZA, Edinilsa R. de (Orgs.). *Avaliação por triangulação de métodos: abordagem de programas sociais*. Rio de Janeiro: Fiocruz, 2005.

MULLER, Pierre; SUREL, Yves. *Análise das políticas públicas*. Pelotas: EDUCAT, 2002.

OKOLIE, Andrew C. Para um enquadramento antirracista da investigação: o caso para entrevistas aprofundadas de cariz interventivo. In: DEI, George S.; JOHAL, Gurpreet S. (Orgs.). *Metodologias de investigação antirracistas: questões críticas*. Mangualde: Pedago, 2008. p. 175-214.

PAULILO, Maria A. S. A pesquisa qualitativa e a História de Vida. *Serviço Social em Revista*, Londrina, v. 2, n. 1, p. 135-145, jul./dez. 1999.

QUEIROZ, Maria I. P. Relatos orais: do "indizível" ao "dizível". In: VON SIMSON, Olga (Org.). *Experimentos com histórias de vida: Itália-Brasil*. São Paulo: Vértice, 1988.

QUIJANO, Aníbal. *Colonialidade do poder, Eurocentrismo e América Latina*. Buenos Aires: CLACSO, 2005.

SARAVIA, Enrique. Política pública: dos clássicos às modernas abordagens. In: SARAVIA, Enrique; FERRAREZI, Elisabete. *Coletânea de políticas públicas*. Brasília: Enap, 2007. v. 1.

SILVA, Aline P.; BARROS, Carolyne R.; NOGUEIRA, Maria L. M.; BARROS, Vanessa A. de. "Conte-me sua história": reflexões sobre o método de História de Vida. *Mosaico: Estudos em Psicologia*, Belo Horizonte, v. 1, n. 1, p. 25-35, 2007.

SCHOLZE, Lia. A narrativa de si na disputa do lugar de discurso e na construção do projeto de vida. In: STEVENS, Cristina; OLIVEIRA, Susane R. de; ZANELLO, Valeska. *Estudos feministas e de gênero: articulações e perspectivas*. Ilha de Santa Catarina: Mulheres, 2014.

SOUSA, Maria do A.; SCHOLZE, Lia; CAIXETA, Juliana E. Deixa que minha história eu conto! Narrativas de mulheres artesãs do Areal. In: STEVENS, Cristina; OLIVEIRA, Susane Rodrigues de; ZANELLO, Valeska. *Estudos feministas e de gênero: articulações e perspectivas*. Ilha de Santa Catarina: Mulheres, 2014.

TRIVIÑOS, Augusto N. S. *Introdução à pesquisa em ciências sociais: a pesquisa qualitativa em educação*. São Paulo: Atlas, 1987.

Tua presença: o amor em *Mulheres de Barro*

Marisol Kadiegi
Nelson Fernando Inocêncio da Silva

Introdução

> *A noite não adormece*
> *nos olhos das mulheres*
> *a lua fêmea, semelhante nossa,*
> *em vigília atenta vigia*
> *a nossa memória.*
>
> Conceição Evaristo
> "A noite não adormece nos olhos das mulheres"

O presente artigo, é fruto de amizades e encontros, pois como afirma a filósofa africana Sobonfu Somé: "Amigos e família provêm um recipiente, um lugar seguro no qual a pessoa possa buscar apoio caso precise de ajuda [...]" (2003, p. 38). E como estamos sempre necessitando de ajudas, apoio e abraços o Seminário Internacional Tecendo Redes Antirracistas: África(s), Brasil e Portugal[1] foi um dos momentos de consolidação de nossas amizades. Convidados para apresentar e debater o documentário *Mulheres de Barro* (2014), dirigido por Edileuza Penha de Souza, na sessão Cine debate, trouxemos para a mesa questões que inspiraram e nortearam a construção

---

[1] Realizado nos dias 6, 7 e 8 de dezembro de 2017, o Seminário tratou da experiência de "racismo (s) em português" e visou problematizar as questões raciais que envolvem os países de colonização portuguesa.

e a produção do filme. Tecemos sobre os desamores midiáticos e os da vida real, de como o cinema pode aniquilar sentimentos, quando está enquadrado nos padrões da branquitude e da heteronormatividade. Sim, a branquitude e a heteronormatividade "são estágios de conscientização e negação do privilégio vivido pelo indivíduo branco que reconhece a inexistência de direito à vantagem estrutural em relação aos negros [e a toda comunidade LGBT]" (JESUS, 2012, p. 2).

O documentário *Mulheres de Barro* aborda a produção artesanal de panelas de barro como meio de subsistência de mulheres que com seus ganhos se tornaram arrimo de família, mantiveram e educaram filhos, assumindo protagonismo na condição de provedoras em seus lares. O filme busca lidar não apenas com o universo do trabalho desenvolvido por essas mulheres, mas também com suas questões afetivas. E foram os pleitos do afeto que trouxemos para a mesa de debate do dia 8 de dezembro de 2017, reverenciando a Orixá Oxum (Osun, Oshun, Ochun ou Oxum), dona das águas doces, senhora da intimidade e da diplomacia, rainha da beleza, da riqueza e do amor.

Neste momento em que escrevemos o presente artigo, nós nos remetemos à mesa onde entrelaçamos comentários em torno do afeto, da afetividade e do amor. Discutimos sobre racismo e machismo, deslocamos para a mesa um dos aspectos principais do filme em questão, que é o processo de desumanização e o quanto isso afeta a realidade de pessoas que são levadas a ignorar a si mesmas em função de outras demandas consideradas prioritárias. Nesse sentido, é sempre bom lembrar que a escravidão mercantil inaugurou o legado da desumanização das pessoas negras, submetidas a todo tipo de humilhação e trabalho pesado. Com a assinatura da Lei Áurea, a população negra permaneceu marginalizada e excluída, como afirmava o sociólogo Florestan Fernandes (1978):

> [...] a sociedade brasileira largou o negro ao seu próprio destino, deitando sobre seus ombros a responsabilidade de reeducar-se e de transformar-se para corresponder aos novos padrões e ideais de homem, criados pelo advento do trabalho livre, do regime republicano e capitalista (FERNANDES, 1978, p. 20).

No entanto, apesar de todos os descompassos que norteiam a sociedade brasileira de maneira geral e o cinema em particular, quando se discutem gênero e raça, optamos por manter na mesa o foco principal que orienta o filme, o amor. Amor sentimento que parece predestinado a estar ausente na vida de homens e mulheres negras; como se nós não fôssemos merecedores de tal sentimento. Para saciar a nossa fome em nos vermos inseridas(os) no audiovisual como pessoas que somos, amando, sendo amadas, pessoas que como afirma Carlos Rodrigues Brandão (2005), são seres moldados em pensamentos e racionalidade, desejos e sensibilidades.

Após o primeiro momento foi exibido o filme e logo depois cada um de nós apresentou suas impressões antes que o público também se manifestasse com outros argumentos e/ou diferentes questões levantadas. Mesa e auditório se embalaram em recordações de tantas outras mulheres que nos cerca – o filme foi um convite à reflexão, nos fornecendo elementos, provenientes da vida e do trabalho.

Os depoimentos de Elizete, Gerci (Dona Sula), Isabel, Ilza, Jamilda, Janette, Lady, Lucila, Maria Cirino, Maria Salles (Gracinha), Tereza e Valdelicis evidenciam, em alguns casos, estranheza no tocante ao amor, à paixão, ou qualquer outro componente relacionado ao discurso amoroso. Em sua maioria, essas mulheres foram impelidas a assumir determinadas atividades laborais. E diante das incertezas e, em muitos casos, da impossibilidade de partilhar com seus respectivos maridos e companheiros responsabilidades para garantia do orçamento doméstico, a condição de paneleiras serviu de motivação para que aquelas e outras mulheres paneleiras construíssem coletivamente uma identidade com base no trabalho que produzem.

Em todo momento, recorremos à memória como substantivo feminino, substantivo que tem a função de lembrar estados de consciência passado e que muito antes da invenção da escrita era responsável por ser a guardiã das histórias dos seres humanos. Ao fazermos uso da palavra, assumimos nossas heranças africanas, e como herdeiras das tradições africanas temos a memória e a oralidade como nossas principais ferramentas, ou como afirmou o historiador africano Joseph Ki-Zerbo: "Quase em toda parte, a palavra tem um poder misterioso, pois palavras criam coisas. Isso, pelo menos, é o que prevalece na maioria das civilizações africanas – a natureza da tradição oral" (KI-ZERBO, 2010, p. 140). As sociedades africanas, bem como os espaços de memória afro-brasileiros a exemplo dos quilombos, dos terreiros de candomblé, dos grupos culturais de maracatu, do bumba meu boi, das bandas de congos e de tantos outros recorrem à memória e à tradição oral para repassar seus legados.

Em muitas das falas, foi apresentado o paradoxo que permeia todo o argumento fílmico. Se por um lado aquele coletivo feminino explicitava prazer e identidade com relação à atividade realizada com o barro, por outro, constata-se um significativo descompasso no que se refere ao discurso amoroso.

O presente artigo discute conceitos, questões e experiências referentes ao universo de doze paneleiras congueiras do Espírito Santo. Ao longo do artigo inserimos discussões abordadas no documentário e os fundamentos norteadores de suas narrativas. São mulheres que construíram suas vidas a partir do barro. Ou mais do que isso, este artigo se constitui na construção de ferramentas pedagógicas conforme objetivo do Seminário Internacional Tecendo Redes Antirracistas: África(s), Brasil e Portugal, para pessoas interessadas em pesquisar sobre mulheres negras, afetos, identidade e ancestralidade.

Mulheres de Barro (o filme)

> *As minhas mãos colocaram pedras*
> *nos alicerces do mundo.*
> *Mereço o meu pedaço de pão.*
>
> Agostinho Neto

O documentário é o gênero do audiovisual que tem a função de relatar histórias verídicas podendo por vezes ficcionalizá-las e ali virar um doc ficção, ou ainda, recorrer à animação de acordo com a inspiração do(a) realizador(a). No caso da construção de *Mulheres de Barro*, a pesquisadora ficou instalada em Goiabeiras Velha durante três meses, para uma maior aproximação com o objeto de pesquisa em campo. A pesquisa de campo é utilizada com o objetivo de conseguir informações e conhecimento sobre determinados temas. Pode ser apenas uma pesquisa exploratória, visando investigar questões e aumentar a familiaridade do(a) pesquisador(a) com o ambiente, no caso, com as paneleiras (LAKATOS; MARCONI, 2001).

Na entrevista, precedida do seminário, a documentarista ressalta a importância de estar perto das suas personagens: "Em um documentário, cada vez é mais preciso estabelecer parcerias com elas e com a equipe técnica". Foram 72 horas de gravações e muitas delas feitas por ela e com a própria câmera. A também educadora reconhece que trabalhou com uma equipe pequena, mas acreditou na relevância e viabilidade dessa abordagem, obtendo a ajuda de muitas pessoas, inclusive de seus alunos e alunas. E valeu a pena, o trabalho teve e tem presença em vários festivais, mostras e rodas de conversas.

O amor em *Mulheres de Barro*

Mulheres de Barro é a narrativa das histórias de amor das paneleiras congueiras[2] de Goiabeiras Velha em Vitória – Espírito Santo. As protagonistas, Elizete, Gerci (Dona Sula), Isabel, Ilza, Jamilda, Janette, Lady, Lucila, Maria Cirino, Maria Salles (Gracinha), Tereza e Valdelicis trazem para o cinema de Edileuza a representação dos amores que foram vividos e outros que foram apenas sonhados.

> Buscamos formas de materializar as narrativas de dores e de amores em um só sentimento. Não por acreditar na rima de amor e dor, ou pensá-los como sinônimos, mas, sobretudo por poder representar cada narrativa em representações fílmicas de afetividades (Souza; Rodrigues, 2015, p. 68).

E como diz a realizadora do filme, "Se o cinema é o maior propagador do amor romântico, cadê o amor vivido por personagens negros e negras?". Eis uma indagação para a qual até os dias atuais não se tem resposta, pois, nas representações no cinema, quando se trata de viver histórias de amor esse papel nunca é atribuído a atrizes negras. É como se, para nós, viver o amor e afeto fosse impossível, como se o povo negro não fosse merecedor. Recorremos ao psicanalista Jurandir Costa (1999, p. 13) que escreve sobre o amor naturalizado para todo e qualquer ser: "O amor é um sentimento natural e universal, o amor é condição *sine qua non* da felicidade". Entretanto, nossa questão é pensar: Por que à população negra é negado o direito a essa tal felicidade? Se a população negra sustenta os alicerces no mundo, por que, ela não desfruta dos resultados? A resposta remete ao contexto histórico brasileiro, a partir do momento em que a população tantas vezes é comparada a animais, por

---

[2] "As Bandas de Congo e as Panelas de Barro de Goiabeiras são dois elementos que definem a identidade cultural capixaba. Enquanto a banda de congo, apesar da marcante presença feminina, tradicionalmente se configura como instituição reservada à liderança masculina, o ofício de confeccionar as panelas de barro é historicamente atribuído às mulheres. O barro é a plenitude da comunidade, e é da terra que provém a união histórica das congueiras paneleiras. Solo fecundo, a terra é o principal meio de produção e sustento da comunidade" (SOUZA, 2013, p. 27).

isso, totalmente desumanizada, ou seja, desprovida de qualquer sentimento. Logo: o amor não poderia ser dado e nem recebido.

O amor é condição *sine qua non*, para a felicidade, afirma Edileuza, quando disserta: "O amor também se define a partir de nossa identidade, de nossas memórias, território e territorialidades". Na memória, as paneleiras trazem canções, que também são formas de manifestação amorosa, cantigas que ficam evidentes no documentário, e que, entoadas pelas vozes daquelas que foram forjadas do barro para se tornarem mulheres, soam como acalanto em nossas almas e nos transportam até a nossa ancestralidade, pois, certamente, essas rimas tornadas em música foram transmitidas de mães para filhas naquelas canções cantadas na hora da labuta, que são hinos do trabalho. A primeira cena do filme mostra elas moldando as panelas e cantando: "oh rosa, rosa amarela, eu sou rosa amarela, rosa branca é o meu amor", heranças imateriais, que não têm preço. E assim essas senhoras são donas dos seus destinos, tendo que decidir muitas vezes entre seguir o coração ou a razão para vivenciar seus amores.

Modelando o amor – histórias de uma vida inteira

[...] meu coração está trancado [...]
[...] ele só abre com a chegada do meu bem [...]

São as histórias de amor dessas doze mulheres, histórias embaladas pelas cantigas do antigamente e que agora o tempo já passou. E com a sabedoria trazida por esse Deus Tempo, falam espontaneamente e com intimidade daquilo que certamente durante anos ficou guardado nos seus segredos. Para dar subsídio a este momento do artigo, recorremos a alguns trechos de falas de nossas protagonistas. Protagonistas na vida, da vida e do que no entender delas, foram seus grandes amores.

1 – **Maria Cirino dos Santos** não se distrai do trabalho e enquanto responde às perguntas, não larga a enxada, agradece à sogra pelos ensinamentos deixados no ofício de paneleira. Perguntada sobre sua história de amor, ela se faz de desentendida, mas responde: "Minha história de amor é médio". Essa história de amor médio durou 25 anos.

2 – **Tereza Barbosa dos Santo**s, cheia de juventude, conta sem fazer rodeios sobre aquilo que viveu quando ainda na flor da idade flertava com

alguém que passava e que marcou sua trajetória: "Olhava com os olhos e comia com a testa". É Tereza que também empresta sua voz na cena final do filme com uma canção.

3 – **Ilza dos Santos Barbosa** não esconde a cara de sapeca quando conta sua história de amor, a história de um amor que consistia em trocar olhares durante a missa, mas, um dia, o pretendido não resistiu e "mandou um bilhete onde dizia, 'vai hoje na igreja?'". Nesse instante a face de Ilza se ilumina e o sorriso se abre franco como aquele que só um amor pode provocar.

4 – **Janette Alves da Silva** namorava e amava um rapaz mulherengo que namorava todas, mas não deixava Janette em paz. O coração da nossa paneleira já estava dominado e toda vez que pensava em consertar o rapaz, ela revela: "Ah!!, eu dizia, quando ele chegar aqui hoje [...], mas quando ele chegava, não acontecia nada". "O coração bambeava?", pergunta a diretora do documentário. Ela responde: "É, falava mais alto", e assim nasceram sete filhos.

5 – **Elizete Salles dos Santos**, nossa protagonista, lembra que além de fazer panelas, catava mariscos com o pai. E quanto ao amor, como poderia falar de amor se foi criada pela madrasta e por gratidão? Em um baile de carnaval, chegou a gostar de um certo rapaz, mas ele tinha olhos para todas, entretanto, ao dançar com uma moça, seu pretendente levou um sopapo. Afinal de contas, a moça era casada. Desde aí nossa paneleira nunca mais olhou para um homem. Quando lhe foi apresentado alguém para ser desposada, ela aceitou. Casada havia oito dias, Elizete só queria voltar para a casa, pensando em como escapar "daquele momento". Ia até a cerca e pensava: "Como é que eu ia dormir na cama com um homem?". Nessa relação, nunca houve felicidade, mas sim maus tratos. Elizete nunca conheceu um amor de verdade.

6 – **Gerci Alves Correia (Dona Sula)**, como é tratada pelos amigos e conhecidos, relembra os tempos em que não havia tanta liberdade. Vivenciou um amor proibido, já que a mãe não gostava do namorado. Ao contar sua história de amor, ela diz: "A gente se gostava tanto, que a gente não ligava". E foi viver aquele amor.

7 – **Valdelicis Sales de Souza** recorre à memória para nos situar que naquele tempo, nos bailes da juventude, o prato principal era flertar. Hoje a maturidade lhe trouxe a certeza de que temos diversas formas de amar ou diversos amores, que podem ser por nossa casa, o pedacinho de chão, e aquele que é de todos o mais sublime, o amor de mãe, como ela ressalta: "A gente ama os filhos da gente. Amor, só para quem é mãe".

8 – **Maria Sales (Gracinha)**: a história de amor desta capixaba se resume no namoro de um único rapaz, que era casado e do romance dos dois nasceu um filho. Maria é irmã de Valdelicis, duas paneleiras do Vale do Mulembá protagonizadas no filme. Maria fala que antes mesmo de firmar o namoro, teve o cuidado de observar e fazer uma pesquisa de campo, já que queria ter a certeza do modo de agir de seu pretendido. À frente do seu tempo, ela desafiou tudo e todos para viver aquele que ela considerou o primeiro e único amor de sua vida: "Foi uma coisa muito bonita, uma coisa que eu queria que acontecesse, que queria viver e que eu vivi". São nossas griôs, artesãs das palavras e nos deixam ensinamentos de bravura e enfrentamento em busca daquilo que sonharam.

9 – **Lady Gomes Ribeiro**: as marcas do tempo são fortes em seu rosto, e podemos também perceber uma certa mágoa quando é questionada sobre os seus amores. Lady, se for na forma inglesa, é mesmo uma senhora quando fala da atitude que teve quando descobriu que seu namorado era noivo de outra moça. Foi lá e acabou tudo, mas relembra: "O primeiro amor a gente não esquece". Mágoas e ressentimentos também fazem parte dos nossos afetos.

10 – **Lucila do Nascimento Correia** também teve um único amor, ficou viúva. Quando Edileuza a retrata em sua tese, usa uma estrofe da música "Faltando um pedaço" do cantor e compositor Djavan:

> [....] e o coração de quem ama
> Fica faltando um pedaço
> Que nem a lua minguando
> Que nem o meu nos teus braços.

De fato, só quem já amou e perdeu esse amor para a morte sabe bem o significado dessa estrofe. Dona Lucila teve 17 filhos e 14 estão vivos. Novamente recorremos à poesia de Djavan, tentando transportar da letra morta para os olhos de quem venha a ler este artigo.

> [...] O amor é como um raio
> Galopando em desafio
> Abre fendas, cobre vales
> Revolta as águas dos rios
> Quem tentar seguir seu rastro
> Se perderá no caminho
> Na pureza de um limão
> Ou na solidão do espinho.

11 – **Isabel Correa Campos** era tímida quando criança; após a morte da mãe, foi morar com a madrinha paneleira, que lhe ensinou tal ofício. "Se fosse hoje, eu preferia ser uma mãe solteira". Afirma Isabel ao rememorar o casamento malsucedido. Isabel, como quase todas as protagonistas do documentário, seguramente pela época, tiveram um primeiro e único amor, que marcou suas vidas.

12 – **Jamilda Alves Rodrigues** constrói seu amor há décadas, o amor do cuidado. O cuidar um do outro ou o cuidar de um para o outro, seja por enxergar o que há de bonito naquela pessoa ou por solidariedade. Casada há 27 anos, Jamilda nos ensina que: "A festa não é no dia do casamento, a festa é o dia a dia. Ali, sim, é que vamos ver se tem festa...". A mais jovem paneleira, filha e neta de paneleiras, esta protagonista hoje é viúva. Escolhemos deixar por último a história de amor de Jamilda, pois, como deixa dito em seu depoimento no documentário, ainda deseja muito viver um amor. Um amor de "molhar a calcinha".

Tivemos a oportunidade proporcionada pelo cinema de conhecer as histórias dessas 12 mulheres, e com elas exercitamos a narrativa deste escrito, nos apropriando das palavras do jornalista Luiz Gonzaga Motta, que diz: "Narrar é uma experiência enraizada na existência humana. Todos os povos, culturas, nações e civilizações se constituíram narrando [...] É através de narrativas que recobrimos nossas vidas de significações" (Souza, 2013, p. 85). Modelando o amor, são essas as histórias de uma vida inteira, ou de 12 vidas. No documentário, observamos a narrativa dessas mulheres. Entre suas falas, muitas vezes tímidas, procuramos extrair nas entrelinhas o significado de amores e afetos vividos por elas, guardadoras dos segredos da retirada do barro, do moldar e do queimar – são as nossas paneleiras.

Considerações finais

Em vários fragmentos do audiovisual são nítidas as dificuldades e limitações encontradas pelas entrevistadas no sentido de se sentirem contempladas por suas relações conjugais. Nota-se com frequência que essas trabalhadoras fizeram uma série de concessões que resultaram em certo acomodamento e, por conseguinte, na repressão de desejos e aspirações. Tal fator, contudo, não minimiza o importante papel desempenhado por tais artesãs, como mantenedoras de uma tradição herdada de suas antepassadas.

A perenidade com que deparamos com histórias de vidas de mulheres, em particular com as trajetórias de mulheres negras marcadas por melancolias e infortúnios, tornou-se um grande desafio na construção de um discurso audiovisual que permitisse ao público espectador acessar experiências de afeto bem-sucedidas. Com essa perspectiva, vislumbrando o aprofundamento do debate sobre as estéticas negras, não poderíamos nos abster da abordagem de um assunto tão caro como afeto, sobretudo tomando como referência as relações entre raça e gênero.

> Vivemos hoje em uma cultura visual intensa, com uma profusão enorme de imagens e seus significados, o que possibilita a existência de lacunas dentro das quais os agentes da ideologia imagética hegemônica operam como deturpadores da imagem da alteridade (SILVA, 2001, p. 191).

Toda a atmosfera do documentário, permeado por canções singelas falando de possibilidades e impossibilidades amorosas, é um convite à reflexão acerca do imaginário das paneleiras congueiras de Goiabeira Velha. Artesãs que em seus percursos pessoais se dedicaram com tanto afinco aos seus ofícios, a ponto de se sentirem mais envolvidas afetivamente com o trabalho do que com suas próprias histórias conjugais. Histórias que muitas vezes não são necessariamente de amor, mas de relações nas quais o afeto foi sendo paulatinamente construído. Nas suas narrativas ficam nítidos os contentamentos de mulheres que declaram gostar de seus companheiros sem que isso signifique amor.

No âmbito das impossibilidades é curioso notar também algumas falas a exemplo de uma das entrevistadas, que afirma não projetar em sua mente um casamento formal. Talvez essa formalização tenha se tornado algo tão distante para a maioria das mulheres artesãs, campesinas, operárias que o texto por elas elaborado parece o reconhecimento de uma sina que persegue essa gente. Amasiar-se seria o máximo que elas poderiam almejar, ainda mais quando tudo fica negativamente potencializado pela interseccionalidade, conforme destaca Kimberlé Crenshaw ([S.d.].), entre raça, gênero e classe.

Isso não é tudo. Outro aspecto comum aos vários argumentos apresentados são as estratégias que as paneleiras desenvolveram para evitar o sofrimento. Varrer da memória aquela pessoa capaz de mexer com os seus sentimentos, em certos casos foi a única via encontrada por pessoas historicamente preteridas. Analogamente, tal situação nos faz lembrar uma das instalações da artista visual Rosana Paulino, intitulada *O baile,* em que a autora trata da falta de expectativas afetivas das jovens negras, na medida em que são praticamente invisíveis nos salões de festas, levando-se em consideração a imposição, principalmente midiática, dos padrões ocidentais de beleza.

Ilza, Jamilda, Jenette, Lady, Maria Cirino, Maria Sales, além das demais protagonistas, remetem-nos a sérias reflexões em torno de seus universos, partindo da necessidade de serem demandadas para o ofício de artesãs desde o início da juventude até a condição de arrimo de família. O artesanato, mais do que fonte de renda, foi para muitas delas a atividade laboral que garantiu o sustento e a formação dos filhos dentro de suas possibilidades.

Apesar de não terem vínculos formais de trabalho, as artesãs falam de independência financeira, fator que explicita uma consciência e um desejo de não serem financeiramente subordinadas aos seus companheiros. Pode parecer pouco para os dias atuais, porém, é uma ousada atitude considerando o contexto no qual as personagens se inserem. Aqui ocorre uma inversão no que se refere às conservadoras convenções sociais, pois se nelas os homens são inquestionavelmente os provedores dos lares, no ambiente em foco são as mulheres que se apresentam em primeiro plano como mantenedoras das famílias.

À guisa de conclusão, vale ressaltar a importância que essas senhoras se atribuem. Elas se reinventaram a partir do artesanato, conseguindo, nesse processo, resgatar a autoestima coletiva. Reconheceram-se como relevantes no que tange ao processo produtivo que constituem, além de manterem o rigor e o esmero na confecção dos objetos que acabam se tornando parte integrante de suas identidades.

Os saberes acumulados por essas capixabas, tanto no que diz respeito ao ofício do fazer quanto ao ofício do viver, são elementos substanciais para uma compreensão da sociedade brasileira que transcenda as abordagens festivas da diversidade cultural, como temos visto ultimamente, e nos permita superar os limites impostos pela colonialidade do saber (BERNARDINO-COSTA, 2015). *Mulheres de Barro*, por seu conteúdo, trazendo à baila a oralidade de mulheres pertencentes às classes populares do estado do Espírito Santo, reitera o compromisso com uma arte engajada que busca resgatar a humanidade estornada de pessoas pertencentes a segmentos socialmente vulneráveis. Quem sabe aqui coubesse a metáfora, afirmando-se que as histórias de vida dessas artesãs se confundem com a textura, a densidade e, sobretudo, com a resistência do barro que transformam em objetos artesanais.

Referências

BERNARDINO-COSTA, Joaze. *Saberes subalternos e decolonialidade: os sindicatos de trabalhadoras domésticas no Brasil*. Brasília: Editora UnB, 2015.

BOOTH, Wayne C.; COLOMB, Gregory G.; WILLIAMS, Joseph M. *A arte da pesquisa*. São Paulo: Martins Fontes, 2000.

BRANDÃO, Carlos R. *Aprender o amor: sobre um afeto que se aprende a viver*. Campinas: Papirus, 2005.

FERNANDES, Florestan. *A integração do negro na sociedade de classes*. 3. ed. São Paulo: Ática, 1978.

COSTA, Jurandir F. *Sem fraude nem favor: estudos sobre o amor romântico*. Rio de Janeiro: Rocco, 1999.

CRENSHAW, Kimberlé. *A intersecionalidade na discriminação de raça e gênero*. [S.d.]. Disponível em: <http://www.acaoeducativa.org.br/fdh/wp-content/uploads/2012/09/Kimberle-Crenshaw.pdf>. Acesso em: 20 maio 2018.

LAKATOS, Eva Maria; MARCONI, Maria de Andrade. *Fundamentos de metodologia científica*. São Paulo: Atlas, 2001.

JESUS, Camila M. de. Branquitude x Branquidade: uma análise conceitual do ser branco. In: ENCONTRO BAIANO DE ESTUDOS EM CULTURA, 3., 2012, Cachoeira. *Anais...* Disponível em: <http://webcache.googleusercontent.com/search?q=cache:http://www3.ufrb.edu.br/ebecult/>. Acesso em: 27 abril 2018.

KI-ZERBO, Joseph (Org.). História da África, Metodologia e pré-história da África. São Paulo: Ática; Paris: UNESCO, 1982. v. 1.

MOTTA, Luiz Gonzaga. *Narrativas: representação, instituição ou experimentação da realidade*. SBPJor – Associação Brasileira de Pesquisadores em Jornalismo. 7° Encontro Nacional de Pesquisadores em Jornalismo USP, nov. 2009.

NETO, Agostinho. *Sagrada Esperança*. Portugal: Asa Edições, 1988

SILVA, Nelson F. I. Representação visual do corpo afrodescendente. In: PANTOJA, Selma (Org.). et al. *Entre Áfricas e Brasis*. Brasília: Paralelo 15, 2001. p. 191-208.

SOMÉ, Sobonfu. *O espírito da intimidade: ensinamentos ancestrais africanos sobre maneiras de se relacionar*. São Paulo: Odysseus, 2003.

SOUZA, Edileuza P. de. *Cinema na panela de barro: mulheres negras, narrativas de amor, afeto e identidade*. Brasília: UnB, 2013.

SOUZA, Penha de Edileuza. *Cinema na panela de barro: mulheres negras, narrativas de amor, afeto e identidade*. Tese apresentada ao Programa de Pós-Graduação em Educação da Universidade de Brasília (UnB) na linha de pesquisa Educação, Tecnologias e Comunicação, 2013. Disponível em: <http://repositorio.unb.br/bitstream/10482/17262/1/2013_EdileuzaPenhadeSouza.pdf>. Acesso em: 03 abr. 2018.

REDES EDUCATIVAS

Povos indígenas, racialização e políticas afirmativas no ensino superior

Felipe Sotto Maior Cruz

Historicamente o tema da racialização dos povos indígenas não tem sido alvo de maior interesse de estudo por parte dos intelectuais brasileiros. A minha trajetória acadêmica como um indígena Tuxá no campo da antropologia me levou constantemente a indagar a falta de pesquisas sistemáticas que discorram sobre os modos peculiares com os quais a racialização de indígenas opera engendrando cotidianamente práticas racistas no presente. Em um congresso que participei recentemente sobre as experiências indígenas de enfrentamento ao racismo, o antropólogo brasileiro-congolês Kabengele Munanga,[1] com longa experiência de pesquisa no tema do racismo na sociedade brasileira, foi categórico ao afirmar o curioso fato que, embora a antropologia tenha sido o campo de conhecimento mais diretamente associado ao estudo das culturas indígenas, pouco foi produzido por antropólogos sobre o tema do racismo contra indígenas. Podemos ir mais além e pensar que a dimensão dos povos indígenas, como povos racializados, tem sido invisibilizada não apenas nas produções acadêmicas, mas também nas políticas indigenistas e no próprio imaginário nacional.

Em meio a uma profusão de conceitos antropológicos – etnia, raça e cultura – e de categorias rasas – preconceito, discriminação e desconhecimento –, a invisibilização do problema do racismo contra povos indígenas tem sido solidária a uma preocupante aura de permissibilidade quando se trata do enfrentamento das violências estruturais vivenciadas por esses sujeitos. Embora seja indiscutível o modo como as teorias raciais pós-iluminismo historicamente pautaram os povos indígenas, é extremamente perturbador

---

[1] Refiro-me ao Seminário Internacional Racismo e Antirracismo: o caso dos Povos Indígenas, que aconteceu entre 14 e 16 de maio na Universidade Federal do Recôncavo Baiano (UFRB).

que, hoje, ao realizar uma consulta por "imagens" no Google, que é uma das principais plataformas de busca da internet, o leitor se veja frente a frente exclusivamente com imagens que fazem menção ao racismo contra os povos negros refletindo um binarismo entre "pretos-brancos".

Mesmo assim, a discussão sobre o racismo contra povos indígenas tem avançado nos últimos anos, associada, sobretudo, ao aumento da entrada de indígenas no ensino superior. Isso porque as experiências cotidianas de estudantes indígenas nas salas e corredores das universidades não parece se distanciar muito dos outros espaços de sociabilidade do país. Deixando de lado as especificidades de cada contexto, o aumento da presença indígena em cursos regulares do ensino superior trouxe à tona um aumento de registros de denúncias e relatos de situações de violências física e simbólica enfrentadas por estudantes nesses ambientes. Tais documentos de denúncia escritos pelos coletivos indígenas em diferentes contextos do país enfatizam a dimensão do racismo em suas diferentes manifestações como central nos casos de violência que os levam a buscar justiça. Assim, situações que outrora eram endereçadas como reflexos da ignorância e falta de conhecimento da sociedade brasileira sobre os povos indígenas têm sido pautadas como expoentes do modo como o racismo opera junto a esses povos.

A publicização das denúncias de racismo tem sido protagonizada não somente pelo Movimento Indígena *stricto senso,* mas também pelas associações de estudantes indígenas, por coletivos de pesquisas e pelas iniciativas da juventude indígena. Através da velocidade e do alcance das plataformas virtuais proporcionadas pelo acesso à internet, os registros de racismo têm constrangido autoridades, intelectuais, aliados e "supostos aliados" a refletirem incisivamente sobre as múltiplas configurações em torno desse fenômeno.

Neste artigo, sou levado a olhar criticamente para a racialização indígena e o fenômeno do racismo em suas múltiplas facetas no presente indagando sobre a sua permanência no tempo e os seus conteúdos ideológicos. Com esse objetivo, a partir de casos de racismos nas universidades registrados em cartas, denúncias, processos e notícias buscarei abordar as diferentes manifestações do racismo para dar maior visibilidade a esse fenômeno.

Acredito que, embora os sujeitos indígenas tenham sempre que possível registrado e denunciado os casos de racismo que passaram, ao se endereçar tais práticas como exclusivamente decorrentes de desinformação ou como expoentes de preconceitos, tem-se obliterado um melhor dimensionamento em torno do caráter estrutural dessas violências, algo que só podemos alcançar uma vez que pautarmos o *modus operandi* da racialização de indígenas no presente.

Sob o signo da invisibilidade

Antes de prosseguir para os casos que selecionei, acredito ser necessário fazer algumas considerações, ainda que breves, sobre o modo como a dimensão dos povos indígenas, como alvos de racialização, foi sistematicamente apagada. Devemos ter claro a grande complexidade que o conceito de raça nos coloca, tanto para as tentativas de defini-lo a partir de elementos comuns compartilhados em suas múltiplas expressões ao longo do tempo quanto na busca por entender as especificidades que o trabalho da raça pode apresentar junto aos diferentes grupos e povos racializados. O que muitos autores têm apontado é o modo como o conceito de raça só pode ser entendido à luz da história, isto é, não podemos tomá-lo como dado, mas sim como uma categoria do mundo social, cujos conteúdos ideológicos estão contextualmente relacionados a interesses políticos e econômicos, podendo variar e se adaptar no tempo à medida que a sociedade muda (JAHODA, 1999; BAROT & BIRD, 2010; WOLFE, 2016).

Embora as teorias raciais cunhadas na transição dos séculos XVIII-XIX – que estabeleciam diferenciações e hierarquizações entre os grupos humanos a partir de uma pretensa relação entre caracteres físicos e aptidões morais, culturais e cognitivas – já tenham sido fortemente refutadas e desacreditas, raça, como ideia, continua ainda muito presente no imaginário coletivo da sociedade brasileira. O fato é que atitudes racistas perante a questão da diferença não foram inventadas, nem inauguradas pela criação do conceito científico de raça, nem tampouco deixaram de existir uma vez que tiveram suas bases científicas desacreditadas (JAHODA, 1999; PAGDEN, 1986; BARTRA, 1997). Isto é, raça como esquema classificatório de diferenciação entre povos distintos tem uma longa história no mundo ocidental, que, ao contrário do que muitos acreditam, não se encerrou com as evidências do caráter falacioso das teorias raciais.

Tratando-se de povos indígenas, embora seja indiscutível o modo como tivemos nossos crânios e ossos medidos, nossas capacidades intelectuais, negadas e fomos submetidos a uma série de atribuições inferiorizantes, é curioso como o legado das teorias raciais desapareceu das discussões contemporâneas sobre a chamada "questão indígena".[2] Buscar compreender melhor o porquê desse desaparecimento me levou a ponderar pelo menos dois elementos centrais. O primeiro diz respeito à geopolítica das ciências sociais no Brasil e remete à história da constituição da antropologia no Brasil, enquanto que o outro está relacionado à direta associação no senso comum entre raça e fenótipo.

Uma pesquisa da maior importância, que acredito ainda não ter sido feita, seria uma tentativa de analisar a história da antropologia brasileira a partir da trajetória do conceito de raça nos trabalhos desenvolvidos por seus praticantes. Como sabemos, os campos científicos possuem práticas regulatórias próprias no que se refere ao movimento de seus conceitos, temas relevantes a serem pesquisados, regimes de reconhecimento entre os pares e tantos outros (BOURDIEU, 2004). Um historiador da ciência poderia muito bem se debruçar sobre a trajetória do conceito de raça dentro da antropologia buscando entender de que maneira um conceito ora antes central na história da disciplina foi gradativamente desaparecendo como ferramenta analítica.

Quando Peirano (1981), em sua tese de doutorado, realizou sua pesquisa sobre a história da antropologia no Brasil, ela utilizou como marco inicial para a discussão a institucionalização da antropologia como disciplina acadêmica. Tal recorte resultou em uma pesquisa que acabou por deixar de lado as pesquisas de cunho antropológico realizadas por intelectuais de diversas áreas, interessados pelo ser humano em suas dimensões sociais e biológicas conduzidas em museus, necrotérios e em Faculdades de Medicina. Como nos mostrou Luiz de Castro Faria (2006), a história da antropologia não se iniciou com sua institucionalização, sendo importante ponderar: "Em termos de história da ciência, é essencial, refiro-me à distinção entre a construção do processo de constituição do saber e à sua institucionalização quando ela passa a ter lugar na academia". Nesse sentido, a história da antropologia tal como contada por Peirano nos mostrou um contexto da disciplina já bem diferente daquele no qual era feita nos museus, necrotérios e nos IML, da antropologia dos ossos, dos instrumentos de medições cranianas, dos problemas de entrecruzamento de raças, evolução e anatomia.[3]

---

[2] Sobre as teorias raciais no Brasil, consultar: SCHWARCZ, 1993.

[3] Consultar "As Ilusões da Liberdade: a escola Nina Rodrigues e a antropologia no Brasil" de Mariza Corrêa (2013).

A antropologia tem sua história intimamente ligada não somente ao surgimento do conceito científico de raça como também com seus desdobramentos. Todavia, através de processos de diferenciação inerentes dos campos científicos em busca de consolidar seus campos de atuação, a antropologia institucionalizada sistematicamente se distanciou dos estudos de "relações raciais" para se constituir em torno das "relações interétnicas" (PEIRANO, 1981). Como que em uma partilha de temas a serem pesquisados, a sociologia feita no Brasil se debruçou a partir de estudos como os de Florestan Fernandes e Gilberto Freyre sobre o tema do negro da sociedade brasileira partindo da chave analítica das relações raciais, enquanto que à antropologia, coube o estudo dos índios, centrada nos conceitos de cultura e etnia. De fato, durante algum tempo antropologia no Brasil foi quase que sinônimo de "estudar índio". Embora, por soar apressado projetar tal separação para o presente, seja curioso constatar que na Universidade de Brasília (UnB), onde estudo, existam cotas para indígenas na Pós-Graduação de Antropologia, mas não exista na de Sociologia. Posso ainda frequentar seminários sobre a temática indígena ofertados pelo Curso de Antropologia, mas estes são praticamente inexistentes no de Sociologia. Em relação a estudos da dimensão racial dos povos negros, o contrário também se aplica.

Como que em um processo de recalcamento, a memória em torno dos primórdios da antropologia, com nomes como Nina Rodrigues, Arthur Ramos e Roquette Pinto fortemente centrados em noções raciais, foi sistematicamente apagada. Nesse processo não podemos esquecer o modo como as teorias raciais haviam assolado o mundo europeu na Segunda Guerra Mundial, o que me parece ter contribuído significantemente para que o conceito fosse decididamente banido das discussões antropológicas contemporâneas.

Se o conceito de raça biologizante tal qual definido pelas chamadas teorias raciais se tornou insustentável, o que os antropólogos falharam em perceber é que não foi o conceito em si que inaugurou o racismo, e sim o contrário. Nas palavras de Wolfe (2002), raça não deve ser tomada como um questionamento ao mundo social, e sim como uma forma de prover respostas para problemas ideológicos, econômicos e políticos que já estavam postos e em curso na mentalidade europeia.

Nesse sentido, o que vários indígenas têm apontado é que, embora nós nos organizemos socialmente no presente a partir da chave da etnia, banir as concepções de raça da discussão indígena não faz com o que o racismo desapareça. Uma vez que podemos apontar elementos do que veio a ser chamado de "raça" ao longo de toda a colonização da América, seria inconcebível acreditar que o trabalho da raça cessasse mediante seu descrédito no mundo acadêmico. De modo que, como prática social culturalmente difundida em nossa sociedade, o estudo do fenômeno do racismo é extremamente relevante e necessário para compreensão das relações interétnicas.

Penso que outro elemento a ser considerado sobre a invisibilização do racismo contra povos indígenas está associado à ideia de que este se manifesta, sobretudo, frente à apresentação de marcadores físicos e fenotípicos. Apesar de essa ideia poder ser aplicada a alguns contextos específicos, ela é muito restritiva. Pois, como afirmei anteriormente, o trabalho da raça é bastante complexo e a sua permanência no tempo só pode ser compreendida justamente ao se constatar a sua capacidade de se adaptar a novas conjunturas sócio-históricas. À guisa de exemplo, tomemos as especificidades da racialização dos povos negros no continente americano. Como mostrado pela antropóloga negra Lélia Gonzalez (1988), o racismo na América Latina ou Améfrica – termo com o qual a autora propõe chamar o continente, enfatizando as experiências indígenas e africanas –, possui contornos estruturalmente diferentes do racismo na América do Norte, diferenças que a autora expressa através do binômio racismo aberto/racismo disfarçado:

> O primeiro, característico das sociedades de origem anglo-saxônica, germânica ou holandesa, estabelece que negro é a pessoa que tenha tido antepassados negros ("sangue negro nas veias") [...] Já no caso das sociedades de origem latina, temos o racismo disfarçado, ou, como eu o classifico, o racismo por denegação. Aqui, prevalecem as "teorias" da miscigenação, da assimilação e da "democracia racial" (GONZÁLEZ, 1988, p. 72).

A partir dessa distinção que nos evidencia especificidades do racismo em dois contextos distintos, alguns autores apontaram que a experiência objetiva do racismo no Brasil entre os povos negros, embora esteja relacionado com uma série de fatores históricos, seria diretamente proporcional à conformação fenotípica, isto é, quanto mais escura a pele, mais racismo. Por outro lado, o contexto americano nos mostraria, pelo menos idealmente, um cenário no qual negros são racializados a partir de sua ascendência, resultando com uma fixidez no pertencimento racial muito diferente do espectro chamado colorista em vigor nas relações raciais no Brasil. Podemos ir além, ao apontar que, como exposto por Mbembe (2014), a invenção do sujeito negro diaspórico se deu a partir de um longo processo de fabulação diretamente ligado a sua transformação em mercadorias sob o signo do capital. Sua fabricação processual estava, assim, ligada à construção sucessiva de vínculos sociais de exploração que embora pudessem variar quanto ao caráter (caçador de quilombolas e fugitivos, carrasco, escravo artesão, doméstico, cozinheiro), tinham como constância a direta correlação estabelecida entre o seu valor e a escravidão (MBEMBE, 2018, p. 43-44).

Isso nos ajuda a pensar o racismo contra indígenas, uma vez que se os negros foram constituídos objetos no mundo colonial a partir de relações de trabalho e servidão com os povos indígenas, muito embora estes tenham também sido escravizados, os colonizadores estruturam relações a partir da questão terra e do território (WOLFE, 2016). A existência dos povos indígenas foi e continua sendo a lembrança viva de que as narrativas da conquista como descobrimento foram totalmente infundadas, uma vez que essas terras não estavam desocupadas. Nos regimes coloniais e nas sociedades edificadas nesses territórios, a gramática da raça proveu as ferramentas necessárias para o estabelecimento das distinções necessárias para negar possíveis reconhecimentos da humanidade indígena e os direitos coextensivos a ela, tal qual o direito originário sobre os territórios nos quais os colonizadores se estabeleceram (COULTHARD, 2014). Nesse sentido, a racialização de indígenas parece estar muito mais relacionada ao caráter do vínculo existente entre esses povos e os territórios coloniais, como sugerido a partir das categorias "indígena, autóctone e aborígene", do que a suas características físicas, como acontece ao adjetivo "negro" e a sua alusão direta a cor e servidão (WOLFE, 2016). Um exemplo que resume bem a complexidade do caráter processual das racializações é o fato de que, durante o período colonial, os indígenas escravizados pelos portugueses eram, não por acaso, chamados de "negros-da-terra" (MONTEIRO, 1994). Ou ainda, por outro lado, os modos como os povos africanos foram transformados pela empresa colonial em "indígenas" em seus territórios como em Angola, Moçambique e etc.

O que é importante destacar é que a racialização de indígenas a partir do vínculo de originalidade com o território da colônia engendrou retóricas contrárias à fixidez esperada da raça como categoria natural-biológica. Enquanto lembrança de que aqueles territórios eram ocupados antes da conquista europeia, esses povos eram extremamente dispensáveis e, de fato, precisavam ser exterminados, civilizados ou embranquecidos como condição para o próprio sucesso da empresa colonial.[4] Nesse sentido, a racialização indígena foi calcada em cima de uma pretensa fragilidade, uma vez que o único destino para essa raça era o desaparecimento. A catequização, os casamentos interétnicos, as políticas de assimilação ou do deslocamento no espaço foram técnicas de governo que visavam assegurar uma soberania que apenas poderia ser alcançada através da eliminação do componente nativo. Como ficará mais claro com os exemplos a seguir, a fixidez da racialização a partir da apresentação de fenótipos poderia ser extremamente contraproducente para uma racialização que, para ser bem-sucedida, precisava assegurar a eliminação e a invisibilização indígena, estando estes em conformação ou não com o estigma do fenótipo indígena.

Da Torre de Marfim

A produção de conhecimentos ditos científicos no Ocidente tem sua história diretamente ligada à constituição das universidades. Nesses espaços foram construídos conhecimentos cruciais para a manutenção do *status quo*, tal como podemos constatar a partir das Teorias Raciais responsáveis pela legitimação dos mitos sobre a superioridade dos brancos (SMITH, 1999). Era de fato esperado que facetas contemporâneas do racismo tomassem formas específicas, uma vez que estudantes indígenas estivessem finalmente ingressando, graças às políticas afirmativas, de maneira mais expressiva no ensino superior. Não apenas pelo fato de as universidades serem historicamente um lugar frequentado por classes privilegiadas, mas também pelo acesso ao conhecimento significar poder, algo não tão facilmente compartilhado com aqueles que foram sistematicamente excluídos do projeto de nação brasileira. Os pilares das universidades como instituição são sumariamente racistas e, por tabela, epistemicidas, e isso tem sido fortemente experienciado pelos sujeitos indígenas que buscam adentrar esses espaços e subverter a inércia dos regimes excludentes de produção e validação de conhecimentos (CRUZ, 2017, 2018; VAZ FILHO, 2016; BANIWA, 2015; BENITES, 2015).

É importante ressaltar que um dos materiais mais importantes a respeito das violências contra povos indígenas tem sido o Relatório Violência Contra os Povos Indígenas no Brasil, produzido anualmente desde 1996 pelo Conselho Indigenista Missionário. Esse relatório possui uma seção específica destinada ao registro de casos de racismo e discriminação étnico cultural, que ainda

---

[4] Consultar: SOUZA LIMA (1992) e RIBEIRO (1972).

parece conter uma visão bastante restritiva acerca do fenômeno do racismo subrepresentando as suas ocorrências. Isso porque o relatório opera com a qualificação de vários tipos de violência em eixos como "Ameaças de Morte" ou "Abuso de Poder", que, se olhados de com maior precisão, são indissociáveis do racismo.

A seguir, irei resumir brevemente quatro casos de racismo que foram registrados ou por trabalhos de pesquisadores ou através de documentos escritos pelos indígenas com fins de denúncia. Farei primeiro o relato a partir de sua descrição para, por fim, estabelecer as correlações pertinentes entre os casos dispostos.

Iniciarei com um caso que aconteceu na UnB em 2015, por ser o mais próximo da minha realidade, e pelo fato de que eu já era estudante nessa instituição quando do ocorrido. O caso foi amplamente difundido nas redes sociais e resultou em uma representação movida pela Associação dos Acadêmicos Indígenas da UnB (AAIUnB) no Ministério Público contra a Fundação Universidade de Brasília, referente a vários casos do chamado racismo institucional. A UnB teve seu primeiro vestibular indígena em 2005, sendo que em 2014 foi inaugurado um Centro de Convivência Multicultural Indígena, conhecida como "Maloca", para o uso dos estudantes indígenas. Foi nesse espaço que aconteceu o fato relatado a seguir, protagonizado por uma servidora da instituição que foi alocada no centro em questão e que proferiu uma série de ofensas aos estudantes indígenas:

> Ao pretenderem resolver situações relacionadas à gestão do espaço, os estudantes foram tratados de maneira degradante, sendo expostos à intervenção da polícia militar, que foi acionada pela servidora coordenadora do centro, com a intenção de criar a falsa ideia de "perigo" que sofria frente aos/as estudantes indígenas.
> Várias ofensas foram feitas pela servidora, em manifestações de que eles/elas, estudantes, eram pessoas "desqualificadas e selvagens". Entre outras ofensas, a funcionária disse que "sentia nojo" dos mesmos e que eles deveriam voltar para a floresta, pois o Estado estava desperdiçando o dinheiro público com eles. A servidora, demonstrando total despreparo para a função exercida de coordenação do centro multicultural, fez o registro de ocorrência policial contra duas estudantes, pela acusação de "constrangimento ilegal" (p. 2).[5]

---

[5] Trecho retirado da Representação Jurídica entregue e protocolada no Ministério Público Federal pela Associação de Acadêmicos Indígenas da Universidade de Brasília em 20 de dezembro de 2015.

Temos ainda o relato de uma estudante indígena que presenciou o acontecido e deu sua versão:

> [...] Outra, vocês têm que parar com essas coisas de protestar, sabe, aceita e pronto. **Vocês têm é que se adequar ao sistema do mundo da universidade, porque eles não vão mudar só por que vocês querem**, acorda sabe, eu já fui adolescente também, eu sei que é tudo revoltado com o mundo e tal mas chega, né? Isso passa, porque vocês querem o quê? **que o mundo pare e diga: índios vem cá meu amor**. Eu vou te dizer, com o povo negro não tem isso, sabe, e olha que eles são realmente sofridos. Foram escravizados e eu não estou falando nem aqui no caso do Brasil, **porque vocês já estão tudo misturado aqui mesmo, já teve o contato** (grifos no original, p. 11).[6]

Esse caso reverberou em uma série de ações por parte dos estudantes indígenas, que sistematicamente foram coletando outros casos semelhantes cometidos não somente por parte dos funcionários e servidores da instituição, como da comunidade acadêmica de estudantes. Um deles foi relatado por uma estudante indígena de medicina que ouviu do psicólogo escolar da própria Diretoria de Diversidade em 2013 que: "[...] que não era capaz de fazer medicina e seria melhor voltar para sua aldeia e fazer vestibular para outro curso que não fosse na área de medicina, pois deveria procurar um curso mais fácil".

O segundo caso também está diretamente associado aos servidores universitários, mas desta vez contra a omissão dos professores de Antropologia do Programa de Antropologia e Arqueologia da Universidade Federal do Oeste da Pará (UFOPA). Os estudantes indígenas dessa universidade, através do Diretório Acadêmico Indígena (DAIN), denunciaram o tratamento diferenciado por parte do corpo docente do Curso de Antropologia para os estudantes indígenas do Baixo Tapajós e o das etnias Munduruku e Waiwai. Isso aconteceria, porque os estudantes do Baixo Tapajós vinham de uma realidade de complexos processos de ressurgência étnica, buscando a duras penas o reconhecimento de seus direitos como indígenas. Segue trechos do Manifesto escrito pelos estudantes de antropologia da UFOPA em junho de 2015:

> A sensação que nós, indígenas do Baixo Tapajós, temos é de uma implícita e ao mesmo tempo explícita discriminação manifestada por meio

---

[6] Ver nota anterior.

das atitudes e discursos de vários segmentos da instituição, em especial, do próprio corpo docente, não todos. Por vezes, parecemos ser invisíveis a estes profissionais, que, talvez tenham as mesmas concepções do aluno Walter Waiwai e do Sr. Juiz Airton Portela. **Não somos tratados como indígenas por não sermos bilíngues? Ou por que não somos "exóticos" e selvagens, a ponto de responder aos fatos da maneira como agiria o indígena de suas concepções?** Entendemos que para estes profissionais, de uma forma geral, os indígenas que atualmente estão na Universidade são apenas os Waiwai e os Munduruku. Talvez, essa postura, não percebida, apenas, por eles próprios, docentes, esteja contribuindo para alguns grupos éticos se acharem no direito de ser mais indígenas que outros, gerando toda essa "bola de neve". Nesse sentido, a omissão de tais fatos, para nós, configura-se como uma conivente discriminação (grifo meu).[7]

    O caso acima é bastante complexo e embora seja evidentemente racista, a escolha feita pelos estudantes em usar o termo "discriminação" pode acabar resultando numa diminuição do caráter violento do processo relatado. Florêncio Vaz Filho, indígena do povo Maitapu e professor de Antropologia do departamento em questão, escreveu um artigo sobre o processo, que culminou na denúncia dos indígenas em um artigo chamado "A Rebelião Indígena na UFOPA e a Forçada Interculturalidade". Para ele, tal situação expressa um novo momento indígena nas universidades, quando esses indivíduos deixam de figurar apenas como parte da literatura produzida e tornam-se sujeitos efetivos nesse debate, o que ficou visível no modo não apenas como os estudantes conduziram o debate a partir de suas organizações e da redação de documentos de denúncia como também nas suas participações incisivas nas reuniões de departamento. Como mostrei anteriormente, em um movimento inercial, o campo da antropologia tem ainda um longo caminho pela frente para romper com velhas práticas colonialistas que invisibilizam a complexidade dos povos indígenas. Tais mudanças já estão em curso e têm sido proporcionadas pela tensão latente decorrente do ingresso de indígenas em cursos de antropologia.

    O terceiro caso aconteceu na Universidade Federal do Acre, campus Floresta, Cruzeiro do Sul, e teve como vítima a estudante de pedagogia Kethyla Taiane Shawanava de Almeida, que encontrou uma carta anônima digitada endereçada a ela no meio de suas coisas na sala de aula:

---

[7] Disponível em: <https://pib.socioambiental.org/pt/Not%C3%ADcias?id=151882>. Acesso em: 22 set. 2018.

Não sei que teve a ideia de misturar pessoas normais com índios. Porque raça nojenta é essa. Observamos que os professores gostam de você, deve ser por pena. [...] Ainda vem com uma história de que almeja um futuro melhor para os pais. Procura futuramente estudar em um curso melhor. Vai tirar eles de onde? Da tribo? Deixa eles lá porque lugar de índio é dentro de buracos assim mesmo.[8]

O quarto e último caso aconteceu na Universidade Federal de Roraima (UFRR), dentro do restaurante universitário (RU), contra um grupo de estudantes indígenas do Curso de Gestão Territorial, em 2015. De acordo com o antropólogo João Francisco Kleba, que estava realizando pesquisa com os universitários indígenas dessa instituição, o restaurante era um dos poucos lugares em que havia "não digo interação, mas coabitação momentânea, entre os alunos indígenas do Insikiran e os demais alunos da universidade. A hora do almoço no RU é assim um momento privilegiado, em que é possível perceber a presença expressiva de estudantes indígenas na fila" (Lisboa, 2017, p. 147). Na ocasião, um grupo de estudantes brancos gritou ofensivamente que "todo lugar que eu vou tem índio!" e "eles não sabem comer direito", retirando-se do local rapidamente em seguida. Gostaria de ressaltar o caráter oposto entre a observação feita pelo antropólogo a respeito da presença dos indígenas na UFRR com a fala racista do algoz. Se para o primeiro, poucas eram a oportunidades de esses estudantes "coabitarem" o mesmo espaço, para o racista já é mais do que suficiente para ser um incômodo. Essa situação motivou os estudantes indígenas a redigir uma carta intitulada "Por uma Universidade sem Racismo!", afirmando que "o Estado de Roraima é por excelência o território histórico e tradicional de povos indígenas", exigindo da UFRR as devidas providências e convocando a comunidade solidária para uma mobilização.

Eu poderia continuar a lista de relatos e registros por muito mais tempo, uma vez que esses casos são extremamente comuns no cotidiano desses estudantes. Todavia, acredito que temos os elementos suficientes para propor uma reflexão sobre alguns elementos comuns. Algo perceptível nessas práticas racistas tem sido o caráter espacial ao qual a identidade indígena tem sido vinculada, um processo a partir do qual a figura do índio está fadada a existir apenas dentro de alguns lugares específicos. Assim os estudantes são

---

[8] Disponível em: <https://g1.globo.com/ac/cruzeiro-do-sul-regiao/noticia/estudante-indigena-vai-a-policia-apos-receber-carta-com-ofensas-na-ufac-raca-nojenta.ghtml>. Acesso em: 20 set. 2018.

constantemente mandados "de volta para a aldeia" ou que "permaneçam dentro dos buracos". Em uma tentativa de expurgar os corpos indígenas estranhos aos ambientes universitários, o racismo declara a necessidade de que eles retornem e permaneçam em seus lugares, ou que pelo menos fiquem longe dos espaços dos brancos, como nos clássicos casos de *apartheid*.

Outro ponto presente, sobretudo no primeiro e no segundo casos, diz respeito à tentativa de eliminar o caráter indígena dos estudantes a partir da ideia de pureza e isolamento cultural. Assim, temos as menções à "mistura" e ao componente linguístico como formas de negar o reconhecimento e violar a integridade étnica dos sujeitos. Nesse sentido, são eliminados não mais mandando-os ir embora para o devido lugar que lhes cabe como indígenas, e sim através da desautorização deles como indígenas buscando com isso retirar o caráter ameaçador que a presença do "Outro" representa.

Na lógica da desautorização e eliminação do caráter indígena, a ausência do fenótipo pode ser um elemento central como mecanismo de negação, mas o contrário não é de maneira alguma decisivo. Isto é, apresentar um fenótipo que esteja em conformação com a imagem do índio cristalizada não assegura que esse sujeito tenha sua identidade reconhecida. Por exemplo, quando fui professor da disciplina Cultura, Poder e Relações Raciais na UnB em 2017, tive a oportunidade de ter um número razoável de alunos indígenas que, por sua vez, entregaram como trabalho final um vídeo no qual cada um deles narrava suas experiências como indígena nessa universidade. Embora os estudantes fossem de regiões e povos distintos, alguns bilíngues, outros falantes exclusivamente do português e tivessem fenótipos bastante variados, o que havia de comum em suas experiências frente ao racismo era que todos deparavam constantemente com situações nas quais os brancos com os quais se relacionavam tentavam colocar em questão as suas indianidades. Assim, para os brancos, aqueles que eram fenotipicamente indígenas na verdade não eram tidos como indígenas, e sim como peruanos ou bolivianos; já os que não se encaixavam no fenótipo eram desqualificados por não terem "cara de índio". Ambos ainda poderiam ser desqualificados por vestirem roupas, ou por usarem celular e assim sucessivamente.

Por fim, tentei evidenciar no presente artigo que o racismo contra indígenas opera através de mecanismos muito refinados que pretendem sempre invisibilizar e aniquilar a existência indígena, ao estabelecer uma raça que pretensamente poderia se desfazer de diversas maneiras como através da miscigenação, catequização e de processos civilizatórios. O ponto é que, com isso, a presença indígena tende a passar despercebida a todo instante, e mesmo quando os estudantes afirmam as suas identidades, o racismo interpela suas subjetividades, constrangendo-os em suas complexas trajetórias e historicidade. Diante do exposto, é preciso ainda ponderar que, se essa racialização busca efetivamente proclamar a existência efêmera da condição indígena, ela é bem-sucedida, na medida em que torna invisível não apenas os indígenas em si, mas consegue ainda operar sem que seja percebida, isto é, tornando a dimensão racial dos povos indígenas invisível também.

Referências

BOURDIEU, Pierre. O campo intelectual: um mundo à parte. In: *Coisas ditas*. São Paulo: Brasiliense, 2004.

BANIWA, Gersem. Os indígenas antropólogos: desafios e perspectivas. *Novos Debates: Fórum de Debates em Antropologia*, Brasília, v. 2, n. 1, p. 233-243, 2015.

BARTRA, Roger. *Wild Men in the Looking Glass: The Mythic Origins of European Otherness*. Ann Arbor: University of Michigan Press, 1997.

BENITES, Tonico. Os antropólogos indígenas: desafios e perspectivas. *Novos Debates: Fórum de Debates em Antropologia*, Brasília, v. 2, n. 1, p. 244-251, 2015.

CORRÊA, Mariza. *As Ilusões da liberdade: a escola Nina Rodrigues e a antropologia no Brasil*. Rio de Janeiro: Fiocruz, 2013.

COULTHARD, Glen S. *Red Skin, White Masks: Rejecting the Colonial of Politics of Recognition*. Minneapolis: University of Minnesota Press, 2014.

CRUZ, Felipe S. M. Indígenas antropólogos e o espetáculo da alteridade. *Revista de Estudos e Pesquisas sobre as Américas*, Brasília, v. 11, n. 2, p. 93-108, 2017.

CRUZ, Felipe S. M. Entre la academía y la aldea: algunas reflexiones sobre la formación de indígenas antropólogos en Brasil. *Anales de Antropologia*, Cidade do México, v. 52, n. 2, p. 25-33, jul./dez. 2018.

FARIA, Luiz de C. *Antropologia: duas ciências: Notas para uma história da antropologia no Brasil*. Rio de Janeiro: CNPq/Mast, 2006.

GONZALEZ, Lélia. A categoria político-cultural de amefricanidade. *Tempo Brasileiro*, Rio de Janeiro, n. 92-93, p. 69-82, jan./jun. 1988.

JAHODA, Gustav. Images of Savages: Ancient Roots of Modern Prejudice in Western Culture. Part. 1 e 2. Londres: Routledge, 1999. p. 13-127.

LIMA, Antônio C. de S. *Um grande cerco de paz: poder tutelar, indianidade e formação do Estado no Brasil*. Petrópolis: Vozes, 1995.

LISBOA, J. F. K. *Acadêmicos indígenas em Roraima e a construção da interculturalidade indígena na universidade: entre a formação e a transformação*. Brasília:

UnB, 2017. Tese (Doutorado em Antropologia) – Programa de Pós-Graduação em Antropologia, Universidade de Brasília, Brasília, 2017.

MBEMBE, Achille. *Crítica da razão negra*. Lisboa: Antígona, 2014.

MONTEIRO, John M. *Negros da terra: índios e bandeirantes nas origens de São Paulo*. São Paulo: Companhia das Letras, 1994.

PAGDEN, Anthony. *The Fall of Natural Man: The American Indian and the Origins of Comparative Ethnology*. Cambridge: Cambridge University Press, 1986.

PEIRANO, Mariza G. S. *The Anthropology of Anthropology: The Brazilian Case*. Cambridge: Harvard University, 1981. Tese (Doutorado em Antropologia) – PhD Program in Anthropology Studies, Harvard University, Cambridge, 1981. Publicada no Brasil na revista *Série Antropologia*, Brasília, n. 110, 1991.

RIBEIRO, Darcy. *Os índios e a civilização: a integração das populações indígenas no Brasil moderno*. Petrópolis: Vozes, 1977.

ROHIT, Barot; BIRD, John. Racialisation: The Genealogy and Critique of a Concept. *Ethnic and Racial Studies*, Londres, v. 24, n. 4, p. 601-618, 2001.

SCHWARCZ, Lilia M. *O espetáculo das raças: cientistas, instituições e questão racial no Brasil, 1870-1930*. São Paulo: Companhia das Letras, 1993.

SMITH, Linda T. *Decolonizing Methodologies: Research and Indigenous Peoples*. Londres: Zed Books, 2012.

VAZ FILHO, Florêncio A. *A rebelião indígena na UFOPA e a força da interculturalidade*. In: ASSOCIAÇÃO BRASILEIRA DE ANTROPOLOGIA, 30., 2016, João Pessoa. Anais... João Pessoa: Associação Brasileira de Antropologia, 2016.

WOLFE, Patrick. Race and Racialization: Some Thoughts. *Postcolonial Studies*, Londres, v. 5, n. 1, p. 51-62, 2002.

WOLFE, Patrick. *Traces of History Elementary Structures of Race*. Londres: Verso, 2016.

Os afrodescendentes no sistema educativo português: racismo institucional e continuidades coloniais

Cristina Roldão

No debate político e científico português, a dimensão racial raramente é mobilizada para entender os obstáculos à democratização escolar. Se as desigualdades de classe trilharam o seu caminho nas pesquisas e políticas sobre educação, o racismo e as desigualdades étnico-raciais tendem a não ser olhados como resultado de relações estruturais de poder que perpassam o funcionamento das instituições. Normalmente, são entendidos como casos "pontuais" e decorrentes da intencionalidade direta de indivíduos específicos, ou como decorrência indireta das desigualdades de classe.

O presente artigo procura contribuir, exatamente, para um entendimento dessas desigualdades étnico-raciais como fruto, também, de processos estruturais e institucionais de (re)produção do racismo. Para isso, faz-se num primeiro momento uma contextualização e discussão histórica daqueles que foram alguns dos pilares da educação colonial, sobretudo durante o Estado Novo. Esta análise coloca em evidência o quanto o imperialismo colonial teve como um dos seus instrumentos de "civilização" – dominação e exploração – a política educativa e o quão a educação foi também lugar de disputa dessa relação de forças. Num segundo momento, discutem-se as trajetórias escolares dos afrodescendentes no sistema educativo português dos pós-independências e a partir do 25 de Abril até à atualidade, recorrendo a resultados de outras pesquisas sobre o tema e às estatísticas oficiais disponíveis que, em Portugal, não recobrem dados étnico-raciais.

Propõe-se, assim, uma análise exploratória sobre as continuidades históricas da colonialidade no sistema educativo contemporâneo. Esse exercício implica quebrar o silêncio coletivo sobre o passado colonial português, historicamente tão recente e, ao mesmo tempo, tão arraigado na identidade nacional, e, nesse passo, descolonizar a forma como sociologicamente se têm olhado as desigualdades na escola contemporânea.

"Civilizar" espíritos e corpos negros: a educação a (des)mando da colonização (1930-1974)

A dominação colonial, e também a estrutura escravocrata transatlântica dependeram sempre de mecanismos institucionalizados, formais e não formais, mais e frequentemente menos estruturados, de educação. Como refere Paulo (2000), debruçando-se sobre a educação colonial no período entre 1930 e 1974, para que possamos compreender a educação colonial é preciso entendê-la como não se cingindo à educação nas colónias e dirigida aos sujeitos colonizados, abrangendo também a metrópole e os portugueses, colonos e metropolitanos. Essa dualidade remete para o duplo objetivo de dominar (que na retórica colonialista surge como "civilizar"), isto é, impor e legitimar sua autoridade, e de "explorar" eficientemente os recursos desses territórios.

Logo no século XV, nas primeiras expedições ao reino do Congo, são trazidos, para Portugal, africanos, uns raptados e outros vindo voluntariamente, alguns pertencentes à aristocracia bacongo, para serem educados de modo a se tornarem missionários, intérpretes, emissários e outros tipos de intermediários da coroa portuguesa na África, sendo que a maior parte estudou no então chamado Mosteiro de Santo Elói (BOXER, [1981] 2013; FERREIRA, 1977). Existe também registro de várias tentativas de evangelização através do envio de missionários e da construção de colégios nos territórios que viriam a ser Angola e Moçambique (FERREIRA, 1977).

Cabe também dizer que, embora a população escravizada na cidade de Lisboa, que chegou aos 10% (MARGARIDO, 2000 – a partir do sumário de Cristóvão Rodrigues de Oliveira de 1551) ou 15% da população da cidade nos séculos XVI a XVIII (LAHON, 2004), fosse na sua maior parte destinada às atividades menos qualificadas, mais duras e desprezadas, eram ensinados ofícios a alguns, poucos, escravos (sobretudo se o seu senhor fosse ele próprio artesão) no sentido de rentabilizar sua força de trabalho, mas sem que pudesse ascender a mestre (CALDEIRA, 2017). Algumas corporações eram particularmente elitistas e fechadas à entrada de escravos nos ofícios (como as de calceteiros, jubeteiros, ourives, boticas); outras, menos prestigiadas, não tanto (entre outras, as de sapateiros, ferreiros, pedreiros, alfaiates, tecelões, barbeiros, etc.). Tendo tido a população negra uma expressão significativa na cidade de Lisboa[1] (TINHORÃO, 1988; HENRIQUES, 2009) e, em 1930, ainda vivesse na cidade quem tivesse nascido escravo, ela declinou lentamente após várias tentativas legislativas abolicionistas[2] e na sequência do processo de branqueamento, quer por via das narrativas sobre a cidade, quer por via da miscigenação (TINHORÃO, 1988). Ao contrário do que acontece no Brasil, não há uma continuidade genealógica entre a população negra de hoje (que chega a Portugal a partir da década de 1970, mas sobretudo 1990) e a população negra e escrava que viveu e contribuiu para a construção da cidade de Lisboa entre os séculos XVI e XIX.

---

[1] Como dá conta Henriques (2009), vários estrangeiros que passaram por Portugal se referiram na sua correspondência e outros escritos à forte presença de negros no país, sobretudo em Lisboa, como é o caso de Alexandre Sasek (1465-1466), Nicolau Clenardo (1535), Filipe Sassetti (1578), Richard Twiss (1772-1773), Duque de Châtelet (1777), Felix Lichnowsky (1842).
Entre 1593 e o século XVIII, a cidade terá o Bairro do Mocambo – expressão de origem africana para referir aldeia –, na atual Madragoa, o que é revelador da importância da população negra na cidade de Lisboa (HENRIQUES, 2011). O *Álbum de Costumes Portugueses* de Alfredo Roque Gameiro, publicado em 1888, com as ilustrações de ocupações típicas da cidade, como as ditas "pretas" do mexilhão, tremoço e fava rica, "preto caiador" e calhandreiras, mostra como a "presença" negra na cidade terá sido suficientemente significativa. O próprio Fado, tornado símbolo da portugalidade, tem parte das suas origens em estilos musicais e de dança africanos ou afro-brasileiros, como a Fofa e o Lundum (TINHORÃO, 1988).
Contudo, para além de Lisboa, no sul de Portugal, Algarve, Alentejo e Setúbal, a população escrava chegou a representar 6% da população no século XVI, especialmente Alcácer do Sal, Benavente, Coruche, Lagos, Odemira e Portimão, onde chegaram ou ascenderam os 10% da população nesse período (FONSECA, 2002). No século seguinte, há um decréscimo relativo, para 4%, dessa presença.
Mais do que nos Açores, na Madeira do início do século XVI, essa presença chegou a uma percentagem semelhante à anteriormente referida, o que, apesar de controvérsias entre historiadores, terá estado associado à produção açucareira (PIMENTEL, 1995), que cedo declinou e que no passado havia sido assegurada quase exclusivamente por escravos guanches ou canários. Lahon (1999) dá conta de várias organizações religiosas (confrarias e irmandades) negras existentes em Lisboa (e noutros locais, como, Lagos, Évora, Leiria, Muge, Alcácer do Sal, Elvas, Setúbal e Moura) entre os séculos XVI e início do século XIX. Através destas, os negros tinham um espaço de convivência e de construção identitário-cultural próprio, mas também de ação coletiva. Um dos líderes que ficou para história, não só pela caricatura em cerâmica que dele fez Bordalo Pinheiro, foi Paulino José da Conceição (Pai Paulino), negro, liberto e baiano (NETO, 1998).

[2] Em 1761, Marquês de Pombal proíbe a entrada de escravos no espaço metropolitano e na Índia. Em 1773, surge a Lei do Ventre Livre e a libertação dos escravos de quarta geração em Portugal. Contudo, somente em 1869, perto de um século depois da primeira iniciativa, é proclamada a abolição da escravatura em todo o Império Português.

Será sobretudo a partir do final do século XIX, com a necessidade portuguesa de ocupação efetiva dos territórios africanos na sequência da Conferência de Berlim, que se começa a discutir mais sistematicamente a necessidade de uma estratégia de educação colonial, quer como instrumento de ocupação, quer como resposta à competição colocada pelas missões protestantes e estrangeiras que estavam mais desenvolvidas que as missões católicas portuguesas, nos territórios africanos reclamados pelos portugueses (MOUTINHO, 2000; GUIMARÃES, 2006). Até ali, o ensino nas colónias estava entregue, sem uma estratégia colonial definida, às missões religiosas. Não podendo impedir a presença das missões estrangeiras, dado os acordos assumidos na Conferência de Berlim, a sua atividade passa a ser regulamentada, em 1907, no sentido de melhor garantir os interesses portugueses, desde logo obrigando o ensino do português (JERÓNIMO, 2010).

Será, sobretudo, a partir de intelectuais da Comissão Africana da Sociedade de Geografia de Lisboa que se começará a refletir sobre o projeto de educação colonial (PAULO, 2000; MOUTINHO, 2000), isto, muito mais numa ótica de ocupação e colonização desses territórios do que propriamente um ensejo de escolarizar os africanos (JERÓNIMO, 2010). Se esse grupo, nas suas recomendações se orientava por princípios modernistas, humanistas, mas evolucionistas, desembocando num racismo paternalista, outros setores da elite metropolitana defendiam princípios coloniais desabridamente racistas e de exploração pragmática (como é o caso de António Enes, Mouzinho de Albuquerque, Paiva Couceiro e do eminente historiador Oliveira Martins), considerando inútil a escolarização das populações africanas (PAULO, 2000; JERÓNIMO, 2010). Também alguns setores mais instruídos da população negra nas colónias teciam críticas à política educativa, ao estado deplorável da educação nas colónias e do seu excessivo endoutrinamento religioso, como fica evidente nos textos reunidos sobre o título *Voz d'Angola clamando no deserto* (ANGOLA, 1901) e no único número do jornal *O Africano*, publicado em 1908 em Moçambique (JERÓNIMO, 2010).

O intensificar das reflexões e debates, bem como a emergência de algumas iniciativas de política entre o final do século XIX e a 1ª República[3]

---

[3] Com a Primeira República constituem-se as "missões civilizadoras" oficiais e laicas (1913) e as escolas-oficina, consolidam-se instituições de formação de agentes colonizadores (conversão do Colégio das Missões Ultramarinas em Instituto das Missões Coloniais em 1917, Colégio das Missões dos Padres Seculares) e criação de meios de controlo da política de ensino indígena (inspeções escolares) à educação colonial nas então colónias

lançaram os pilares programáticos e teóricos do que viria a ser a "educação colonial" na década de 1930, no Estado Novo. Por um lado, a ideia de que essa educação deveria passar pela preparação técnica, científica e administrativa de quadros portugueses (colonos e metropolitanos) para melhor se poderem explorar esses territórios; por outro, a ideia de que a educação deveria ser um meio para "civilizar" e "nacionalizar" as populações africanas, sobretudo através da educação pelo e para o trabalho, mas também através do ensino do português e dos princípios da religião católica.

A educação escolar na metrópole deveria preparar os quadros científicos, eclesiásticos, técnicos e administrativos para uma exploração e ocupação mais eficientes dos territórios colonizados, mas também para promover uma socialização na ideologia colonial. É nesse quadro que surge em 1906 a Escola Colonial de Lisboa da Sociedade de Geografia de Lisboa, que viria a designar-se Instituto Superior de Estudos Ultramarinos, em 1954, e em 1962, já integrado na Universidade Técnica de Lisboa, passa a designar-se Instituto Superior de Ciências Sociais e Política Ultramarina (ISCSPU), uma das primeiras instituições a ministrar cursos em que a sociologia e a antropologia surgem associadas à empresa colonial (ÁGOAS, 2012; CRUZ, 1983). Contam-se ainda os cursos da Escola de Medicina Tropical, duas especializações no Instituto Superior de Agronomia; disciplinas especializadas em diferentes cursos do ensino superior (PAULO, 2000). Contudo, essas apostas nunca conhecerão forte adesão popular, das elites ou dos pedagogos portugueses, até porque, em Portugal, o acesso à escola, no geral, era muito reduzido e porque não se assistiu a uma saída significativa de colonos portugueses para os territórios em África.

Como mostra Vidigal (1996), durante a República, mas sobretudo a partir da Ditadura Militar e com o Estado Novo, os manuais escolares e livros infantis passam a apresentar informação sobre os territórios colonizados, através da descrição aventureira de viagens, do exotismo das paisagens e da geografia, da exuberância das riquezas naturais e da propaganda sobre a grandiosidade do império e missão civilizadora específica de Portugal. Outra forma importante de a educação colonial operar na metrópole era por via de iniciativas como a Exposição Colonial do Porto (1934), Exposição do Mundo Português (1940), a Semana das Colónias (celebradas a partir de 1940, na maioria das escolas), congressos, comemorações, cruzeiros de férias às colónias destinados a professores e alunos metropolitanos, iniciativas editoriais, imprensa, bandas desenhadas (histórias em quadrinhos), programas de rádio, iniciativas da Mocidade Portuguesa (PAULO, 2000).

Com o Estatuto Orgânico das Missões Católicas Portuguesas de África a Timor (1926) e, sobretudo, com o Estatuto Missionário de 1941, o poder das missões católicas sobre a educação das populações africanas sai reforçado: garantindo a liberdade e quase monopólio do ensino nas colónias fora da tutela do Ministério da Educação Nacional e regulado à distância e (parcamente) financiado pelo Estado.

Às missões cabia ministrar o ensino indígena, uma via separada do ensino oficial e destinada apenas à população negra de Angola, Guiné-Bissau e Moçambique, sendo, portanto, segregadora e consentânea com a própria hierarquia de cidadania definida no regime do indigenato. Esse ensino compreendia o ensino primário rudimentar, mais tarde ensino de adaptação, as escolas profissionais, escolas-oficinas, escolas de artes e ofícios e escolas-rurais, todas elas, no essencial, com um estatuto inferior ao ensino primário elementar, ensino liceal e ensino técnico (GOMES, 1996; PAULO, 2000). Um sinal desse desprestígio era o baixíssimo valor do salário dos professores do ensino de adaptação, consideravelmente abaixo do salário dos contínuos nas escolas oficiais (MOUTINHO, 2000).

Como no passado, o currículo passava pelo ensino da língua portuguesa, de um ofício manual e dos rudimentos da moral cristã e patriótica. Não se tratava, portanto, de fomentar uma educação literária, científica, tecnicamente especializada para as quais se considerava que as populações africanas não teriam capacidade, nem proveito, visto que, por um lado, a estas se atribuíam os trabalhos agrícolas, domésticos e, embora menos, oficinais e, por outro, era necessário garantir a posição relativa de vantagem dos portugueses no acesso às profissões mais qualificadas, bloqueando as aspirações e oportunidades de mobilidade social da população negra (MOUTINHO, 2000). Tratava-se, portanto, muito mais de "civilizar" e "colonizar", isto é, inculcar disposições nas mentes e nos corpos para a obediência à ordem colonial e para a sujeição a regimes de trabalho profundamente inumanos do que "educar".

Esse tipo de ensino nunca conseguiu ter ampla cobertura face à dimensão da população escolarizável. Como mostra Paulo (2000), recorrendo a dados do World Survey of Education, da Organização das Nações Unidas para a Educação, a Ciência e a Cultura (UNESCO), entre 1955 e 1966, as taxas de analfabetismo em Angola, Moçambique e Guiné rondavam os 95% (em Portugal, situava-se em torno dos 40%). Sendo que no plano da retórica, a política educativa colonial visava à assimilação ("nacionalizar"), mas na prática não existiam meios, nem um esforço político para o levar efetivamente a cabo. Como veremos, a propósito do estatuto de "assimilado", tratava-se de um sistema educativo de "assimilação seletiva" das populações africanas.

O ensino oficial ministrado nas colónias – ensino primário, ensino liceal e ensino técnico –, seguia as orientações do ensino na metrópole. Dirigia-se aos colonos brancos, mas também a uma pequena minoria de negros e mestiços que tinham, por diferentes razões, o estatuto de "assimilados" (esta posição intermédia e intermediária na estrutura colonial estava também legalmente prevista, por exemplo, na colonização belga e francesa), segundo o regime de indigenato. Essa posição específica e legalmente reconhecida funcionava como um mecanismo de controlo da mobilidade social da população negra – segundo Cabral (1978), após cinco séculos de missão civilizadora portuguesa, os assimilados representavam apenas 0,3% da população total da Guiné-Bissau –, mas também como um tampão às reivindicações de igualdade e melhoria de condição social da população negra. Para além disso, era consentânea com a retórica luso-tropicalista (CASTELO, 1998) de que o colonialismo português não era racista, mesmo que qualquer sujeito branco, por menos escolarizado que fosse (e havia muitos nessa condição), nunca seria reduzido ao estatuto de "indígenas". Apesar da sua posição intermediária, nem sempre suas relações com o colonialismo português foram pacíficas, como demonstram os chamados "nativistas", africanos negros e/ou mestiços letrados que, a partir da metrópole e/ou das colônias e, especialmente, durante a I República Portuguesa (1910-1926), estiveram na origem de variadíssimas associações e periódicos orientados, em termos gerais, para os interesses dos africanos (ANDRADE, 1998).

As elites africanas negras e mestiças, como os colonos portugueses, tinham necessidade de aceder, entre outras coisas, à educação de nível superior em Portugal, pois nas colônias esse nível de ensino foi praticamente inexistente durante todo o período colonial. Sabe-se que nos finais do século XIX existiam estudantes negros no ensino superior lisboeta, a partir dos quais terá surgido, em 1911, o jornal *O Negro – Orgão dos Estudantes Negros*. Uma parte desses estudantes fundou em 1912 a primeira organização panafricana portuguesa – *Junta de Defesa dos Direitos d'África*, cuja extinção daria origem, também em Lisboa, à Liga Africana (1919) e Partido Nacional Africano (1920) –, aquela que irá receber em Lisboa o famoso sociólogo negro W. E. B. Dubois e a 3ª Conferência Internacional Pan-Africana (ANDRADE, 1998). Também o movimento cabo-verdiano *Claridade*, quer na geração que o colocou em marcha na década de 1930, quer na geração literária nativista que a precedeu e inspirou, remete para uma elite cultural, em certa medida mestiça, que em boa medida terá frequentado o ensino superior em Portugal (SEIBERT, 2012).

Em 1931, num número da revista *ABC*, surge um artigo com o seguinte título: "O triunfo da raça negra – Como vivem os pretos de Lisboa?". Aí, para além de fotografias, referências a personalidades negras da cidade de Lisboa, estimam-se em 5 mil os negros na cidade de Lisboa. M'Bokolo (2007), embora não especifique a origem étnico-racial, estima valores, entre os anos 1948-1950, afirmando que existiriam em Lisboa cerca de cinquenta estudantes africanos, perto de metade provenientes de Cabo Verde e os restantes de Angola e São Tomé e Príncipe, sendo praticamente inexistentes os estudantes da Guiné-Bissau ou Moçambique.

O surgimento da Casa dos Estudantes do Império (CEI) mostra a importância que, a partir da década de 1940, os estudantes negros, mas também colonos, começam a ganhar.[4] Criada em 1944, pelo Estado Novo em 1944, visava-se, com o CEI, congregar, mas também melhor controlar, as atividades dos jovens universitários provenientes das colónias (na maioria africanas, mas não só) e que antes se haviam auto-organizado na Casa dos Estudantes de Angola (1943), Casa dos Estudantes de Moçambique (1944) e Casa dos Estudantes de Cabo Verde (1944) (FARIA, 2009; MATA, 2015). As atividades promovidas pela CEI constituíram-se como um contexto de aprendizagem de muitas das ideias, conceitos, referências científicas, artísticas e políticas que perpassavam as diásporas africanas em outros contextos. A CEI foi local de formação de muitos dos intelectuais e futuros líderes dos movimentos de libertação africanos (Agostinho Neto, Alda do Espírito Santo, Amílcar Cabral, Joaquim Chissano, Lúcio Lara, Marcelino dos Santos Mário Pinto de Andrade, entre outros).

Até à década de 1950, o estado reproduzia uma narrativa e ações desabridamente racistas, sustentadas na ideia de natural superioridade dos portugueses e dos europeus, na originalidade da missão civilizadora portuguesa e na grandeza imperial da nação, a que Paulo (2000) chamou fase de "euforia imperial-nacionalista" ou, como refere Castelo (1998), os "anos da mística imperial".

---

[4] A cidade de Lisboa contava ainda com outras instituições de africanos, como: o Grêmio dos Africanos, Centro de Estudos Africanos (1951) e, de caráter mais operário, o Clube Marítimo (1948), onde se juntavam os trabalhadores marítimos negros das companhias Colonial e a Nacional de Navegação e que viviam, frequentemente na zona do Bairro da Graça (Andringa entrevista Mário Pinto de Andrade, 2 set. 2009). A emergência dessas instituições é indicativa da expressão que os africanos tinham na cidade de Lisboa a partir dos anos 1940.

Contudo, o arranque da luta armada em Angola e na Guiné-Bissau (ambas em 1961) e em Moçambique (1964), a conquista da independência por vários povos colonizados em todo o mundo após a II GGM, mas também as pressões de organismos internacionais sobre Portugal irão obrigar o estado português a mudar sua abordagem colonial, abolindo num primeiro momento o Acto Colonial (1951) e passando para uma retórica integracionista, em que as colónias passam a chamar-se "províncias ultramarinas", e Portugal (agora) a assumir-se como "pluricontinental e multirracial". Dez anos mais tarde, em 1961, será abolido o Estatuto do Indigenato (o que formalmente significou extinguir a hierarquia racial que havia caraterizado o império durante o Estado Novo) e, em 1964, o ensino indígena, então designado "ensino de adaptação" (ou rural), é extinto, por via da Reforma do Ensino Primário no Ultramar. Outras das transformações na política colonial desse período vão no sentido de expandir a rede escolar do ensino elementar e ensino secundário, mas também, a partir do final da década de 1960, o fim do monopólio da metrópole sobre o ensino superior.

A educação foi também um elemento em jogo nos contextos concretos da luta armada. Exemplo disso é a chamada "ação psicológica" de Spínola, em que se procurou a conquista da confiança dos guineenses através da construção de escolas e outras infraestruturas em aldeamentos controladas por tropas portuguesas. Do lado dos movimentos de libertação, um dos elementos-chave era a busca por formação militar, mas não só, no estrangeiro (União Soviética, Cuba, China, Gana, Guiné-Conacri, entre outros), assim como as iniciativas de educação popular. Aqui destaca-se, sobretudo, o Partido Africano da Independência da Guiné e Cabo Verde (PAIGC), onde as ideias de Amílcar Cabral sobre a importância da cultura na revolução – enquanto arma da teoria; reafricanização dos espíritos; formação do homem novo – vão dar destaque à educação como terreno de luta pela independência (BORGES, 2008).

Os trajetos escolares dos afrodescendentes no Portugal "pós-colonial"

Após as independências das até ali colónias portuguesas em África e queda do regime ditatorial com a revolução 25 de Abril de 1974, chega ao sistema educativo português um número crescente de jovens negros, descendentes dos ex-súbditos coloniais africanos que migraram para a ex-metrópole do império, trazendo ou cá tendo os seus filhos. Agora designados na narrativa oficial "imigrantes africanos" ou "descendentes de imigrantes africanos", vão chegando às escolas da Área Metropolitana de Lisboa (AML) a partir dos anos 1960 e 1970, mas sobretudo a partir dos anos 1990.

Gráfico 1 – Número de residentes com nacionalidade dos Países Africanos de Língua Oficial Portuguesa (PALOP), 1980-2016

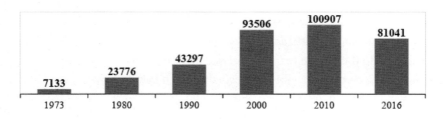

Fonte: Serviço de Estrangeiros e Fronteiras, 1980 a 2000 (MACHADO, 2009), 2010 e 2016 (cálculos próprios). INE, Censos 1981 para estimativa de 1973 (PIRES et al., 1999).

Entre esses jovens (muitos deles hoje adultos) da diáspora africana em Portugal, iremos encontrar: 1) aqueles que, tal como os estudantes universitários "ultramarinos" de que falámos anteriormente, vêm para frequentar o ensino superior, muitos por via de acordos de cooperação para o desenvolvimento (COSTA; FARIA, 2012; ALVES, 2015);[5] 2) descendentes de cabo-verdianos que chegaram a Portugal na década de 1960, ainda durante o período colonial (SAINT-MAURICE, 1997);[6] 3) jovens negros e mestiços cujas famílias chegam, entre meados da década de 1970 e início da década de 1980, no quadro da migração de "retornados", sobretudo, de Angola e Moçambique (PIRES et al., 1984), onde tinham o estatuto de "assimilados".[7]

---

[5] Se até há pouco tempo, a grande maioria dos "estudantes estrangeiros" no ensino superior português provinha exatamente dos PALOP, estes têm vindo a perder peso e, por exemplo, no ano letivo de 2012/13 já só representavam perto de 20% do total de alunos estrangeiros (OLIVEIRA et al., 2015).

[6] Estas migrações foram incentivadas pelo Estado Português, como medida de compensação, a baixo custo, da perda de mão de obra portuguesa para outros espaços europeus e para a guerra colonial (1961-1974), e de fomento na construção do Metropolitano de Lisboa e de imóveis no turismo algarvio (SAINT-MAURICE, 1997).

[7] A migração de retornados surge na sequência das independências dos territórios africanos colonizados, sobretudo, Angola e Moçambique (PIRES et al., 1984). Se a esmagadora maioria desse fluxo se referia à população de origem portuguesa e branca, havia também várias famílias e indivíduos negros e mestiços que chegam nesse contexto. Uma parte importante destes pertencia à classe média urbana colonial, estando ligados

Essas duas últimas "gerações", hoje com 40 anos ou mais, tinham relações mais estreitas com as estruturas coloniais e suas contradições; trazem marcas mais profundas e diretas da colonização, lutas de libertação e guerra colonial nas suas famílias e no seu percurso biográfico. Face às gerações que se lhes seguiram, tiveram um maior "embate" com o imaginário racista colonial e com um certo revanchismo latente. Nessa fase, Portugal, com cerca de 9 milhões de habitantes, vivia o paradoxo de já não ser um império colonial, mas ao mesmo tempo tendo-o tão dolorosamente vivo no meio milhão de ex-colonos "retornados" (PIRES *et al.*, 1984); no quase um milhão de homens que, entre 1961 e 1974, foram mobilizados para as três frentes da guerra colonial, nas famílias dos nove mil combatentes mortos e dos milhares que voltaram com lesões físicas e psicológicas (CAMPOS, 2018). Num Portugal, agora focado "em apanhar o comboio do progresso made in European Community" (CONTADOR; FERREIRA, 1997, p. 164), havia e há um grande silêncio sobre esses estilhaços do fim do império nas narrativas oficiais (MARTINS, 2018).

As duas gerações seguintes, com número consideravelmente superior ao das anteriores, dado o forte impulso da imigração africana nesse período, crescerão num quadro social, económico e político distinto.[8] Se na primeira já muitos terão nascido em Portugal, na geração seguinte, constituída por crianças e jovens negros atualmente no pré-escolar, ensino básico e secundário português, uma parte importante já nasceu em Portugal e muitos descenderão de afrodescendentes também nascidos em solo português. Essas duas gerações crescem num contexto político-legal em que a introdução do princípio *jus sanguinis* significará que muitos não terão direito à nacionalidade portuguesa, mesmo tendo nascido em Portugal. Ficando, portanto, estrangeiros no seu próprio país, o que significa obstáculos acrescidos na

---

à administração pública, ao exército, profissões liberais e comércio. Diga-se também que uma parte deles remete para pessoas de origem cabo-verdiana que faziam parte da "elite colonial", trabalhando na administração de várias das colónias portuguesas, mas sobretudo na Guiné-Bissau (BATALHA, 2004).

[8] No fim da década de 1980 e ao longo da década de 1990 houve um forte impulso da imigração africana – proveniente sobretudo de Cabo-Verde e Angola, mas também da Guiné-Bissau – decorrente, entre outras coisas, do forte investimento em programas de construção de grandes infraestruturas que a entrada na Comunidade Europeia possibilitou, com destaque para a construção da Expo'98 (MACHADO, 2009). Pesou também, do outro lado, o facto de os países de origem enfrentarem situações prolongadas de conflito armado e instabilidade económica e política.

sua vida e o reforço de um imaginário nacional que se entende como uma nação branca.

Para além das desigualdades no mercado de trabalho, essas gerações crescem também num cenário de crescente desemprego, que culminou com a crise de 2008, sendo que entre a população dos bairros foi mais acentuada, com o abrandamento progressivo da construção civil, setor onde a maioria dos homens negros trabalha.[9]

Por outro lado, essas gerações serão aquelas que irão crescer num quadro de multiplicação dos bairros de autoconstrução e nos "bairros sociais" construídos ao abrigo do Programa Especial de Realojamento (PER) promulgado em 1993. Embora o PER possa ter dado resposta a parte dos problemas das habitações nos bairros de autoconstrução, significaram um extremar da segregação territorial e um afastamento das zonas centrais/periferização, assim como a ruptura de laços comunitários formados anteriormente nos bairros de autoconstrução, considerados na narrativa dominante "bairros de barracas", mas onde, apesar das dificuldades económicas e de salubridade, constituíram-se comunidades com fortes laços identitários e de cooperação (BORGES, 2014; CACHADO, 2013). Os bairros PER e os de autoconstrução com forte presença negra têm vindo a ser mediaticamente representados como estando ligados ao crime, com insegurança, num processo flagrante de racialização do crime e da periferia (RAPOSO, 2010; ALVES, 2016).

Essa política de habitação teve fortes impactos na composição étnico-racial das escolas desses territórios, contribuindo para o surgimento de escolas profundamente marginalizadas e segregadas.[10] Muitas dessas escolas, e também outras, foram incorporadas ao programa Territórios Educativos de

---

[9] A população de nacionalidade cabo-verdiana, comparativamente com a de nacionalidade portuguesa, por exemplo, tinha em 2011 mais do dobro da taxa de desemprego (28% face a 13%) e estava quase quatro vezes mais em profissões pouco qualificadas (37% face a 13%), recebendo, em média, menos 124 euros mensais (479 euros face a 603 euros, em 2009) face aos seus pares profissionais de nacionalidade portuguesa (ROLDÃO, 2016). Nas profissões de topo, a desigualdade é ainda mais flagrante, pois os cabo-verdianos ocupavam nove vezes menos essas profissões (2,6% face a 23%) em 2011. Os poucos que desempenhavam profissões intelectuais e científicas recebiam, em média, menos 564 euros mensais que os seus pares profissionais de nacionalidade portuguesa (1290 euros face a 1.854, em 2009).

[10] A segregação étnico-racial nas escolas da AML tem ocorrido em boa medida por via da conjugação entre políticas e estratégias residenciais, mas as políticas locais e estratégias das próprias escolas e famílias brancas de classe média (*white flight*) também intervêm nesse processo, como fica patente na existência de escolas frequentadas apenas por alunos ciganos (ARAÚJO, 2016; ABRANTES et al., 2016).

Intervenção Prioritária (TEIP), que surge em 1996 (continuando até hoje), exatamente para promover o sucesso escolar nesses contextos, e embora tenha sofrido alterações ao longo do tempo, nunca interveio diretamente nos processos segregativos ou mencionou a dimensão étnico-racial e o racismo institucional como elementos a ter em conta. Por exemplo, nesses contextos de forte diversidade linguística, com um peso importante do cabo-verdiano (crioulo de Cabo Verde) e crioulo da Guiné-Bissau, a política linguística tem-se orientado por uma estratégia assimilacionista, com uma aposta em programas de reforço do português (de que é exemplo, a disciplina de Português como Língua Não Materna) e uma quase total inoperância no plano do bilinguismo e do reconhecimento de outros padrões de português (MATIAS, 2017).

Se a década de 1990 foi um período de reforço da diversidade étnico-racial na sociedade portuguesa, sobretudo na AML – o que levou ao lançamento de inúmeras políticas de "integração de imigrantes" na escola (mantendo-se algumas até hoje), como o surgimento do Secretariado Coordenador de Programas de Educação Multicultural (1991, mais tarde Secretariado Entreculturas) e o Projeto de Educação Intercultural (1993) (SEABRA et al., 2016) –, esse foi também um período de forte implementação de políticas de diversificação das vias escolares em nível nacional. As vias "vocacionais" ou profissionalizantes que, com o 25 de Abril haviam sido praticamente abolidas no sentido de contrariar processos segregativos e elitistas que existiam entre o ensino liceal e o ensino técnico, ressurgem gradualmente a partir da década de 1990, muito associadas ao combate ao insucesso e abandono escolar: Cursos Profissionais em escolas privadas (1990) e públicas (2004), Cursos Tecnológicos, Programa Integrado de Educação e Formação (1999), Percursos Curriculares Alternativos (1996), Cursos de Educação e Formação (2004), Cursos Vocacionais (2012).

Uma das vias pelas quais as escolas TEIP e outras escolas marcadas pela exclusão socioterritorial e também por forte presença de alunos afrodescendentes têm procurado dar resposta ao "insucesso escolar" dos seus alunos passa exatamente pela aposta em vias escolares profissionalizantes. Por um lado, elas têm permitido que um maior número desses jovens se mantenha na escola e conclua o ensino secundário (escolaridade obrigatória atual), por outro, dificilmente os prepara para aceder ao ensino superior.

Embora não existam estatísticas oficiais sobre desigualdades étnico-raciais e racismo institucional, a pesquisa de Seabra et al. (2016), através de um indicador aproximado (designado nesse estudo "origem étnico-nacional")[11] proveniente dos censos, mostra que a taxa real de acesso ao ensino superior (18-22 anos) dos afrodescendentes foi de 16% em 2011, metade daquela dos jovens de origem portuguesa (34%). Se restringirmos aos alunos de origem cabo-verdiana, guineense e santomense, essa taxa é cinco vezes inferior à dos restantes alunos (8% face a 34%). Para além disso, entre 2001 e 2011, essas desigualdades agudizaram-se, quer pelo retrocesso no acesso dos afrodescendentes (21% para 16%), quer pelo acréscimo, mesmo que ligeiro, entre os jovens de origem portuguesa (31% para 34%). Essa desigualdade e crescente inacesso ao ensino superior será, em parte, decorrente de obstáculos diretos no acesso a esse nível de ensino (propinas, exames nacionais e *numerus clausus*, despesas associadas à frequência desse nível de ensino, etc.). Contudo, pesam também aqui processos cumulativos do percurso escolar prévio.

Tabela 1 - Taxas reais de acesso ao ensino superior (18 a 22 anos) por origem étnico-racial, 2001 e 2011 (%)

		2001	2011
Origem étnico-racial	Portugueses	31,1	34,3
	Afrodescendentes	21,4	15,9

Fonte: Census 2001 e 2011, INE (SEABRA *et al.*, 2016)

Tabela 2 – Taxa de retenção por país de nacionalidade e nível de ensino, 2008/09 a 2013/14 (%)

1º Ciclo	2008/09	2009/10	2010/11	2011/12	2012/13	2013/14
Portugal	3,4	3,5	3,0	4,0	4,4	4,6
PALOP	12,2	11,7	11,0	13,9	14,8	15,5
2º Ciclo	2008/09	2009/10	2010/11	2011/12	2012/13	2013/14
Portugal	7,0	7,2	6,8	10,8	12,1	11,3
PALOP	21,8	20,6	19,4	26,4	30,1	28,4

---

[11] A variável aproximada ao que aqui designo "origem étnico-racial" é construída através da combinação de informação sobre o local de nascimento dos pais e dos estudantes. Considerou-se alunos afrodescendentes todos aqueles que nasceram em África e em que pelo menos um dos pais nasceu também em África; assim como aqueles que nasceram em Portugal e que ambos os pais nasceram em algum país africano.

3º Ciclo	2008/09	2009/10	2010/11	2011/12	2012/13	2013/14
Portugal	13,2	13,2	12,3	14,9	15,4	14,9
PALOP	33,2	32,8	30,6	30,8	32,0	32,0
Ensino Secundário	2008/09	2009/10	2010/11	2011/12	2012/13	2013/14
Portugal	18,8	19,0	20,1	19,2	18,3	17,8
PALOP	16,4	28,8	27,5	25,6	26,3	26,0

Fonte: DGEEC/MEC (ABRANTES; ROLDÃO, 2016)

Num dos países da Organização para a Cooperação e Desenvolvimento Econômico (OCDE) com as mais altas taxas de retenção, Portugal, as crianças e jovens com "nacionalidade"[12] (este é o indicador mais aproximado disponibilizado pelas Estatísticas da Educação) dos PALOP apresentam sempre pelo menos o dobro da taxa de retenção daqueles com nacionalidade portuguesa, quando não mesmo o triplo, como acontece logo no 1º ciclo (16% face a 5% em 2013/14) (ABRANTES, ROLDÃO, 2016).

Se a reprovação, sobretudo a precoce, marca a forma como as crianças e jovens se relacionam com a escola, está condicionada também ao modo como a escola se relaciona com esses alunos. Pesando como um "cadastro", a reprovação é mais um marcador social do estatuto depreciado desses alunos nas hierarquias escolares, contribuindo para sua marginalização progressiva quanto ao tipo de "lugares" para os quais a instituição escolar os irá direcionar (turmas, horários, currículos, escolas, etc.).

Dos alunos de nacionalidade dos PALOP que chegam ao ensino secundário, são poucos os matriculados em cursos científico-humanísticos, vias privilegiadas de preparação do acesso ao ensino superior. A esmagadora maioria encontra-se em cursos profissionalizantes, quando entre os alunos de nacionalidade portuguesa não chega à metade dos casos (80% face 43% em 2013/14). Apesar de nessas vias existirem experiências interessantes de inovação pedagógica e de relação com os territórios de vivência dos jovens, são entendidas (e geridas) muitas vezes como "vias de segunda categoria", em

---

[12] Nem todos os jovens com nacionalidade dos PALOP nasceram nesses países, como se explicou anteriormente. Assim como existem muitos jovens negros com nacionalidade portuguesa.

que a componente científica, literária e crítica tem um peso consideravelmente inferior, canalizando-se o currículo para o ensino prático e integração no mercado de trabalho.

Mais do que as vontades e consciências individuais de alunos, famílias, professores e outros, a sobrerrepresentação dos alunos negros nas vias profissionalizantes deve ser entendida na sua relação com a segregação territorial. Ao residirem em territórios periferizados e racialmente conotados, esses jovens estão praticamente condenados a frequentar escolas profundamente marginalizadas, e isso deve ser entendido não só como uma decorrência da condição de classe dessas famílias, como também como uma questão racial.

Tabela 3 - Estudantes em cursos profissionalizantes por país de nacionalidade e nível de ensino, 2008 / 2009 / 2013 / 2014 (%)

2º Ciclo	2008/09	2009/10	2010/11	2011/12	2012/13	2013/14
Portugal	0,3	0,3	0,2	0,7	0,8	1,6
PALOP	1,0	1,3	1,4	2,2	2,8	4,6
3º Ciclo	2008/09	2009/10	2010/11	2011/12	2012/13	2013/14
Portugal	11,0	10,0	9,1	9,5	7,5	7,4
PALOP	23,0	24,2	23,9	24,8	22,6	22,0
Ensino Secundário	2008/09	2009/10	2010/11	2011/12	2012/13	2013/14
Portugal	30,5	33,7	34,2	41,0	42,7	43,3
PALOP	60,9	66,7	72,1	78,7	80,8	78,3

Nota: Até o ano letivo de 2010/11, incluímos no 2º ciclo apenas os cursos de educação e formação (CEF). Para o mesmo período, incluímos no 3º ciclo e ensino secundário apenas CEF e Cursos Profissionais (CP). A partir de 2011/12, o ensino secundário e o 3º ciclo incluem também os Percursos Curriculares Alternativos (PCA) e, a partir de 2012/13, os Cursos Vocacionais (CV). No caso do ensino secundário, desde 2011/12, também incluímos Cursos Tecnológicos (CT) e Cursos de Aprendizagem (CA) e, a partir de 2013/14, CV.

Fonte: DGEEC/MEC (ABRANTES; ROLDÃO, 2016)

Os bairros periféricos remetem para o processo de "racialização" do espaço (segregação étnico-racial) e de "racialização" do imaginário coletivo sobre esses espaços (GOLDBERG, 1993; ALVES, 2013) que influenciam o "mercado escolar" (nas estratégias de admissão e apresentação das escolas, na atração/repulsão de professores mais qualificados e das famílias brancas de classe média) (BALL; MAGUIRE; MACRAE, 1998). Também interferem na forma como o Estado aí intervém, ora reforçando seus dispositivos de disciplinação, como é o caso, da violência e regime de exceção que caracterizam a forma como a polícia intervém nesses bairros e sobre os corpos negros[13] (ALVES, 2016; ALVES; BA, 2015), ora assegurando uma "Estado Providência" (do qual os direitos à igualdade e à educação fazem parte) mínimo (WACQUANT, 2008).

A intervenção do Estado nos manuais escolares de história tem ido no sentido de reproduzir, sobretudo por via de diferentes formas de "silenciamento da memória" histórica (TROUILLOT, 1995), narrativas dominantes ancoradas na colonialidade e visíveis na forma como se apresenta a história de Portugal, África e os negros. Luís Torgal (1996), da análise de manuais escolares de história, conclui que a narrativa sobre a África não mudou significativamente depois do 25 de Abril, continuando a ser apresentada como a "África descoberta e colonizada pelos portugueses", concebida como uma unidade – sem distinção e descrição das especificidades de Angola, Cabo Verde, Guiné-Bissau, Moçambique e S. Tomé e Príncipe –, numa continuidade das concessões coloniais do "mundo português", e a colonização

---

[13] Nos bairros racializados da periferia de Lisboa, os estereótipos institucionais e mediáticos que os transformam em zonas marginalizadas têm legitimado medidas extraordinárias de intervenção policial, um "cerco aos bairros", em que a vigilância e a violência policiais são bem mais acentuadas do que em outros territórios da cidade. Mesmo quando circulam fora dos bairros, os jovens negros são alvo de particular suspeição por parte das forças policiais que, numa lógica de "perfilamento racial" (*racial profiling*), associam os corpos negros à ilegalidade e os submetem, mais do que os outros, a pedidos de identificação e de revista (*stop-and-frisk*). São conhecidas as agressões policiais a cidadãos dos bairros periféricos com forte presença africana; disso são exemplo os atos praticados por agentes policiais na esquadra de Alfragide, contra habitantes do Bairro do Alto da Cova da Moura, a 5 de fevereiro de 2015. Esse caso encontra-se atualmente em julgamento. Jovens negros, como Elson Sanches (KUKU), Carlos Reis (PTB), Diogo Borges (Musso), José Carlos (Teti), Ângelo Semedo (Angoi), Manuel Pereira (Tony) e Nuno Rodrigues (Snake) morreram às mãos de polícias, sem que nenhum deles tenha tido condenação com pena de prisão. O próprio sistema prisional mostra essa vigilância e violência sobredimensionadas. Segundo os nossos próprios cálculos a partir de dados do INE e das Estatísticas da Justiça, as desigualdades nas taxas de encarceramento têm vindo a alargar-se, e em 2015 os nacionais de países africanos apresentavam taxas doze vezes superiores aos de nacionalidade portuguesa (14,2 em mil face a 1,2) em 2015. Como mostra também Gomes (2013), entre 1994 e 2011, a nacionalidade estrangeira mais representada na população reclusa foi, em cada um desses anos, a cabo-verdiana. Para compreender essa disparidade é preciso ter em conta a hipervigilância e força policial que recaem sobre os territórios e corpos dessa população.

apresentada como, apesar de tudo, tendo benefícios, desde logo a expansão da língua. Araújo e Maeso (2010), numa pesquisa mais recente sobre o eurocentrismo nos manuais escolares de história, mostram como os negros, para além de menos representados, tendem a surgir associados, tal como a África, a imagens de primitividade; o colonialismo e a escravatura, assim como os movimentos de resistência (seja contra a escravatura, sejam as lutas de libertação em África), de forma abreviada e despolitizada, ao contrário de outras questões.

Notas (in)conclusivas e pistas para descolonizar a sociologia da educação

O debate e as análises sociológicas sobre as desigualdades sociais e democratização escolar no Portugal contemporâneo mobilizam, frequentemente, no seu enquadramento histórico-estrutural, o período do Estado Novo para pensar a subescolarização da população portuguesa, a divisão social segregativa entre as vias gerais e as vias técnicas (remetendo para a marcada divisão social entre o então "ensino liceal", destinado às classes mais favorecidas, e "ensino técnico", concebido para dar resposta ao que se podia chamar operariado urbano mais estabilizado) e a inculcação da ideologia fascista por via do currículo. Uma manifesta ausência nesse *puzzle* é a colonialidade.

A dimensão colonial tem estado ausente desse debate, perdendo-se de vista uma outra forma pela qual o sistema educativo português (re)produzia as relações de poder através da escola. Que continuidades podemos, por exemplo, encontrar, entre as narrativas explícitas e implícitas sobre Portugal e o mundo, sobre os negros e a África nas narrativas escolares (manuais escolares, representações dos professores e dirigentes educativos, documentos oficiais) de então e de hoje? Que prolongamentos entre a política de assimilação linguística de então e a política linguística atual neste país da semiperiferia? Que resquícios segregativos e do *ethos* do então "ensino indígena" (da educação para e pelo trabalho, sem desenvolvimento de competências técnicas especializadas, científicas e literárias, mas antes a inculcação moralista de uma certa "disponibilidade" para trabalhar) e as atuais vias profissionalizantes?

Contudo, para responder a essas questões, é necessária uma crítica profunda à sociologia da educação portuguesa, onde as teorias das classes e estratificação sociais têm sido predominantes no entendimento das desigualdades perante a escola. Aqui pesa, como é claro, o próprio silenciamento da questão colonial na sociedade portuguesa, mas, também, a centralidade que tem sido atribuída à sociologia da educação francesa. Sem menorizar os importantes contributos dessa corrente, é necessário avaliar criticamente como a postura *color blind* que esta tem defendido nos limita no entendimento do racismo como fenômeno estrutural e institucionalizado. Será também preciso, por exemplo, rediscutir o patrimônio teórico bourdiano, designadamente, a sua crítica ao "imperialismo da razão neoliberal" da academia norte-americana (que não estende à academia francesa!) e como esta poderá ter descartado rápido demais a relevância estrutural e institucional da "dominação colonial/racial" (algo que estava mais disposto a admitir, por exemplo, para a "dominação feminina") e impossibilitado que se pensasse, por exemplo, a sua teoria da prática através dessa lente e o que poderíamos designar de "habitus coloniais". Será também necessário perceber os silêncios e fazer comunicar, como propõe Burawoy (2010), o autor da "violência simbólica" e analista (momentâneo) do colonialismo francês na Argélia, e Franz Fanon, seu contemporâneo, que pensou também a violência, física e simbólica, necessária à (des)colonização, assim como o potencial revolucionário do campesinato (e não conformista como defendia Bourdieu) em *Os condenados da terra* (FANON, [1961] 2017). Será preciso, portanto, encontrar e trilhar caminhos para descolonizar a sociologia da educação portuguesa.

Referências

ABRANTES, Pedro; ROLDÃO, Cristina. Old and New Faces of Segregation of Afro-Descendant Population in the Portuguese Education System: A Case of Institutional Racism? In: CONFERÊNCIA INTERNACIONAL DA SECÇÃO DE EDUCAÇÃO COMPARADA DA SOCIEDADE PORTUGUESA, 1., 2016. *Anais...* Lisboa: Edições Universitárias Lusófonas, 2016.

ABRANTES, Pedro et al. "A escola dos ciganos": contributos para a compreensão do insucesso e da segregação escolar a partir de um estudo de caso. *Configurações*, Braga, v. 18, p. 47-66, 2016.

ÁGOAS, Frederico. Estado, universidade e ciências sociais: a introdução da sociologia na Escola Superior Colonial (1952-1972). In: JERÓNIMO, Miguel B. (Org.). *O Império Colonial em questão (sécs. XIX-XX): poderes, saberes e instituições*. Lisboa: Edições 70, 2012. p. 324-325.

ALVES, Ana R. L.; BA, Mamadou. Da violência policial nos bairros ao racismo institucional do Estado. *Le Monde Diplomatique – Edição Portuguesa*, Lisboa, s. 2, n. 101, 2015.

ALVES, Ana R. L. (Pré)Textos e contextos: mídia, periferia e racialização. *Revista de Ciências Sociais Política & Trabalho*, João Pessoa, v. 44, p. 91-107, 2016.

ALVES, Ana R. L. *Para uma compreensão da segregação residencial: o Plano Especial de Realojamento e o (Anti)Racismo*. Lisboa: FCSH-UNL, 2013. Dissertação (Mestrado em Antropologia) – Programa de Pós-Graduação em Antropologia, Universidade Nova de Lisboa, Lisboa, 2013.

ALVES, Elisa da P. *Estudantes internacionais no ensino superior português: motivações, expectativas, acolhimento e desempenho*. Lisboa: ACM, 2015.

ANDRADE, Mário P. *Origens do nacionalismo africano*. Lisboa: Dom Quixote, 1998.

ANDRINGA, Diana. *Da "lumpen-aristocracia" à luta pela independência*. Entrevista concedida a Mário Pinto de Andrade. 2 set. 2009. Disponível em: <https://caminhosdamemoria.wordpress.com/2009/09/02/da-%C2%ABlumpen-aristocracia%C2%BB-a-luta-pela-independencia-15/>. Acesso em: 29 jan. 2019.

ARAÚJO, Marta. A Very "Prudent Integration": White Flight, School Segregation and the Depoliticization of (Anti)Racism. *Race Ethnicity and Education*, Londres, v. 19, n. 2, p. 300-323, 2016.

ARAÚJO, Marta; MAESO, Silvia. Explorando o eurocentrismo nos manuais portugueses de História. *Estudos de Sociologia*, São Paulo, v. 15, n. 28, p. 239-270, 2010.

BALL, Stephen; MAGUIRE, Meg; MACRAE, Sheila. "Race", Space and the Further Education Market Place. *Race Ethnicity and Education*, Londres, v. 1, n. 2, p. 171-189, 1998.

BATALHA, Luís. A elite portuguesa cabo-verdiana: ascensão e queda de um grupo colonial intermediário. In: CARVALHO, Clara; CABRAL, João de P. *A persistência da história: passado e contemporaneidade em África*. Lisboa: Imprensa de Ciências Sociais, 2004. p. 191-225.

BORGES, Sónia V. *Amílcar Cabral: estratégias políticas e culturais para independência da Guiné e Cabo Verde*. Lisboa: FL-UNL, 2008. Dissertação (Mestrado em Letras) – Programa de Pós-Graduação em Letras, Faculdade de Letras, Universidade Nova de Lisboa, Lisboa, 2008.

BORGES, Sónia V. *Na pó di spéra: percursos nos bairros da Estrada Militar, de Santa Filomena e da Encosta Nascente*. Lisboa: Principia, 2014.

BOXER, Charles R. (1981). *A Igreja e a expansão ibérica: 1440-1770*. Lisboa: Edições 70, 2013.

BURAWOY, Michael. *O marxismo encontra Bourdieu*. Campinas: Ed. da Unicamp, 2010.

CABRAL, Amílcar. A cultura nacional. In: *A arma da teoria: unidade e luta I*. Lisboa: Seara Nova, 1978.

CACHADO, Rita A. O Programa Especial de Realojamento: ambiente histórico, político e social. *Análise Social*, Lisboa, v. 48, n. 206, p. 134-152, 2013.

CALDEIRA, Arlindo M. *Escravos em Portugal: das origens ao século XIX*. Lisboa: Esfera dos Livros, 2017.

CAMPOS, Ângela. Discurso de Salazar: para Angola, rapidamente e em força (1961). In: CARDINA, Miguel; MARTINS, Bruno. *As voltas do passado: a guerra colonial e as lutas de libertação*. Lisboa: Tinta da China, 2018. p. 69-75.

CASTELO, Cláudia. *"O modo português de estar no mundo": o luso-tropicalismo e a ideologia colonial portuguesa (1933-1961)*. Porto: Afrontamento, 1998.

CONTADOR, António C.; FERREIRA, Emanuel L. *Ritmo e poesia: os caminhos do Rap*. Lisboa: Assírio & Alvim, 1997.

COSTA, Ana B. da; FARIA, Margarida de L. (Org.). *Formação superior e desenvolvimento: estudantes universitários africanos em Portugal*. Coimbra: Almedina, 2012.

CRUZ, Manuel B. *Para a história da sociologia académica em Portugal*. Coimbra: FDUC, 1983.

FANON, Frantz. *Os condenados da Terra*. Lisboa: Letra Livre, 2017.

FARIA, António. *Linha estreita da liberdade: a Casa dos Estudantes do Império*. Lisboa: Colibri, 2009.

FERREIRA, Eduardo de S. *O fim de uma era: o colonialismo português em África*. Lisboa: Sá da Costa, 1977.

FONSECA, Jorge. *Escravos no sul de Portugal: séculos XVI-XVII*. Lisboa: Vulgata, 2002.

GOLDBERG, David. *Racist Culture: Philosophy and the Politics of Meaning*. Cambridge: Blackwell Publishers, 1993.

GOMES, Rui. Percursos da educação colonial no Estado Novo (1950-1964). In: NÓVOA, António et al. *Para uma história da educação colonial*. Porto: Sociedade Portuguesa de Ciências da Educação; Lisboa: EDUCA, 1996. p.153-163.

GOMES, Sílvia. *Criminalidade, etnicidade e desigualdades: análise comparativa entre os grupos nacionais dos PALOP e Leste Europeu e o grupo étnico cigano*. Braga: UMinho, 2013. Tese (Doutorado em Sociologia) – Programa de Pós-Graduação em Sociologia, Universidade do Minho, Braga, 2013.

GUIMARÃES, José M. *A política "educativa" do colonialismo português em África: da I República ao Estado Novo (1910-1974)*. Porto: Profedições, 2006.

HENRIQUES, Isabel C. *A herança africana em Portugal*. Lisboa: CTT, 2009.

HENRIQUES, Isabel C. *Os africanos em Portugal: história e memória (séculos XV-XXI)*. Lisboa: Comité Português do Projeto UNESCO "A Rota do Escravo"/ Mercado de Letras, 2011.

JERÓNIMO, Miguel B. *Livros brancos, almas negras: a "missão civilizadora" do colonialismo português*. Lisboa: Imprensa de Ciências Sociais, 2010.

LAHON, Didier. As irmandades de escravos e forros. In: *Os negros em Portugal*. Lisboa: Comissão Nacional para as Comemorações dos Descobrimentos, 1999. Catálogo da Exposição.

LAHON, Didier. O escravo africano na vida económica e social portuguesa do Antigo Regime. *Africana Studia*, Porto, v. 7, p. 73-100, 2004.

MACHADO, Fernando L. Quarenta anos de imigração africana: um balanço. *Ler História: Emigração e Imigração*, Lisboa, v. 53, p. 135-165, 2009.

MARGARIDO, Alfredo. *A lusofonia e os lusófonos: novos mitos portugueses*. Lisboa: Edições Universitárias Lusófonas, 2000.

MARTINS, Bruno S. Fundação da Associação dos Deficientes das Forças Armadas (1974). In: CARDINA, Miguel; MARTINS, Bruno. *As voltas do passado: a guerra colonial e as lutas de libertação*. Lisboa: Tinta da China, 2018. p. 283-289.

MATA, Inocência. *A Casa dos Estudantes do Império e o lugar da literatura na consciencialização política*. Lisboa: UCCLA, 2015.

MATIAS, Ana R. O lugar das línguas imigrantes não europeias na sociologia das migrações internacionais. In: PADILLA, Beatriz; AZEVEDO, Joana; FRANÇA, Thais. *Migrações internacionais e políticas públicas portuguesas*. Lisboa: Mundos Sociais, 2017. p. 151-172.

M'BOKOLO, Elikia. *África negra: história e civilizações, do século XIX aos nossos dias*. Lisboa: Colibri, 2007. Tomo II.

MOUTINHO, Mário. *O indígena no pensamento colonial português*. Lisboa: Edições Universitárias Lusófonas, 2000.

NETO, Maria C. Algumas achegas para o estudo de Paulino José da Conceição (1798?-1869). *Boletim da Sociedade de Geografia de Lisboa*, Lisboa, v. 116, p. 1-12, 1998.

OLIVEIRA, Isabel T. de O. et al. Estudantes estrangeiros em Portugal: dinâmicas recentes (2005/6 a 2012/13). *Revista de Estudos Demográficos*, Lisboa, v. 54, p. 39-56, 2015.

PAULO, João C. Da "educação colonial portuguesa" ao ensino no Ultramar. In: BETHENCOURT, Francisco; CHAUDHURI, Kirti (Orgs.). *História da expansão portuguesa: último império e recentramento (1930-1998)*. Lisboa: Temas & Debates, 2000.

PIMENTEL, Maria do R. *Viagem ao fundo das consciências: a escravatura na época moderna*. Lisboa: Colibri, 1995.

PIRES, Rui P. Imigração. In: BETHENCOURT, Francisco; CHAUDHURI, Kirti (Dir.). *História da expansão portuguesa*. Lisboa: Círculo de Leitores. p. 197-211, 1999, v. 5.

PIRES, Rui P. et al. *Os retornados: um estudo sociográfico*. Lisboa: IED, 1984.

RAPOSO, Otávio. Tu és rapper, representa Arrentela, és Red Eyes Gang: sociabilidades e estilos de vida de jovens do subúrbio de Lisboa. *Sociologia, Problemas e Práticas*, Lisboa, v. 64, p. 127-147, 2010.

ROLDÃO, Cristina. Os afrodescendentes no sistema educativo português. In: ENCONTROS MENSAIS DE EXPERIÊNCIAS MIGRATÓRIAS, 2016, Lisboa. *Anais...* Lisboa: FL-UNL, 2016.

SAINT-MAURICE, Ana de. *Identidades reconstruídas: cabo-verdianos em Portugal.* Oeiras: Celta, 1997.

SEABRA, Teresa; ROLDÃO, Cristina; MATEUS, Sandra; ALBUQUERQUE, Adriana. *Caminhos escolares de jovens africanos (PALOP) que acedem ao ensino superior.* Lisboa: Observatório da Imigração/ACM, 2016.

SEIBERT, Gerhard. Cabo Verde e São Tomé e Príncipe: ensino superior e trajetórias em Portugal. In: CONGRESSO INTERNACIONAL DE COOPERAÇÃO E EDUCAÇÃO: ÁFRICA E O MUNDO, 2., 2012, Lisboa. *Anais...* Lisboa: CEA/ISCTE-IUL, 2012. p. 282-308.

TINHORÃO, José R. *Os negros em Portugal: uma presença silenciosa.* Lisboa: Caminho, 1988.

TORGAL, Luís R. Nós e os outros: Portugal e a Guiné-Bissau no ensino e na memória histórica. In: NÓVOA, António *et al. Para uma história da educação colonial.* Porto: Sociedade Portuguesa de Ciências da Educação; Lisboa: EDUCA, 1996. p. 363-378.

TROUILLOT, Michel-Rolph. *Silencing the Past: Power and the Production of History.* Boston: Beacon Press, 1995.

VIDIGAL, Luís. Entre o exótico e o colonizado: imagens do outro em manuais escolares e livros para crianças no Portugal Imperial (1890-1945). In: NÓVOA, António *et al. Para uma história da educação colonial.* Porto: Sociedade Portuguesa de Ciências da Educação; Lisboa: EDUCA, 1996. p. 379- 420.

WACQUANT, Loic. *Urban Outcasts: A Comparative Sociology of Advanced Marginality.* Cambridge: Polity Press, 2008.

Cruzamentos entre o racismo religioso e o silêncio epistêmico: a invisibilidade da cosmologia iorubá em livros didáticos de História no PNLD 2015[1]

Anderson Ribeiro Oliva

> Talvez não tenha sido suficientemente demonstrado que o colonialismo não se contenta de impor sua lei ao presente e ao futuro do país dominado. Ao colonialismo não basta encerrar o povo em suas malhas, esvaziar o cérebro colonizado de toda forma e todo conteúdo. Por uma espécie de perversão lógica, ele se orienta para o passado do povo oprimido, deforma-o, desfigura-o, aniquila-o. Essa tarefa de desvalorização da história do período anterior à colonização adquire hoje sua significação dialética (FANON, 1968, p. 75).

Intolerância ou racismos religioso e epistêmico?

Em junho de 2008, na escola estadual Faetec,[2] localizada no Bairro do Quintino (município do Rio de Janeiro), um chocante caso de violência religiosa foi registrado, recebendo reservada repercussão dos meios de comunicação. Um estudante de 13 anos realizava a montagem de uma maquete sobre o Egito antigo e conversava com alguns colegas sobre os personagens que representavam um pastor e uma mãe de santo na novela *Duas caras*,[3] exibida à época na TV Globo. Quando a atividade estava praticamente concluída, ele foi surpreendido pela ação de uma professora que chegava à sala de aula. Aos gritos de "filho do capeta" e "demônio", ela o expulsou do local e o proibiu

---

[1] Uma versão anterior e modificada deste texto, com análises de livros didáticos de anos anteriores ao recorte agora apresentado, foi encaminhada para publicação em livro intitulado *Diversidade Étnico-Racial e Ensino de História*, organizado pelos historiadores Osvaldo Mariotto Cerezer e Renilson Rosa Ribeiro, pelas Editoras da UFMT e da UNEMAT.

[2] Fundação de Apoio à Escola Técnica.

[3] A novela foi exibida entre os dias 1º de outubro de 2007 e 31 de maio de 2008.

de assistir às suas aulas. O motivo da agressão teria sido o fato de o jovem estar usando um fio de contas[4] do candomblé. A família do estudante fez uma ocorrência policial e meses depois uma sindicância foi aberta. O jovem, em consequência do constrangimento e da violência, ficou desestimulado em frequentar às aulas, acabou reprovado e pediu transferência para outra escola (SILVA, 2013, p. 140-142; CIEGLINSKI, 2011).

Em agosto de 2014, com uma repercussão maior da imprensa local, outro grave evento de racismo religioso ocorreu também em uma escola pública da zona norte da cidade do Rio de Janeiro. No dia 25 daquele mês, um estudante de 12 anos foi impedido de entrar na escola municipal Francisco Campos por estar usando uma bermuda branca e um fio de contas por baixo do uniforme. O jovem se encontrava em período de iniciação no candomblé e deveria seguir alguns ritos determinados.[5] A diretora foi avisada pela mãe do estudante sobre o fato e, mesmo assim, proibiu sua entrada na instituição. Sentindo-se humilhado, o jovem solicitou transferência da escola (MACHADO, 2014).

Por fim, na cidade de Curitiba, no dia 31 de agosto de 2015, uma adolescente candomblecista de 14 anos foi violentamente agredida no Colégio Estadual Alfredo Parodi. Na véspera, uma foto dela com a mãe e uma amiga, todas trajando vestimentas relacionadas à religião afro-brasileira, havia sido publicada em uma rede social. Na manhã do último dia de agosto, quando se encontrava na sala de aula, a jovem foi chutada por outra estudante que afirmou que não queria ficar ao lado de uma *macumbeira*. A aluna, que bateu com a cabeça em uma parede, ficou intimidada e não quis retornar à escola, assim como sua irmã de 11 anos. A Secretaria de Educação afirmou que a direção do colégio havia tomado as medidas cabíveis, que neste caso se resumiam a uma reunião com os responsáveis pelas estudantes e conversas com uma assistente social e uma psicóloga (BOECHAT, 2015).

Aos três relatos acima descritos poderiam unir-se outras dezenas, ou centenas, noticiados pela imprensa ou mapeados por investigadores e

---

[4] Os fios de conta ou guias "são colares normalmente feitos de miçangas coloridas de acordo com o orixá, Inkice ou Vodun. Cada fio de conta tem um significado, e através do fio de conta é que se pode saber o grau de iniciação de uma pessoa do candomblé, e a que nação pertence. Nunca é feito com fio de *nylon*, é sempre feito com cordonê para absorver o axé do *amassi* e do *abô* feito de folhas sagradas a que é submetido [...]" (Disponível em: https://candombles.blogspot.com/2014/07/fios-de-contas.html. Acesso em 10 fev. 2018.).

[5] Após a iniciação, os *abians* (novatos no candomblé) se tornam iaôs e passam por um período de, no mínimo, três meses de resguardo tendo que seguir algumas obrigações como não ingerir certos tipos de alimentos e usar roupas brancas (Cf. SILVA, 2013, p. 142).

agências de combate à intolerância religiosa (CAPUTO, 2015). Em relatório divulgado em janeiro de 2016, a Comissão de Combate à Intolerância Religiosa do Rio de Janeiro (CCIR) revelou que entre os anos 2012 e 2015 foram registrados "1.014 casos de ofensas, abusos e atos violentos com conotação religiosa sendo que 70% deles eram contra praticantes de religiões de matrizes africanas" (PUFF, 2016).

A Relatoria do Direito Humano à Educação da plataforma DHESCA (Direitos Humanos, Econômicos, Sociais, Culturais e Ambientais), ao realizar uma investigação sobre os casos de intolerância religiosa nas escolas e creches no país, também mapeou dezenas de casos envolvendo ações de violência e intolerância religiosa dirigidas contra membros das religiões afro-brasileiras (CARREIRA; CARNEIRO, 2010). Nesses casos, os eventos relatados não são simples reflexos dos ruídos causados pelas diferenças entre as distintas manifestações de fé ou sobre as formas intolerantes de se pensar o sagrado e a religião. O que se identifica nessas circunstâncias é a repetição sistemática de um duplo racismo: religioso e epistêmico.

Essa não é uma discussão tão recente assim. Em alguns textos publicados nos últimos anos, o filósofo wanderson flor do nascimento tem defendido, com contundente lucidez, o uso da categoria ou do conceito de "racismo religioso". Apoio-me aqui em parte de sua argumentação, que procura definir esse fenômeno a partir da

> [...] insuficiência da categoria da intolerância religiosa para compreender o que acontece no contexto de violência aos territórios e pessoas que se vinculam aos povos e comunidades tradicionais de matrizes africanas, tendo como hipótese de que tanto o caráter de resistência desses povos como a problemática do racismo são fundamentais para compreender os atuais ataques sobre os quais nos referimos (FLOR DO NASCIMENTO, 2017a, p. 52).

Já o teórico decolonial Ramon Grosfoguel (2011) explica que o racismo epistêmico é derivado dos processos do racismo sistêmico produzido pela colonialidade do poder, e se manifesta em vários espaços da produção e circulação dos conhecimentos:

> [...] o fundamentalismo eurocêntrico, derivado na teoria social, se manifesta em discussões sobre os direitos humanos e a democracia hoje em dia. As epistemologias "não ocidentais" que definem os direitos e a dignidade humana em termos diferentes aos do Ocidente são consideradas inferiores às definições hegemônicas "ocidentais" e, por isso, são

excluídas da conversação global sobre estas questões[6] (GROSFOGUEL, 2011, p. 346-347, 353, tradução do autor).

Como farei uma longa digressão a partir das próximas linhas, aproveito o cenário descrito para apresentar ao leitor as intenções com o presente ensaio. Em uma conjuntura de recrudescimento das manifestações de intolerância, violência e racismos religioso e epistêmico, é urgente analisar algumas das possibilidades de enfrentamento e desconstrução das práticas e ideias racistas e preconceituosas. Ao mesmo tempo, é urgente fortalecer iniciativas que produzam exercícios para uma compreensão afrocentrada/descolonizada/decolonial da história da humanidade e que repercutam na premissa de que devemos conviver respeitosamente com a diferença.

Sendo assim, proponho realizar um duplo movimento reflexivo. Na primeira parte do ensaio, dialogo com algumas investigações que buscaram analisar eventos de racismo e intolerância dirigidos contra os integrantes das religiões de matrizes africanas ocorridos em ambientes escolares no país. Ao mesmo tempo, situo o debate sobre as relações entre o racismo religioso e o racismo/silêncio epistêmicos a partir das perspectivas dos estudos afrocentrados e decoloniais. Na segunda e última parte do ensaio, incursiono pelas páginas de três coleções de livros didáticos de História[7] – destinados ao ensino médio e aprovados no Programa Nacional do Livro Didático de 2015 (PNLD). Minha busca nesses textos concentrou-se nas abordagens e nos discursos produzidos sobre as cosmologias africanas, a história dos iorubás (na África Ocidental) e a cosmologia dos orixás.[8]

Antes de avançarmos, preciso problematizar e justificar minha escolha em relação a esses dois últimos elementos enunciados acima. A escolha pelos iorubás e pela cosmologia dos orixás justifica-se por suas relações históricas com grande parte das religiões de matrizes africanas no Brasil. Reconheço que

---

[6] Texto no original: "[...] y su fundamentalismo eurocéntrico derivado en la teoría social se manifiestan en discusiones sobre los derechos humanos y la democracia hoy día. Las epistemologías 'no occidentale' que definen los derechos y la dignidad humana en términos diferentes a Occidente se consideran inferiores a las definiciones hegemónicas 'occidentales' y, por ende, se excluyen de la conversación global sobre estas cuestiones".

[7] Os três manuais são os seguintes: BOULOS JÚNIOR, *História: Sociedade & Cidadania*, 2013; BRAICK; MOTA, *História: das cavernas ao terceiro milênio*, 2012; COTRIM, *História Global: Brasil e Geral*, 2012.

[8] Em outro artigo procuro discutir as categorias empregadas para a classificação ou denominação das cosmologias africanas, como a dos iorubás, e a imprecisão do termo "religião" para pensá-las (cf. OLIVA, 2017).

inúmeras casas religiosas afro-brasileiras dialogam com e se filiam a outras tradições, religiões e cosmologias, que não apenas a iorubanas, como são os casos da Casa das Minas, no Maranhão (ascendência jeje-fon), os candomblés de nação de Angola (de ascendência banta) ou ainda os terreiros de Umbanda. Todas essas são religiões híbridas, sincréticas e afro-brasileiras. Também reconheço o risco de sinalizar para uma abordagem nessa direção, com o foco na África para se pensar o Brasil. Já está mapeada e discutida a imprecisão causada por exercícios desse tipo em outros momentos. Um conjunto variado de especialistas vem alertando há algum tempo para as armadilhas de buscar uma ascendência exclusivamente africana na classificação ou na identificação das casas religiosas afro-brasileiras. Não que elas não possuam relações com as cosmologias africanas. Elas são reflexos históricos das diásporas e culturas negras atlânticas. Elas possuem, portanto, profundas relações matriciais com vários povos africanos. Ao mesmo tempo, elas são experiências inéditas, recriações e criações das formas de se conectar com os antepassados, as divindades, as experiências humanas e os contextos históricos nas quais estão inseridas. wanderson flor do nascimento (2017b) nos fornece um alerta importante sobre a questão.

> É exatamente essa busca por uma raiz africana para os candomblés que incita o discurso sobre a pureza, que historicamente foi estranho às práticas dos candomblés. A dificuldade (ou impossibilidade) de encontrar a "África mítica" – em detrimento ao continente africano real – que desse origem ao complexo conjunto de sentidos experienciados nos candomblés compele a uma construção forçada de uma ideia de pureza relacionada aos candomblés. Minha suspeita é que essa necessidade da pureza é mais acadêmica que candomblecista. O que tenho visto em minha própria experiência e nas muitas casas que conheci ao longo da vida é o acolhimento de diversas perspectivas africanas nas práticas dos candomblés, um elemento que indicaria essa abordagem da xenofilia que apontei antes. É no encontro com esses discursos acadêmicos que pretendem descrever o vivenciado pelo "povo de santo", que essa busca pela pureza ingressa nos terreiros de candomblé, muitas vezes apontando para uma xenofobia, estranha aos contextos tradicionais dos povos africanos que constituíram os candomblés (FLOR DO NASCIMENTO, 2017b, p. 32).

Apesar das questões sensíveis acima apresentadas, devido à amplitude e à diversidade dessas casas de matrizes africanas no Brasil, optei por me concentrar em apenas uma dessas tradições africanas, apesar de estar consciente das imprecisões que essa escolha pode acarretar. Por fim, é claro que não esperava encontrar tratados sobre o tema nos livros didáticos analisados. O esforço, portanto, foi perceber se os autores compartilharam os olhares eurocentrados e marcados pela lógica moderna/colonial/racista sobre essas cosmovisões ou se avançaram em direção a uma crítica descolonizadora e promotora do respeito em relação às outras (não europeias) expressões religiosas ou cosmológicas.

Usarei aqui uma premissa hipotética: a de que a abordagem ou citações sobre a cosmologia iorubá nos livros didáticos possibilitaria a construção de discursos e imagens históricas positivas sobre as cosmologias africanas e, por sequência relacional, sobre as religiões de matrizes africanas formadas pelas diásporas negras no Atlântico. Parece óbvio (e estou ciente disso) que, isoladamente, essas observações e inclusões de conteúdos sejam insuficientes para modificar o quadro atual de silêncios e racismos epistêmico e religioso. Mas podem ser indícios a seguir. A presença do tema nos manuais permitiria a amplificação do assunto em atividades em sala de aula, ou ainda, permitiria o reconhecimento sobre outras estruturas de conhecimento, de saberes e de sagrados. Enfim, tudo hipotético, mas possível. Mas, como alertado, vamos às nossas digressões.

Situando os casos de racismo religioso nas escolas brasileiras

De volta aos eventos de racismo religioso ocorridos em algumas escolas brasileiras, e buscando compreender seus graves efeitos, temos dois ingredientes a destacar. O primeiro é o fato de que devemos considerar os atos de violência contra membros das religiões de matrizes africanas no Brasil como ações que transcendem a questão da diferença religiosa, do desconhecimento sobre seus princípios e dos estereótipos. Eles são atos de racismo religioso e de racismo epistêmico.

O teórico decolonial Ramón Grosfoguel (2016) nos lembra que a estrutura epistêmica do "sistema-mundo capitalista, patriarcal, ocidental, cristão, moderno e colonialista criado a partir da expansão colonial" centrou-se em uma nociva combinação de racismos, sexismos, genocídios e epistemicídios. Fundada no decorrer do "longo século XVI" (que se estenderia do século XV ao XVIII), essa estrutura direcionou os genocídios e epistemicídios contra os muçulmanos e judeus na Península Ibérica (XV e XVI), as populações indígenas nas Américas e na Oceania (XVI ao XIX), os africanos, lançados na diáspora motivada pela escravização de milhões de indivíduos até o século XIX ou tocados pelos impérios coloniais dos séculos XIX e XX, e as mulheres, na modernidade europeia (séc. XVI ao XVIII) (GROSFOGUEL, 2016, p. 31-32).

Grosfoguel defende também a perspectiva de que ocorreu nesse período uma combinação entre várias fórmulas do racismo: o religioso, o de cor e o epistêmico. Nesse caso, apenas como um exemplo que nos auxilie à reflexão, posso citar a produção de ideias e as ações violentas dirigidas contra os muçulmanos, pensadas aqui como resultado dos racismos religioso e epistêmico que se apresentaram como constituintes da lógica fundacional "do mundo moderno/colonial e de suas legítimas formas de produção do conhecimento".[9] Segundo Grosfoguel (2011):

> Os humanistas e acadêmicos europeus, desde o século XVI têm sustentado que o conhecimento islâmico é inferior ao ocidental. Depois da expulsão dos mouros, no começo do século XVI, prosseguiu a inferiorização dos "mouros" sob um discurso epistêmico islamofóbico. Influentes pensadores europeus no século XIX [...] asseguravam que o Islã seria incompatível com a ciência e a filosofia. [...] A importância dessa discussão sobre a islamofobia epistêmica é que esta última se manifesta com força nos debates e nas políticas públicas contemporâneas[10] (GROSFOGUEL, 2011, p. 346-347, 353, tradução do autor).

Algo parecido, e ainda mais violento, ocorreu em relação aos africanos e seus descendentes nas Américas. O processo de escravização e mercantilização, que provocou a morte e o deslocamento de milhões de indivíduos oriundos de centenas de sociedades africanas entre os séculos XV e XIX, fez com que o racismo religioso, vigoroso nos séculos XV e XVI, fosse complementado e substituído pelo racismo de cor. Novamente, genocídio e epistemicídio se combinavam transformando "o racismo contra o negro" em outra base da "estrutura fundamental e constitutiva da lógica do mundo moderno-colonial". Grosfoguel afirma ainda que, nas Américas, os africanos escravizados e seus descendentes "eram proibidos de pensar, rezar ou de praticar suas cosmologias, conhecimentos e visão de mundo. Estavam submetidos a um regime de racismo epistêmico que proibia a produção autônoma de conhecimento" (GROSFOGUEL, 2016, p. 39-40). Mesmo que esse racismo não tenha anulado as estratégias de resistência, as reinvenções imaginárias

---

[9] Texto no original: "Lógica fundacional y constitutiva del mundo moderno/colonial y de sus legítimas formas de producción del conocimiento".

[10] Texto no original: "Los humanistas y académicos europeos desde el siglo XVI han sostenido que el conocimiento islámico es inferior al Occidental. Después de la expulsión de los moros a comienzos del siglo XVII, prosiguió la inferiorización de los 'moros' bajo un discurso epistémico islamofóbico. Influyentes pensadores europeos en el siglo XIX [...] sostenían que el Islam era incompatible con la ciencia y la filosofia. [...] La importancia de esta discusión sobre la islamofobia epistémica es que esta última se manifiesta con fuerza en los debates y las políticas públicas contemporâneas".

e as formas de pensar e vivenciar o sagrado ou os diversos conhecimentos de africanos e afro-americanos, seus efeitos não podem ser ignorados. Os saberes tradicionais, as estruturas do pensamento e as cosmovisões de africanos, afrodescendentes, indígenas, quilombolas e das religiões de matrizes africanas, por exemplo, foram e são recorrentemente ignorados, inferiorizados e desclassificados pelos colonizadores europeus e pelas elites eurodescendentes e cristianocêntricas que ocuparam os espaços de poder e de hegemonia das representações estéticas e imagéticas nas Américas no pós-colonial.

> A inferioridade epistêmica foi um argumento crucial, utilizado para proclamar uma inferioridade social biológica, abaixo da linha da humanidade. A ideia racista preponderante no século XVI era a de "falta de inteligência" dos negros, expressa no século XX como "os negros apresentam o mais baixo coeficiente de inteligência" (GROSFOGUEL, 2016, p. 40).

O segundo agravante dessas manifestações de intolerância e de racismo – religioso e epistêmico – é o fato de que, a partir dos séculos XVI/XVII, passou a vigorar, nas fórmulas de explicação e definição do mundo pelos europeus, uma combinação lógica que manipulava visões cristãs, dicotômicas, dualistas e cartesianas. A partir do uso dessas lentes eurocêntricas, as perspectivas ou visões holísticas do mundo foram sistematicamente desclassificadas e subalternizadas. Tal evento informaria a incapacidade de compreender as *cosmologias africanas* sem o uso dos filtros ou mecanismos de comparação, inferiorização e destruição dos *outros*.

> Houve um emaranhamento entre a religião centrada na hierarquia global do cristianismo e o centralismo racial e étnico do Ocidente, expresso em um "sistema-mundo capitalista, patriarcal, eurocêntrico, cristão, moderno e colonialista", criado após 1492, capaz de identificar os praticantes de uma espiritualidade não ocidental, sendo estes racializados como abaixo da linha do humano mundo [...] (GROSFOGUEL, 2016, p. 40).

Esses dois ingredientes – os racismos religioso/epistêmico/cor e a invisibilidade/negação de outras estruturas ou formas de pensar o sagrado e o espiritual – aparecem, quase sempre, de forma combinada. Informam ainda um cenário potencialmente conflituoso e opressor se preservadas as bases de compreensão do mundo montadas a partir das lógicas ou visões modernas/coloniais/cristãs/racistas.

Aqui, no Brasil, os eventos de violência religiosa nas escolas têm chamado a atenção de vários(as) pesquisadores(as) nos últimos anos. Em 2011, Rachel Rua Bakke defendeu a tese em Antropologia Social na Universidade de São Paulo intitulada, *Na escola com os orixás: o ensino das religiões afro-brasileiras na aplicação da Lei 10.639*. Na tese, entre outros recortes, ela realizou uma consistente análise sobre os enfoques concedidos às religiões de matrizes africanas no material disponível para a formação de professores, em livros didáticos, paradidáticos e em textos de apoio. Na pesquisa identificou-se, por exemplo, que alguns livros didáticos de História abordavam as religiões afro-brasileiras apenas de forma pontual para evitar protestos e processos contra os autores e as editoras. Em alguns casos, o trabalho com o tema envolveria menos a perspectiva criativa sobre a existência de uma cosmovisão afro-brasileira ou africana e mais a transformação do candomblé em um tipo de cultura material, quase museológica. Conforme Bakke (2011):

> Quando consideramos o material disponível, constatamos que aqueles que têm maior presença em sala de aula – os didáticos – abordam de maneira mais superficial o tema da religiosidade, em comparação com aqueles que ficam na biblioteca, que são os paradidáticos. No caso em que isso não ocorreu, o material foi alvo de protestos por parte daqueles que se sentiram desrespeitados pela menção às religiões afro-brasileiras, não demonstrando, contudo, a mesma revolta em relação às menções presentes no mesmo material ao catolicismo, ao budismo, ao judaísmo e às tradições indígenas. Essa constatação não [causou] surpresa, durante o trabalho de campo; vários professores apontaram a questão da intolerância religiosa como umas das principais causas de resistência ao ensino de história da África e cultura afro-brasileira (BAKKE, 2011, p. 143).

Já na dissertação de mestrado em Serviço Social, defendida em 2014 na Pontifícia Universidade Católica do Rio de Janeiro (PUC-Rio) e intitulada, *Intolerância religiosa na escola,* a autora, Rachel de Souza Oliveira, concedeu ênfase ao uso das memórias e narrativas sobre as situações de discriminação e de resistência vivenciadas por umbandistas em espaços escolares. Seu recorte espacial foi a cidade do Rio de Janeiro e algumas de suas conclusões parecem se aliar aos dados obtidos pela tese de Rachel Bakke. À discriminação exercida contra os seguidores das religiões de matrizes africanas fora da escola associam-se as ações de racismo vivenciadas dentro das escolas. Elas seriam motivadas pela invisibilidade ou pelos silêncios reproduzidos sobre a abordagem histórica dessas religiões, ou ainda, pelo tratamento quase que exclusivo das religiões monoteístas e cristãs nas aulas de Ensino Religioso, que a Lei estadual carioca nº 3.459/2000[11] tornou obrigatório. A oportunidade

---

[11] Lei nº 3459, de 14 de Setembro de 2000. Dispõe sobre Ensino Religioso Confessional nas escolas da rede pública de ensino do estado do Rio de Janeiro. (Disponível em: <http://

de fomentar uma educação para o respeito e a convivência religiosa, quase sempre, foi negligenciada e os atos de violência, humilhação e invisibilização da identidade religiosa se tornaram frequentes. Como mostra Oliveira (2014):

> A violência faz-se presente nos discursos, na coação e na tentativa de estabelecimento de uma hegemonia religiosa, em que todas as outras religiões que não seguem o padrão judaico-cristão são desqualificadas e dignas de medo [...]. O temor implantado entre os muros escolares tem diversas faces – humilhação, zombaria, exclusão e agressão; e dá espaço para formas de resistência que lembram muito um passado recente – o conhecido mecanismo de proteção e defesa que os negros utilizavam na época da escravidão: a omissão de sua religião, o disfarce de sua própria fé para não sofrer mais perseguição (OLIVEIRA, 2014, p. 48).

Outra dissertação de mestrado que merece destaque foi defendida por Antonio Gomes da Costa Neto, em 2010, junto ao programa de Pós-Graduação em Educação da UnB, com o seguinte título, *Ensino religioso e as religiões de matrizes africanas no Distrito Federal*. A pesquisa realizou uma indispensável reflexão sobre as relações entre as políticas públicas, o racismo institucional, o racismo religioso e as ações lacunares envolvendo a implementação da Lei 10.639/03[12] em escolas no DF e na formação de professores. Entre outros argumentos, o autor defende a ideia de que a ausência nas escolas de "estudos sobre a cultura africana e dos afro-brasileiros" está relacionada à persistência dos "conceitos racistas de valoração dos conhecimentos eurocêntricos" (COSTA NETO, 2010, p. 138).

Além disso, as dificuldades dos docentes em enfrentar o preconceito religioso refletido pelas frequentes situações de discriminação e intolerância narradas em seus depoimentos associavam-se ao silêncio sobre o tema na própria formação inicial desses profissionais. A investigação revelou que os 152 professores credenciados pela Secretaria de Educação para trabalhar com o ensino religioso realizaram um rápido curso de formação. Esse curso, no entanto, não contemplou as religiões de matrizes africanas. Entre suas conclusões, o autor

---

alerjln1.alerj.rj.gov.br/contlei.nsf/e9589b9aabd9cac8032564fe0065abb4/16b2986622cc9 dff0325695f00652111?OpenDocument>. Acesso em: 22 mar. 2019.)

[12] A lei federal, publicada em 2003, resultou de uma longa pressão exercida pelos movimentos sociais negros e estabeleceu a obrigatoriedade do estudo das histórias e culturas africanas e afro-brasileiras nas escolas brasileiras, modificando a Lei de Diretrizes e Bases da Educação Nacional, Lei 9394/1996. (Disponível em: <https://www2.senado.leg.br/bdsf/bitstream/handle/id/70320/65.pdf>. Acesso em: 22 mar. 2019.)

destaca o fato de que a educação formal ofertada pelo Estado (nas escolas) continua a ser perpetuadora dos "valores culturais brancos e ocidentais em desfavor da identidade cultural negra" (COSTA NETO, 2010, p. 156-157).

Por fim, gostaria de mencionar um último trabalho. É a tese de doutorado em Educação de Stela Guedes Caputo,[13] defendida na PUC do Rio de Janeiro em 2005, e publicada em forma de livro intitulado *Educação em Terreiros: e como a escola se relaciona com crianças que praticam Candomblé* (2012). O trabalho possui dois recortes estruturantes: a forma como crianças que "praticam candomblé vivenciam o espaço do terreiro" e como essas mesmas crianças vivenciam sua religião nos espaços escolares (GUEDES, 2005). A autora acompanhou oito crianças candomblecistas ao longo dos anos 1990. Sua conclusão evidencia que o preconceito, a discriminação e a violência sofridas por esses jovens nas escolas resultaram em múltiplos exercícios de resistência ou ocultação de suas identidades religiosas.

A preocupação em esconder os sinais e símbolos ritualísticos marcados no corpo, nas vestimentas ou na sua própria condição de candomblecistas tornou-se uma experiência comum entre as crianças que participaram da pesquisa. Para a autora, a intolerância religiosa aumentou após a publicação da lei estadual que tornou obrigatório o ensino religioso. Indo além, Caputo afirma que a intolerância, o preconceito religioso e o racismo se combinam nas fórmulas de perseguição e nas violências sofridas pelos adeptos do candomblé ou das religiões de matrizes africanas nos espaços escolares (GUEDES, 2005). Em visita a uma escola frequentada por duas das crianças acompanhadas pela pesquisa, ocorrida em 1996, a autora entrevistou um grupo de professores. O relato reproduzido a seguir nos remete ao começo do nosso diálogo, com os casos noticiados pela imprensa nos últimos anos, revelando a longa duração desses eventos e sua prática disseminada.

> Em 1996, visitei a Escola Estadual Ary Tavares, em Nilópolis, na Baixada Fluminense, onde os dois irmãos estudavam. Depois de observar um conselho de classe, com um total de 14 professores (quinta a oitava série), realizei uma entrevista com o grupo e constatei por que Joyce e Jailson preferiam esconder sua religião. Vale dizer ainda que o conselho de classe foi aberto com um texto do Padre Zezinho, autor de várias músicas católicas. Eis o resultado da entrevista com o grupo: dos 14 professores, nove responderam que nunca pensaram sobre crianças no candomblé porque não acreditam que existam crianças que frequentem ou pratiquem

---
[13] Na tese, utiliza o nome Maristela Guedes.

candomblé na escola. Uma das entrevistadas afirmou: "Não temos crianças com esse problema aqui escola", a maioria é católica. Cinco professores afirmaram que acham "um absurdo" que crianças pratiquem candomblé. "As crianças não devem ser induzidas à macumba só porque os pais frequentam", respondeu uma professora. Perguntei a essa professora se os pais católicos também não "induziam" seus filhos ao catolicismo quando os batizavam, os levavam às missas, os colocavam no catecismo para a Primeira Comunhão, etc. A professora respondeu: "Mas o catolicismo não é coisa do Diabo, é a religião normal", disse ela (CAPUTO, 2012, p. 204).

Desde a aprovação da Lei nº 10.639, em 2003, podemos observar um movimento constante de aproximação dos estudos sobre as histórias e culturas africanas e as histórias e culturas negras diaspóricas em uma série de atividades desenvolvidas nas salas de aula pelo país. Pesquisas mais competentes do que a minha têm realizado importantes balanços sobre os efeitos da lei e da implementação da educação para as relações étnico-raciais, portanto não tentarei fazer isso neste curto texto (cf. XAVIER DE PAULA; GUIMARÃES, 2014). Como destacou Marina de Mello Souza, professora de História da África da Universidade de São Paulo (USP), a esfera religiosa tem sido um dos temas preferenciais eleitos "pelos professores e programas de cursos para abordar a cultura afro-brasileira" (SOUZA, 2012, p. 21). No entanto, podemos observar que as dificuldades para se trabalhar o tema são enormes. Ou melhor, muitas iniciativas intentadas para abordar as religiões de matrizes africanas nas escolas são sufocadas pelas hegemônicas perspectivas religiosa e epistêmica, que negam e subalternizam esses outros saberes, religiões, conhecimentos e histórias.

Souza (2012, p. 21) defende que a implementação da Lei 10.639 ficaria assim comprometida, "pois são justamente os temas ligados às religiosidades afro-brasileiras os que encontram maior resistência junto a professores e alunos, principalmente se a presença de evangélicos for significativa". Por fim, a historiadora também defende a perspectiva de que devemos, inicialmente, conhecer "bem as sociedades africanas, suas histórias e os processos que nos ligam" a elas e mapear os elementos "por trás da construção histórica e ideológica dos preconceitos contra o africano e o negro". Somente assim "teremos condições de analisar com consistência as manifestações afro-brasileiras e o lugar que os africanos e seus descendentes ocuparam no passado e no presente, no contexto da sociedade brasileira como um todo" (SOUZA, 2012, p. 22).

Concordo com os argumentos enunciados pela colega e aqui reproduzidos. Neste caso, perceber como alguns livros didáticos de História abordaram (ou silenciaram) a cosmologia dos orixás entre seus conteúdos permite identificar mecanismos de inferiorização/desclassificação da história africana e das culturas negras diaspóricas produzidas por parte dos discursos eurocentrados. É um exercício que nos permite compreender a valorização ou o esquecimento das cosmologias africanas e afro-brasileiras como mecanismos de negação ou de reconhecimento identitários e como fórmulas complexas e plurais de inscrição no mundo. Em parte, essas serão minhas intenções nas próximas páginas. Veremos que os silêncios epistêmicos sobre a temática são mais profundos e estruturantes do que a possível desatenção de alguns autores.

A cosmologia dos orixás nos eurocêntricos manuais escolares brasileiros

Selecionei para a análise realizada neste ensaio três coleções de livros didáticos de História destinadas ao ensino médio brasileiro,[14] publicados entre 2012 e 2013 e aprovadas no PNLD[15] de 2015. Minha hipótese foi a seguinte. Os manuais escolares aparecem como orientadores parciais das atividades

---

[14] Equivalente ao ensino secundário em Cabo Verde, Angola, Guiné-Bissau e Portugal.

[15] O PNLD foi criado em 1985 com o objetivo de adquirir e distribuir material didático para alunos matriculados em escolas públicas. Até 1997 não ocorria a análise sistemática do material comprado. Com as críticas dos movimentos sociais, professores e acadêmicos, o Ministério da Educação (MEC) reformulou o programa, que passou a estabelecer princípios éticos, de qualidade editorial e de avaliação dos conteúdos por especialistas em cada área do conhecimento. O Fundo Nacional do Desenvolvimento da Educação (FNDE), vinculado ao MEC, passou a ser responsável pelo processo. A partir de então, a cada três anos, as coleções de livros didáticos destinadas ao sistema público de ensino e aos anos obrigatórios de frequência escolar são avaliadas, compradas e distribuídas. O PNLD englobou, até meados da década de 2000, apenas o ensino fundamental (1ª a 8ª série). A partir de 2008 passou a avaliar também livros do ensino médio e nos anos seguintes, da Educação no Campo e da Educação de Jovens e Adultos. A avaliação desses segmentos ocorre em anos separados, por exemplo: o PNLD 2013 foi destinado aos anos iniciais do ensino fundamental (1º ao 5º ano); o PNLD 2014 avaliou os livros utilizados nos anos finais do ensino fundamental (6º ao 9º ano); e o PNLD 2015 foi destinado ao ensino médio (1º ao 3º ano). Por fim, lembro que, nas últimas duas décadas, ocorreram mudanças substanciais na educação pública brasileira, marcadas pela ampliação dos anos obrigatórios mínimos de frequência escolar e pelo aumento de sua oferta. Até 2007, a obrigatoriedade limitava-se a oito anos de escolaridade (da 1ª a 8ª séries do ensino fundamental) para crianças da faixa etária dos 7 aos 14 anos. Naquele ano houve a ampliação desse recorte para nove anos, do 1º ao 9º ano do ensino fundamental (6-14 anos). Em 2013, a educação básica, gratuita e obrigatória, passou a englobar crianças e adolescentes dos 4 ao 17 anos, com turmas da Educação Infantil, ensino fundamental (1º ao 9º ano) e ensino médio (1º ao 3º ano).

desenvolvidas em sala de aula, sendo assim, suas narrativas ou leituras sobre as cosmologias dos orixás podem causar dois efeitos em estudantes e docentes. O primeiro é o de potencializar – pelos silêncios, invisibilidades ou abordagens superficiais e eurocêntricas – os olhares depreciativos lançados sobre os saberes e conhecimentos africanos e sobre as culturas negras diaspóricas. O segundo seria o inverso. A partir de uma leitura afrocentrada e descolonizada, eles poderiam contribuir na construção de abordagens que reconhecessem as complexidades, especificidades e valorizassem as histórias e culturas africanas e afro-brasileiras. Podendo, inclusive, mencionar a história da inferiorização epistêmica das religiões/cosmologias africanas nas narrativas ocidentais e os casos de preconceito e violência dirigidos às religiões de matrizes africanas e aos seus seguidores. Esses são caminhos possíveis e esperados de uma educação que tenha como objetivo transformar uma sociedade estruturada no racismo e no preconceito, apontando para a necessidade de valorização das diversas formas de ser, pensar, relacionar-se e definir o sagrado.

Além disso, sabe-se que desde a elaboração das primeiras versões do Guia dos Livros Didáticos como parte do PNLD no final dos anos 1990, e, principalmente, desde a entrada em vigor da Lei nº 10.639 em 2003, autores, editores e avaliadores estão atentos aos racismos explícitos enunciados nos textos e imagens dos livros didáticos. Casos desconcertantes de leituras ou opiniões racistas passaram a figurar como critério de exclusão das obras nos últimos editais, mesmo que visões e leituras questionáveis continuem a ser identificadas (GARRIDO, 2016). Agora, o que dizer sobre a permanência dos racismos ou dos silêncios epistêmicos? Vimos na primeira parte deste ensaio que suas estruturas são vigorosas e, para muitos, invisíveis. Também defendo que as manifestações de intolerância religiosa são manifestações de racismo religioso e de racismo epistêmico associados. Vejamos, portanto, como alguns livros de História se inscrevem nesse debate.

Os três manuais eleitos[16] para análise neste ensaio foram selecionados entre as 19 coleções destinadas ao ensino médio aprovadas na avaliação realizada pelo PNLD de 2015. Isso significa dizer que eles foram utilizados nas escolas do país entre os anos 2015 e 2017, já que a escolha dos manuais ocorre a cada três anos, sendo a divulgação do Guia dos Livros Didáticos realizada

---

[16] Optamos por analisar as últimas versões publicadas dos livros, anteriores ao PNLD 2015, pelo fato de as coleções apresentarem volume único, o que não ocorreu com os livros editados para aquele PNLD. Uma consulta comparativa das versões dos livros revelou que ocorreram modificações de pequeno impacto em relação aos manuais analisados neste ensaio.

no ano anterior ao início do referente programa. Ou seja, as obras inscritas no PNLD 2015 foram avaliadas em 2014.

Os livros selecionados pertencem a editoras diferentes e correspondem às três coleções que figuram no topo da lista das mais compradas pelo FNDE. Os dados[17] referentes ao volume de livros negociados e aos recursos empregados são impressionantes. A coleção *História: Sociedade & Cidadania* teve um total de 1.385.765 exemplares adquiridos. A segunda mais comercializada foi a *História Global: Brasil e Geral*, com 997.744 livros comprados. Por fim, em terceiro lugar ficou o livro *História: das cavernas ao terceiro milênio*,[18] com 821.104 exemplares vendidos. Portanto, juntas, as três coleções venderam um total de 3.204.613 livros[19] para o governo, o que representou 42,3% dos livros adquiridos no PNLD 2015 na área de História. Os montantes financeiros também impressionam. Juntas, elas renderam às editoras um total de R$ 23.161.546,96. Lembro que, segundo o censo escolar[20] divulgado no começo de 2017, estavam matriculados nas escolas públicas de ensino médio no país cerca de 8 milhões de estudantes.

Minhas leituras concentraram-se nas abordagens concedidas a três temas relacionais e que, associados, permitem uma compreensão mais sistemática do problema abordado pelo ensaio: o tratamento concedido às cosmologias africanas; o enfoque dedicado à história dos iorubás; e, por fim, a atenção acerca da cosmologia dos orixás, na África Ocidental. Identifiquei, nesses textos, duas tendências principais. A primeira foi o silêncio ou a abordagem generalizante e simplista acerca das referências históricas explicativas sobre as cosmologias africanas. Tal não ocorreu, por exemplo, em relação ao estudo do judaísmo, cristianismo e islamismo. Somou-se ao silêncio a dificuldade em definir, conceituar e denominar o que seriam as "religiões africanas" em

---

[17] Consultar as informações, tabelas e dados no site do FNDE. Disponível em: <http://www.fnde.gov.br/programas/programas-do-livro/livro-didatico/dados-estatisticos>. Acesso em: 14 set. 2017.

[18] Esta coleção, antes publicada em volume único, aparece no PNLD 2015 dividida em três livros, destinados aos 1º, 2º e 3º anos do ensino médio, com os seguintes títulos, respectivamente: *História: das origens da humanidade à expansão marítima europeia*; *História, da conquista da América ao século XIX*; e *História: do avanço imperialista no século XIX aos dias atuais*. No entanto, as mudanças de conteúdo e informações em relação ao volume analisado aqui foram mínimas.

[19] O PNLD 2015 adquiriu um total de 7.566.415 livros didáticos de História para o ensino médio.

[20] Disponível em: <http://portal.mec.gov.br/docman/fevereiro-2017-pdf/59931-app-censo--escolar-da-educacao-basica-2016-pdf-1/file>. Acesso em: 22 mar. 2019.

contraposição às religiões ocidentais. Os autores usaram várias categorias para se referir às expressões do sagrado em África, repetindo algumas vezes as simplificações colonialistas já denunciadas sobre as narrativas produzidas sobre as experiências africanas. Por fim, a segunda perspectiva identificada foi o silêncio ou o tratamento extremamente superficial sobre a história dos iorubás e da cosmologia dos orixás na África Ocidental. Tentarei sintetizar esses aspectos em dois tópicos, apresentados a seguir.

Faces dos silêncios epistêmicos e do racismo religioso: narrativas escolares sobre as cosmologias africanas

Neste primeiro tópico veremos como a questão das cosmologias africanas foi ocultada, em um evidente marco de silêncio epistêmico. Volto a enfatizar que não esperava encontrar um tratado sobre o assunto, até porque não é este o objetivo estruturante do ensino de História para a educação básica brasileira.[21] Mas, dos três livros analisados, apenas um apresentou um curto texto com informações sobre as cosmologias africanas (intitulado "Cultos africanos") para os seus leitores (BRAICK; MOTA, 2012, p. 222). No entanto, esse mesmo silêncio não se manifestou acerca das abordagens sobre as histórias do cristianismo, do islamismo, do judaísmo e até do budismo.

---

[21] Apesar disso, as Diretrizes Curriculares Nacionais para a Educação das Relações Étnico-Raciais e para o Ensino de História e Cultura Afro-Brasileira e Africana, documento aprovado em 2004 pelo Ministério da Educação (BRASIL, 2004) como norteador para as abordagens conteudistas nas escolas brasileiras, sinalizam para a necessidade de se trabalhar com as religiosidades africanas e afro-brasileiras. E isso ocorre em vários trechos de sua redação. Separamos alguns deles para exemplificar a questão: "Reconhecer exige a valorização e respeito às pessoas negras, à sua descendência africana, sua cultura e história. Significa buscar, compreender seus valores e lutas, ser sensível ao sofrimento causado por tantas formas de desqualificação: apelidos depreciativos, brincadeiras, piadas de mau gosto sugerindo incapacidade, ridicularizando seus traços físicos, a textura de seus cabelos, fazendo pouco das *religiões de raiz africana*". O documento prossegue e afirma que a "escola, enquanto instituição social responsável por assegurar o direito da educação a todo e qualquer cidadão, deverá se posicionar politicamente, como já vimos, contra toda e qualquer forma de discriminação. A luta pela superação do racismo e da discriminação racial é, pois, tarefa de todo e qualquer educador, independentemente do seu pertencimento étnico-racial, *crença religiosa* ou posição política". Por fim, é explícita a indicação de que a História da África deverá ser "tratada em perspectiva positiva, não só de denúncia da miséria e discriminações que atingem o continente, nos tópicos pertinentes se fará articuladamente com a história dos afrodescendentes no Brasil e serão abordados temas relativos: [...] à história da ancestralidade e *religiosidade africana* [...]" (BRASIL 2013, p. 499, 502, 506).

A presença desses temas revela a atenção das coleções sobre as religiões globais ou sobre suas influências históricas em determinados contextos.

Apesar disso nenhum dos três manuais concedeu às cosmologias africanas uma abordagem equivalente ao tratamento emprestado a essas outras religiões. As informações estão quase sempre dispostas em curtas frases, sem produzir narrativas que revelem suas características e dinâmicas históricas. O mais desconcertante é que, mesmo quando outras sociedades (não africanas) foram abordadas, quase sempre, foram apresentados tópicos explicativos sobre os aspectos da vida religiosa em suas histórias e contextos temporais.

Por exemplo, no capítulo dedicado ao estudo da Mesopotâmia, no livro de Boulos Júnior (2013, p. 59), existe um tópico intitulado "religião e mitologia". Isso também ocorreu quando o tema apareceu nos livros de Cotrim (2012, p. 54), com um tópico sobre "Política e religião", e de Braick e Mota (2012, p. 57), com o título de "Religião e literatura". Já nos capítulos em que são estudados os "Hebreus, fenícios e persas", também identifiquei tópicos exclusivos sobre o assunto, intitulados "religião e cultura" dos hebreus (BOULOS JÚNIOR, 2013, p. 88) ou "Judaísmo" (COTRIM, 2012, p. 76). Em outros capítulos, como sobre a China Medieval ou a Índia, foram mapeados, igualmente, tópicos exclusivos sobre o confucionismo, o taoísmo, o hinduísmo e o budismo (COTRIM, 2012, p. 85, 89; BOULOS JÚNIOR, 2013, p. 102, 104). Uma atenção um pouco menor foi percebida nos conteúdos sobre Grécia e Roma. Mesmo assim a religião recebeu uma atenção exclusiva para cada uma dessas sociedades (BRAICK; MOTA, 2012, p. 92, 108; COTRIM, 2012, p. 108-109, 125-126).

Não foi diferente quando a "civilização árabe-muçulmana" foi apresentada, podendo-se perceber grande destaque para a formação histórica do islamismo. Não discuto a necessária abordagem dessa temática. Sem sombra de dúvida, devido às ondas de islamofobia que varrem o mundo ocidental, antes e depois do "11 de Setembro", inclusive com reflexos no Brasil, é fundamental apresentar uma discussão histórica sobre o islã que auxilie no combate às práticas de intolerância contra essa religião e contra os muçulmanos (COTRIM, 2012, p. 146-147; BOULOS JÚNIOR, 2013, p. 251-253; BRAICK; MOTA, 2012, p. 132-134). Inclusive, os autores de dois dos livros analisados mencionaram, na introdução de seus capítulos, essa preocupação. Braick e Mota (2012, p. 132) informam que "os seguidores brasileiros do Islã sofrem com o preconceito e com a discriminação, frutos de uma visão tendenciosa e equivocada dessa crença". Já Boulos Júnior (2013, p. 248) apresenta, aos seus leitores, o caso da polêmica sobre a proibição do uso do véu islâmico integral na França, entre

2010 e 2011, e pergunta se a decisão poderia ter sido motivada pela "intolerância religiosa".

Mas se a islamofobia representa uma preocupação nos dias de hoje, a ponto de justificar o estudo da formação histórica do islamismo, isso também não deveria ser aplicado nos casos de racismo religioso em relação às religiões de matrizes africanas? Acredito que sim. No entanto, a temática não entra no rol de preocupações dos autores, já que eles não concedem ao tema o mesmo destaque.

Por fim, a religião que recebeu maior destaque histórico nos manuais foi, sem sombra de dúvida, o cristianismo. Essa perspectiva foi constatada em todos os manuais analisados. A narrativa construída sobre as religiões cristãs ocupa um papel relevante nas abordagens sobre as histórias europeias e americanas (colonial e independente), aparecendo nos capítulos sobre a Roma Antiga, o medievo europeu, a história da Igreja Católica, o catolicismo ortodoxo, a Inquisição, as Reformas Protestantes, a formação dos Estados-Nação europeus, a colonização das Américas e a história colonial e pós-colonial brasileira (COTRIM, 2012, p. 126-127, 139, 168, 215-227, 269; BOULOS JÚNIOR, 2013, p. 169-171, 181-185, 217-218, 290-310, 553; BRAICK; MOTA, 2012, p. 107,141, 145-147, 154-155, 167, 174-179, 203, 259).

O assunto recebe, inclusive, capítulos próprios para se trabalhar com as "Reformas religiosas" ou a relação entre "a Igreja Católica e a cultura medieval" (COTRIM, 2012, p. 180-192; BRAICK; MOTA, 2012, p. 170-179). Volto a destacar que este é um percurso histórico seguido por todos os livros. Neste caso, a história ensinada é, em minha opinião, marcadamente cristianocêntrica. Como vimos, no entanto, esta é apenas uma parte do problema.

Para além da questão da assimetria de abordagens – nenhum dos três livros consultados concedeu às cosmologias africanas uma abordagem equivalente ao tratamento dado às outras religiões citadas acima –, as informações apresentadas estão quase sempre dispostas em curtas frases e dispersas pelos capítulos, sem produzir narrativas que revelem suas características e dinâmicas históricas. Soma-se a essas questões outro problema, de natureza conceitual e epistêmica. Refiro-me à dificuldade em definir e denominar o que seriam as cosmologias africanas – em divergência à ideia de "religiões ocidentais" – e, ao mesmo tempo, de fazer uma abordagem histórica de suas características. Tal dificuldade revelou-se inicialmente pelo uso de um número alargado de conceitos ou nomenclaturas empregadas para referenciar o que seriam as "religiões na África". Localizei 15 expressões utilizadas pelos autores com a tarefa de defini-las: "religiões", "religiões tradicionais", "religiões africanas", "religiões tradicionais africanas", "práticas religiosas", "manifestações religiosas", "ritos", "cultos", "cultos africanos", "cultos tradicionais africanos", "culto aos antepassados", "tradições religiosas", "costume", "crenças" e "crenças religiosas".

A princípio, o emprego de parte dessas nomenclaturas não deve ser definido como um erro conceitual ou como representante de situações de racismo religioso, mesmo que revele contundentes imprecisões. Os principais incômodos associados ao uso dessas nomenclaturas são a simplificação de suas características históricas e a recusa em associar as cosmologias africanas à ideia de religião, neste caso, equivalentes em importância às religiões do livro para as sociedades africanas. Esses incômodos tornam-se mais graves quando olhamos para a histórica colonial em África e para os efeitos do racismo científico e religioso naquele continente. Primeiro, pelo fato de essas categorias serem empregadas como se tivessem o mesmo sentido, gerando uma enorme simplificação e confusão por parte de seus potenciais leitores. Segundo, sendo esta uma questão mais problemática, é que a lógica narrativa que condiciona o uso de termos tão diversos resulta de expressões ou categorias produzidas a partir do período colonial em África e a partir da visão de mundo cristianocêntrica, eurocentrada, colonial e racista (OLIVA, 2017). E, por fim, e este é o aspecto mais problemático, é a tentativa aparente de retirar das cosmologias africanas o *status* de religião. E isso não se deve ao reconhecimento de suas complexas e diversas bases ou fundamentos, mas sim ao fato de que, na visão de pesquisadores colonialistas e dos autores dos livros didáticos, as cosmologias africanas não se adequam à ideia de religião empregada no Ocidente. Explico.

Se existisse uma compreensão efetiva de que as cosmologias africanas não podem ser interpretadas a partir de uma comparação simples e direta em relação às religiões monoteístas (judaísmo, cristianismo e islamismo), iniciativa que quase sempre resultou em uma classificação colonialista e racista de suas características, seria preciso uma atenção muito maior dos autores sobre suas especificidades. Não foi o que observei. Se, por um lado, a leitura dos autores revela certo esforço em destacar a diversidade africana, por outro, eles ficaram presos aos argumentos eurocêntricos, desclassificando as cosmologias africanas a partir do uso de expressões como "cultos", "crenças", "práticas" e "costumes", mesmo que depois desses termos apareça, às vezes, a palavra "religião". Ou seja, as cosmologias africanas são apresentadas nas páginas dos manuais escolares como manifestações de uma "crença" ou "princípio religioso" e não de um "sistema complexo do pensamento", como seriam as religiões do livro. Serei explícito. Todos os manuais observados, pelo menos em algum momento de suas narrativas, classificaram as cosmologias africanas como "religião". Mas, ao mesmo tempo, empregaram vários outros termos complementares e conceitos diferentes para se referir a elas. Os autores demonstraram, assim, não estar muito convencidos sobre a validade do uso do termo "religião" para se referir às cosmologias africanas. Vejamos alguns exemplos.

O manual de Patrícia Braick e Myriam Mota, *História: das cavernas ao terceiro milênio*, foi o único entre os três aqui analisados que reservou um pequeno tópico dentro de um de seus capítulos[22] ("Capítulo 16. A África dos grandes reinos e impérios") para apresentar aos estudantes os "cultos africanos". Neste, as autoras empregaram as seguintes expressões para referir-se às cosmologias africanas: "religiões", "práticas religiosas", "tradições religiosas", "cultos africanos", "religiões africanas", "ritos" e "manifestações religiosas". Em um dos trechos introdutórios ao tema, elas apresentam a seguinte explicação:

> O estudo das *religiões africanas* é dificultado pela variedade de *ritos* existentes no continente. Contudo, sabemos que o *culto* aos animais e à natureza fez parte de muitas *manifestações religiosas*. Certos povos acreditavam que os espíritos estavam nas pedras, nas montanhas, nos rios, nas árvores, nos trovões, no Sol e na Lua. [...] No Reino de Gana havia um *ritual religioso* especial para o sepultamento dos reis: nesse dia, vários servidores do rei eram sacrificados e enterrados na mesma tumba do monarca (BRAICK; MOTA, 2012, p. 222, grifos do autor).

Vejam, em poucas linhas são empregadas cinco categorias – *religiões africanas, ritos, culto, manifestações religiosas* e *ritual religioso* – para denominar ou para se referir às cosmologias africanas. Além disso, as autoras destacam os sacrifícios humanos em Gana como exemplares para as "religiões africanas". Neste caso, elas não apresentam uma informação incorreta. A existência de sacrifícios humanos em algumas sociedades africanas é relatada pela historiografia (LOPES; MACEDO, 2017, p. 257-258). Mas eles eram muito mais pontuais do que regra, não servindo como elemento exemplar para a África. Essa perspectiva ou informação, usada fora de contexto ou simplesmente lançada no texto, como fizeram as autoras, pode reforçar leituras preconceituosas sobre as sociedades africanas, reforçando estereótipos e interpretações distorcidas, inclusive sobre as religiões afro-brasileiras.

---

[22] Excetuando-se, evidentemente, o Egito antigo e sua mitologia, tratado quase sempre em perspectiva eurocentrista. No entanto, para o objetivo deste ensaio, tanto o Egito como a Núbia ficaram de fora de minha observação. Acerca do assunto, ver ensaio que publiquei recentemente (OLIVA, 2017b).

Não devo deixar de mencionar que expressões como "tradição" e "crença" também são empregadas pelas autoras na abordagem das três religiões do livro: o judaísmo, o cristianismo e o islamismo (BRAICK; MOTA, 2012, p. 73). No entanto, a ideia de maior destaque nos textos apresentados nos capítulos que abordam as origens dessas três religiões é de que elas seriam "religiões" e "doutrinas" (BRAICK; MOTA, 2012, p. 73, 132, 134, 174).

Já ao abordar os reinos sudaneses, o manual apresenta o seguinte texto: "O comércio também proporcionou o contato dos povos que viviam nessa região com o islã, que se harmonizou com algumas das *crenças* e das *práticas religiosas* locais" (BRAICK; MOTA, 2012, p. 217). Às cinco expressões anteriores somam-se mais duas. O que transparece da postura narrativa encontrada nesse manual é algum desconforto ou excessiva flexibilidade de classificação em relação às "crenças" ou "manifestações religiosas" africanas. Outro elemento observado é a evidente ênfase nos processos de conversão ao islamismo e ao cristianismo, como se suas influências na vida das populações africanas fossem de maior relevância histórica, se comparadas às estruturas cosmológicas de suas sociedades (BRAICK; MOTA, 2012, p. 217, 218, 221).

Observei exemplos similares nos outros dois manuais analisados, marcados por informações ainda mais superficiais e lacunares. Nenhum deles dedicou um tópico específico para a abordagem das "religiões africanas". No livro de Boulos Júnior (2013) identifiquei o uso das seguintes categorias para referir-se às cosmologias africanas: "religiões tradicionais africanas" e "espíritos ancestrais". Ao descrever a história dos "impérios africanos do Sahel", o autor afirma que naquela região o islamismo tornou-se uma "religião mista que mesclava princípios e práticas do islã aos das religiões tradicionais africanas" (BOULOS JÚNIOR, 2013, p. 261). Já ao enfocar a história do Reino do Congo, Boulos Júnior (2013, p. 267) informa que "o rei oferecia proteção material e espiritual, pois ele também era considerado um intermediário entre seus súditos e os espíritos ancestrais".

No manual de Cotrim (2012), *História Global*, identificamos o uso de duas expressões para referir-se às cosmologias africanas: "religiões" e "cultos tradicionais africanos". Assim como nos anteriores, neste livro, a ênfase recaiu sobre os processos de conversão das sociedades africanas ao islamismo e ao cristianismo (COTRIM, 2012, p. 158, 159). Por exemplo, ao discutir a conversão do Reino do Congo ao cristianismo, o autor informa que a adesão "ficou restrita à família do rei e às elites que o cercavam. A maioria da população permaneceu fiel aos cultos tradicionais africanos" (COTRIM, 2012, p. 160).

A questão dos conceitos: religião ou cosmologia[23]

Até este ponto, o presente ensaio destacou três aspectos considerados questionáveis acerca das abordagens sobre as cosmologias africanas pelas coleções em análise: o tratamento lacunar ou silencioso sobre suas características históricas; o uso excessivo de categorias e conceitos generalizantes ou simplificadores para descrevê-las; e, por fim, uma marcante tendência cristianocêntrica no tratamento da história.

Agora, associo a esses três ingredientes mais um, de caráter teórico e epistêmico. Ao trabalhar com as narrativas históricas sobre as cosmologias africanas, os manuais escolares deveriam, obrigatoriamente, informar que no continente africano a relação com o sagrado ou com o metafísico foi montada a partir de parâmetros diversos ao da relação com o fenômeno religioso no Ocidente. Existe uma evidente ausência de compatibilidade conceitual no uso de duas categorias fundamentais para estudar o assunto: religião e cosmologia.

O problema da compreensão acerca das "religiões africanas" teve início antes mesmo do período colonial africano, mas evidenciou-se com a montagem das estruturas colonizadoras europeias e com o emprego do racismo científico nas leituras sobre a África e as suas sociedades, a partir do século XIX.[24] Nos vários textos escritos por missionários, teólogos e antropólogos, que refletiam os resultados de seus estudos descritivos e trabalhos de campo em diferentes sociedades africanas, algumas categorias utilizadas para classificar as cosmologias ali construídas se tornaram recorrentes. São elas: "religião tradicional africana", "religiões primitivas" e "animismo".

Essas duas últimas categorias refletem explicitamente as armadilhas conceituais e as estruturas epistemológicas cristianocêntricas, eurocentristas e racistas na produção de discursos e ideias sobre os africanos. Já a primeira ("religião tradicional africana") está marcada pela imprecisa e hierarquizante dicotomia criada entre a ideia de tradição e modernidade.[25] Talvez seu uso não reflita tão diretamente os problemas de ordem epistemológica das outras duas, já que foi, parcialmente, reinterpretada nas últimas décadas. De qualquer forma, as três expressões resultavam dos olhares coloniais e eurocentrados lançados sobre os africanos e sobre suas construções cosmogônicas e cosmológicas.

---

[23] Utilizo, neste tópico, trechos adaptados de um ensaio que escrevi e publiquei recentemente sobre o assunto (OLIVA, 2017).

[24] OLIVA, 2010.

[25] Acerca deste assunto, consulto o trabalho do filósofo anglo-ganês Kwame Appiah (1997).

Segundo Valentin Mudimbe (2013), filósofo e pensador congolês, os discursos produzidos sobre os africanos dentro do contexto colonial teriam um papel decisivo no processo de subalternização e conversão religiosa de parte das sociedades em África.

> Não precisamos de muita imaginação para perceber que os discursos missionários sobre os africanos foram preponderantes; foram quer sinais quer símbolos de um modelo cultural, tendo constituído durante bastante tempo, a par dos relatos dos viajantes e das interpretações dos antropólogos, um tipo de conhecimento. No primeiro quarto deste século [XX], tornou-se evidente que o viajante se tinha tornado um colonizador e o antropólogo, o seu consultor científico, enquanto o missionário, com mais veemência do que nunca, continuava, na teoria e na prática, a interpretar o modelo da metamorfose espiritual e cultural africana (MUDIMBE, 2013, p. 67).

De acordo com Benjamin Ray, filósofo norte-americano e professor do departamento de Estudos Religiosos na Universidade da Virgínia/EUA, no decorrer do período colonial, grande parte dos estudos sobre as "religiões" africanas foi influenciada pelas teorias e visões de mundo europeias. Ao mesmo tempo em que desclassificavam as cosmovisões africanas, os pesquisadores europeus descreviam aquelas sociedades a partir de seus referenciais eurocêntricos e imperialistas, como se fossem integrantes de uma mesma cultura, "inferior e primitiva". Outra face marcante dessa perspectiva era o uso da "noção sociopolítica de raça, desenvolvida durante o século XIX, ignorando as identidades linguísticas, culturais e étnicas que as sociedades africanas tinham desenvolvido por milhares de anos" (RAY, 2000, p. 9, 11).

A visão elaborada sobre a África e os africanos, representada por uma imagem que combinava essa suposta uniformidade cultural com a defendida inferioridade de suas sociedades, revelou-se como mais uma das armadilhas e consequências diretas do racismo epistêmico. Desde então, essa representação tem sido contestada e desconstruída, já que se assentava em teorias e evidências falsas, inaceitáveis e que não se sustentavam perante a complexidade de culturas e processos históricos que se espalharam pelas terras e pelos tempos naquele continente.

Ray (2000) alertou também para o fato de que, ainda nos dias atuais, os meios de comunicação empregam, com frequência, expressões cunhadas no século XIX para referir-se às "religiões africanas". Entre os termos utilizados, ele cita duas categorias largamente empregadas pela antropologia colonial: "animismo" e "religiões primitivas". Ambas as expressões guardam um aspecto simplificador e racista sobre as cosmologias africanas, ao mesmo tempo em que atribuem uma suposta inferioridade destas perante o islamismo e o cristianismo.

> Animismo é um termo antropológico do século XIX que classificava as religiões tradicionais como aquelas que têm "a convicção em espíritos". De acordo com as teorias de Edward B. Tylor e James G. Frazer, elaboradas nesse mesmo período, as religiões evoluíam. O Animismo seguiu à denominada Idade da Magia e estava a caminho de evoluir para a posterior organização do politeísmo (convicção em vários deuses), antes de chegar à fase final do monoteísmo (convicção em um único Deus). Outros termos, pejorativos ou negativos, foram usados no Ocidente, desde o século XVI, para caracterizar as religiões africanas, como o fetichismo, idolatria, superstição, totemismo, magia e religião primitiva. Estas expressões são religiosa e culturalmente tendenciosas e depreciativas, não devendo ser mais usadas (RAY, 2000, p. 11).

De acordo com o filósofo anglo-ganês Kwame Anthony Appiah (1997, p. 156), a relutância em usar o termo "religião" para os universos africanos se justifica pelo fato de "que a religião no Ocidente contemporâneo, *grosso modo*, é tão diferente do que é na vida tradicional africana, que enunciá-la nas categorias ocidentais equivale tanto a suscitar mal-entendidos quanto promover o entendimento". Ainda de acordo com Appiah, por "religião africana" deveríamos compreender todo um conjunto de ideias e de práticas que perpassariam as atividades, hábitos mentais e comportamentos dos indivíduos e de seus grupos, em praticamente todo o cotidiano (APPIAH, 1997, p. 156). Tal perspectiva é complementada pelo argumento de Ariane Djossou, investigadora da Universidade de Abomey-Calavi, em Cotonou (República do Benin). Djossou nos lembra que para os "povos africanos [...] a dissociação das vidas religiosa e profana não é uma abordagem objetiva de investigação; porque, muitas vezes, metafísica e a religião dos povos oferecem um conjunto indissociável que engloba todas as actividades sociais, técnicas e económicas" (DJOSSOU, 2012, p. 218).

Para Benjamim Ray (2000), a inadequação que envolve o uso da ideia de religião em África, de forma parecida àquela usada no Ocidente, seria um reflexo da própria ausência de uma palavra específica para definir o que seria *religião* nas sociedades africanas. Isso "fez com que os estudiosos passassem a usar um termo para referir-se a algo que os africanos em uma colocação tradicional não reconhecem ou experimentam" (RAY, 2000, p. 12-13).

Outra crítica relevante acerca da temática foi produzida pelo filósofo camaronês Achille Mbembe (2013) ao analisar as estratégias e formas de apropriação simbólicas realizadas pelas classes populares africanas nos encontros, tensos e assimétricos, entre suas cosmologias e o cristianismo. Neste caso, os africanos ressignificaram todo o tempo as "mensagens e imagens das ofertas cristãs que lhes eram apresentadas, retrabalharam-nas de acordo com a sua própria compreensão da sua história e das suas tradições" (Mbembe, 2013, p. 26).

A partir dessas limitações na utilização do conceito de religião para pensarmos as experiências com o sagrado em África, defendo o uso de outro termo/conceito/categoria para a classificação e o entendimento de certos fenômenos e comportamentos que para os ocidentais seriam chamados de religiosos. Este termo é "cosmologia". Neste caso, as "cosmologias africanas", poderiam ser enunciadas como cosmovisões informadas por uma série de mecanismos de entendimento/explicação e controle dos universos material e imaterial que cercam e compõem a vida pessoal e em sociedade. Segundo Mbembe (2013):

> Estudos recentes dedicaram-se a demonstrar que as cosmologias tradicionais constituíam sistemas dinâmicos e instrumentos que asseguravam aos seus utilizadores explicação, predição e controle dos acontecimentos que se desenrolavam no meio ambiente ecológico e social. A situação religiosa anterior às penetrações islâmico-cristãs ter-se-ia caracterizado por uma proliferação de espíritos quase domésticos que intervinham ao nível local (*microcosm*) e que eram comuns aos conflitos da vida cotidiana (doença, sofrimento, sanções, tabus, etc.) (Mbembe, 2013, p. 65).

No caso dos manuais escolares, entendo que a apresentação de uma nova categoria histórica, a cosmologia (explicada no texto dos capítulos que abordam as sociedades africanas, ou mesmo em um glossário ao longo de suas páginas) poderia estimular o debate e a reflexão por parte de estudantes e professores. O foco principal desse debate deveria se concentrar nas características históricas e nos diferentes sentidos empregados na compreensão e na relação das pessoas com o sagrado em partes diferentes do continente africano.

Vejamos, agora, como o diagnóstico da combinação entre o racismo religioso e o racismo epistêmico se completa com o preocupante silêncio acerca da história iorubá e da cosmologia dos orixás nos livros didáticos.

Um perturbador silêncio: a história africana entre o esquecimento e as simplificações

Os silêncios narrativos sobre a história dos iorubás, entre os séculos XIV e XIX, revelaram ser a segunda grande tendência identificada nos livros didáticos em análise. E mesmo quando o assunto foi abordado – apenas um dos livros apresentou informações históricas sobre essa sociedade –, o espaço concedido foi muito limitado. A relação direta que existe entre os iorubás e milhões de afrodescendentes e as conexões marcantes que aproximam a cosmologia dos orixás às centenas de casas religiosas afro-brasileiras[26] seriam justificativas poderosas, mais do que suficientes, para que ocorresse uma abordagem diferenciada sobre esses temas em nossas escolas. Alerto, novamente, para o fato de que não existe na escolha dos iorubás a repetição dos sentidos hierárquicos ou hegemônicos na construção de culturas negras atlânticas, atribuídos em outros tempos.

Das coleções investigadas, duas não dedicaram nenhuma atenção à história dos iorubás na África Ocidental. Não existem narrativas explicativas sobre suas trajetórias históricas e sobre suas características políticas, econômicas, sociais e culturais gerais, como ocorre quando outras sociedades (não africanas) ocupam a atenção dos autores. Os motivos que explicariam tão profundo silêncio podem ser múltiplos, mas acredito que uma das barreiras que tornam invisíveis a existência histórica dessa sociedade seja a condição eurocêntrica hegemônica que domina o ensino de História no Brasil.

Não defendo com isso que o único critério para seleção dos conteúdos escolares tenha um foco exclusivo sobre a história brasileira. Estou convencido de que o patrimônio histórico e cultural da humanidade é muito maior do que a nossa experiência histórica, por mais que ela seja relevante. A crítica aqui apresentada é justamente pela constatação de que dedicamos muito tempo e espaço nos currículos escolares e universitários para o estudo exclusivo das experiências históricas europeias. E não é apenas uma questão de quantidade de capítulos em livros escolares ou de disciplinas em cursos de História. O eurocentrismo curricular envolve outros mecanismos: define como produzir e divulgar o conhecimento histórico; determina a escolha dos autores e livros que serão utilizados como referências; informa quais são os sujeitos silenciados, invisibilizados ou subalternizados na história; estabelece a ênfase e a perspectiva que será concedida, ou não, a certas temáticas. Ou seja, não é apenas uma questão sobre quais histórias ensinamos, mas quem produziu essas histórias, como ela foi escrita e para quem (QUIJANO, 2005; BARBOSA, 2008).

---

[26] Devemos incluir neste rol de religiões de matrizes africanas, sem nenhuma hierarquização entre elas, a Casa das Minas, no Maranhão (vinculada à cosmologia dos *vodun*, entre os *fon*, na África Ocidental), os candomblés de nação de Angola (com a tradição dos *nkinsi*) e os terreiros de Umbanda, entre outras.

A partir desse quadro descrito não é mais tolerável que nossos estudantes estudem a história da Grécia, da república romana, da formação do estado nacional na Alemanha e na Itália ou do Renascimento Cultural, mas não tenham nenhuma informação histórica sobre as cidades-estados iorubá, as hegemonias políticas de Gana e do Mali, a civilização swahili, os povos haússas, mbundu, ovimbundu, fula, mandinka, mende, akan e a formação do Estado nacional angolano ou nigeriano. Não estou aqui questionando a validade ou relevância sobre o estudo da história das sociedades europeias, ou pelo menos de uma parte delas. Defendo o que Chinua Achebe chamou de "equilíbrio de histórias", ao afirmar que "minha esperança para o século XXI é que este veja os primeiros frutos de um equilíbrio de histórias entre os povos do mundo [...] o de re-historização dos povos silenciados pelo trauma de qualquer forma de (des)possessão" (ACHEBE, 2001). Ou seja, defendo uma necessária mudança na forma como interpretamos e contamos a história. Lembrar aos estudantes, por exemplo, que a celebrada modernidade europeia só se tornou possível a partir de sua face oculta, marcada pelas experiências da colonização, da escravização, da exploração, dos genocídios e epistemicídios. Destacar também outras narrativas e interpretações da história seria um exercício fundamental, evidenciando, por exemplo, o papel de protagonistas, povoadores e construtores que os africanos possuem na história do Brasil. Lembremos as palavras de Alberto da Costa e Silva (2008) sobre o assunto.

> A participação da África na construção do Brasil e de seu povo começou muito cedo, desde a segunda metade do século XVI. A África está presente nos ditos, histórias e canções que repetimos ao longo da vida, nos brinquedos infantis tradicionais [...], nas festas e danças populares, na maneira como nos cumprimentamos, no jeito de estar em casa e na rua – em suma, em quase tudo. Já vimos como as religiões de origem africana se expandiram no Brasil. E como a África impregnou a nossa música. De que a presença africana em nossa cultura é profunda, talvez o melhor testemunho esteja no português que falamos, no idioma no qual expressamos o que pensamos, sentimos e somos (COSTA E SILVA, 2008, p. 156).

Como alertei algumas páginas atrás, apenas um manual, o de Braick e Mota (2012, p. 219), dedicou à história dos iorubás um tópico específico, intitulado "Os reinos iorubás", incluído no capítulo sobre a "África dos grandes reinos e impérios". Em apenas uma página, as autoras concentram informações superficiais acerca das relações entre os iorubás e os africanos escravizados desembarcados na Bahia, e acerca da importância da cidade de Ifé e do Reino do Benin para a região. Não existe, nessas passagens, nenhuma referência à cosmologia dos orixás.

> Os iorubás eram povos que compartilhavam língua e cultura semelhantes e habitavam a região sudoeste da atual Nigéria e o sudeste do atual Benin. [...] Esses povos criaram importantes microestados e reinos, caso da cidade-Estado de Ifé e do Reino do Benin. A maioria dos escravos trazidos para a Bahia era de ascendência iorubá (também conhecidos como nagôs). Eles deixaram forte marca na cultura afro-brasileira. [...] A posição privilegiada de Ifé, entre a floresta, a savana e o litoral, tornou a região um movimentado entreposto comercial. Ifé também era um importante centro religioso que recebia tributos de outros minestados iorubás (BRAICK; MATOS, 2012, p. 219).

Apesar de as notícias acerca da relevância histórica e religiosa da cidade de Ifé para os iorubás estarem corretas (OLIVA, 2005), existe uma imprecisão em relação aos contingentes de africanos escravizados que desembarcaram na Bahia, já que a ascendência iorubá tornou-se incontestável apenas na passagem do século XVIII para o XIX (ELTIS, 2006, p. 279).

Na sequência do texto, as autoras dedicaram um único e pequeno parágrafo para situar o leitor sobre as especificidades e a história da cosmologia dos iorubás, ainda dentro do mesmo capítulo, mas em um outro tópico, intitulado "Cultos africanos", já mencionado na segunda parte deste artigo.

> Os iorubás veneravam divindades conhecidas como *orixás*, que eram associados a elementos da natureza, como água, terra, arco-íris, trovão. Era atribuído aos orixás um poder divino muito grande perante o deus criador, Oludamaré ou Oludamarê. O culto aos orixás foi introduzido no Brasil durante o período colonial pelos africanos escravizados (BRAICK; MATOS, 2012, p. 222).

Novamente, existem imprecisões nas informações apresentadas. Os orixás não possuem, em relação aos iorubás, apenas uma relação associativa com as forças da natureza (por mais que ela, de fato, ocorra). Existe nessa afirmação uma profunda simplificação da construção cosmogônica dessas divindades. Para a investigadora Ariane Djossou (2012), a questão da ancestralidade seria, por exemplo, de maior relevância na compreensão e nos sentidos emprestados aos orixás pelos iorubás, do que a associação com os fenômenos naturais.

> Odoudoua, Obatala, Shango, etc. são simultaneamente divindades e ancestrais para os povos Yoruba. [...] Os diversos cultos que os Yoruba

elaboram apresentam bastante bem as ligações que mantêm com os deuses e os ancestrais. Esta concepção do mundo imaterial é uma espécie de transposição das coisas perceptíveis num domínio ideal que não é reduzido a uma simples imaginação. O mundo imaterial é o que contém a essência pura dos seres e das coisas, mas é também o lugar onde se encontram as melhores almas dos ancestrais (DJOSSOU, 2012, p. 220).

Ligados às noções de família ou de região, os orixás, em sua grande maioria, acabaram por assumir aspectos regionalizados. Como cada cidade encontrava, através da mitologia, sua filiação ancestral a um dos filhos ou sucessores de Odudua – orixá criador da Terra –, existiria uma forte tendência para que seus heróis fundadores, oriundos ou não da mitologia, fossem divinizados. Chefes guerreiros ou seus primeiros reis deixavam a existência humana para se tornarem potências divinas que deveriam regular, proteger e reger a vida daqueles povos. Por fim, o filósofo wanderson flor do nascimento (2016) realiza uma esclarecedora definição sobre os orixás, pensados como "seres multifacetados, cheios de particularidades bastante complexas" e que apontam "para possibilidades diversas de pensamento".

> O que os orixás nos dão a pensar permite adentrar as intrincadas teias das relações humanas e encontrar modos de entender as maneiras pelas quais os povos iorubás, no continente africano e na diáspora, organizam suas vidas, seus modos de conhecer, de organizar as interações sociais, suas crenças e suas outras práticas cotidianas (FLOR DO NASCIMENTO, 2016, p. 29).

Por fim, no capítulo intitulado "Religião e sociedade na América portuguesa", Braick e Matos (2012, p. 275) apresentam aos estudantes e professores um dos fenômenos religiosos resultados da violenta condição colonial nas Américas, envolvendo escravizados africanos e europeus cristãos, e que é definido como sincretismo religioso.[27] As autoras introduzem o tema com a reprodução de um trecho do texto escrito pela historiadora Daniela Calainho chamado "Beleza, mistério e candomblé". Apesar disso, as informações acerca da "religião dos iorubás" são extremamente limitadas. No tópico que abre o capítulo, "Sincretismo religioso", ocorre uma breve apresentação do nome de um dos orixás cultuados na África e nas Américas, e de alguns aspectos do

---

[27] Para um balanço crítico sobre o sincretismo religioso afro-brasileiro, ver artigo em: FLOR DO NASCIMENTO (2017b).

processo relacional entre a cosmologia dos orixás, as religiões afro-brasileiras e o catolicismo. Apesar de ser uma abordagem diferenciada em relação aos outros dois livros analisados, as autoras sintetizam demais os referentes históricos relacionados à cosmologia dos orixás, concedendo ênfase ao debate sobre o sincretismo e algumas de suas faces históricas.

> A tradicional lavagem das escadarias da Igreja do Senhor do Bonfim teria surgido de um culto em homenagem a Oxalá, orixá iorubá responsável pela criação dos seres humanos. Os escravos de origem iorubá que vieram para o Brasil trouxeram consigo sua língua, seus costumes e a fé em Oxalá. [...] Como forma de resistência à opressão e para preservarem viva suas tradições, esses escravos incorporaram e adaptaram elementos do catolicismo à tradicional religiosidade africana. A essa mistura de tradições diferentes, por vezes até opostas, dá-se o nome de sincretismo religioso [...]. Hoje, alguns líderes de religiões afro-brasileiras, principalmente o candomblé, condenam o sincretismo (BRAICK; MOTA, 2012, p. 276).

Já nos livros de Boulos Júnior (2013) e Cotrim (2012), nos capítulos que enfocaram com exclusividade as histórias das sociedades africanas entre os séculos X e XVII, os autores não dedicaram nenhum tópico específico para os iorubás e a cosmologia dos orixás. Um conjunto muito limitado de informações sobre o tema será trabalhado, em cada um dos livros, em alguns capítulos posteriores, quando a temática enfocada será a presença africana no Brasil. A ênfase, portanto, observada nas duas coleções, foi a do silêncio ou desprestígio na abordagem desse assunto.

Boulos Júnior (2013) faz referências à cosmologia dos orixás apenas em três pequenas passagens nos capítulos que abordam os africanos no Brasil e o período regencial brasileiro. A primeira menção ocorre na legenda de uma imagem utilizada para ilustrar a festa à Iemanjá na Bahia: "Manifestação da cultura iorubá. Festa de Iemanjá, Bahia" (BOULOS JÚNIOR, 2013, p. 383). A segunda foi localizada quando o autor apresenta aos leitores parte das estratégias de resistência dos africanos escravizados durante os períodos colonial e imperial, como a criação de "irmandades religiosas", local em que praticavam "religiões de matriz afro" e cultuavam "orixás e santos católicos" (p. 384). Por fim, Boulos Júnior (2013, p. 518), faz uma última referência aos orixás no capítulo sobre o período regencial ao noticiar a Revolta dos Malês, protagonizada por africanos islamizados de origem haússa, na cidade de Salvador, em 1835. O autor afirma que os africanos escravizados "eram as maiores vítimas" do sistema de opressão colonial escravista e que resistiam "a isso organizando comunidades de terreiros para cultuar os orixás, os voduns ou os espíritos ancestrais". A informação é acompanhada de um pequeno glossário com as definições sobre o que seriam os orixás e os voduns: "Orixás – Nome dados às divindades do panteão iorubá ou nagô. Voduns – Nome dado às divindades nos cultos jejes; equivalente a inquice, na cultura angola, e orixá, no queto" (Boulos Júnior, 2013, p. 518).

O caso mais grave de silêncio epistêmico sobre o tema foi identificado no manual escrito por Cotrim (2012). A história dos iorubás e da cosmologia dos orixás é quase que completamente ignorada. Localizei apenas uma única e breve referência ao assunto no capítulo intitulado "Escravidão e resistência", em um *box* com comentários sobre as "culturas africanas". O autor não faz uma referência direta ao assunto, mas utiliza um pequeno trecho de um texto do etnólogo francês Pierre Verger (reconhecido pesquisador da temática), no qual é mencionada uma única vez a figura dos orixás (Cotrim, 2012, p. 292).

As conexões entre o racismo religioso e o racismo/silêncio epistêmicos

Por que a abordagem sobre a história dos iorubás não é trabalhada de forma sistemática ou é simplesmente ignorada pelos autores investigados? É incontestável a relevância dessa e de outras sociedades africanas para a compreensão de uma parte significativa da história e do patrimônio histórico, cultural e religioso do país. Mesmo que várias casas religiosas de matrizes africanas reflitam a influência de outras cosmologias africanas, como a dos inquices ou a dos vodun, é também inquestionável a importância da cosmologia dos orixás para centenas de terreiros de candomblé ou para o que podemos identificar como religiões afro-brasileiras. Por que, então, elas também não recebem abordagens específicas nos manuais?

Entre outras respostas possíveis, como a dimensão excessiva de conteúdos apresentada nessas coleções, estou convencido de que o silêncio epistêmico, revelado pelo presente ensaio e outros estudos, seja reflexo de um outro fenômeno, o racismo epistêmico. Devo ir além, a esse fenômeno associa-se outro, o racismo religioso. A antropóloga brasileira Raquel Bakke (2011) identificou esse fenômeno em sua investigação de doutorado, como já citei na primeira parte do ensaio. Em seu trabalho ela mencionou os casos de algumas coleções de livros didáticos que sofreram protestos e críticas por parte de políticos, famílias de estudantes, professores e diretores de escolas, justamente por trabalharem com as religiões afro-brasileiras.

Coleções que apresentam abordagens das religiosidades afro-brasileiras de forma mais intensa são frequentemente alvos de protesto. Isso ocorreu com uma coleção [...], intitulada Pensar e Construir – História, que foi alvo de ataques promovidos por um vereador da cidade de cidade de Pato Branco, no Paraná, que usando a sessão da Câmara denunciou o ensino de uma "história macabra" na escola, e que professores e escolas não deveriam adotar tal livro. [...] O livro *História para todos 2ª série do ensino fundamental* também foi alvo de discórdia em Belfort Roxo, Baixada Fluminense, onde uma coordenadora pedagógica evangélica protestou "junto à editora alegando que o livro fazia apologia das religiões afro-brasileiras e que não seria adotado em sua escola, onde a maioria dos alunos e professores, segundo ela, era evangélica" [...]. Algumas pesquisas realizadas por estudiosos do tema da intolerância religiosa entre neopentecostais e povo de santo têm mostrado um acirramento da disputa que muitas vezes acaba ocorrendo em espaços públicos como a escola. Vagner Gonçalves da Silva, em seu texto "Prefácio ou Notícias de uma guerra nada particular: os ataques neopentecostais às religiões afro-brasileiras e aos símbolos da herança africana no Brasil" [...], relata casos como o de uma diretora de uma escola do bairro Stella Maris, em Salvador, que pressionada por pais evangélicos de alunos dessa escola teve que apagar a figura do orixá *Ogum* que ficava num painel artístico situado no edifício da escola (BAKKE, 2011, p. 141).

As editoras e os autores dos livros aqui analisados, talvez, estivessem adotando uma estratégia para evitar prejuízos com essas manifestações de racismo. No entanto, se esse foi um dos motivos que poderia explicar o silêncio epistêmico observado, eles não apenas se tornaram coniventes com uma postura racista, como acabaram por reproduzir o racismo religioso ao excluir a temática de suas coleções. Ou seja, o racismo religioso apareceria associado ao racismo epistêmico, entendido aqui a partir das reflexões do teórico decolonial Ramón Grosfoguel (2011):

> O racismo epistêmico refere-se a uma hierarquia de dominação colonial onde o conhecimento produzido por sujeitos ocidentais (imperialistas e oprimidos) de dentro da zona do ser é considerado a priori como superior ao conhecimento produzido por sujeitos coloniais não-ocidentais da zona do não-ser.[28] A pretensão é que o conhecimento produzido

---

[28] Categoria elaborada por Frantz Fanon (2008, p. 26) em sua célebre obra *Pele negra, máscaras brancas*, na qual o pensador martiniquense defendia que "há uma zona de não-ser, uma região extraordinariamente estéril e árida, uma rampa essencialmente despojada,

pelos sujeitos pertencentes à zona do ser, do ponto de vista da direita do "Eu" imperial ou do ponto de vista esquerdista do "Outro" ocidental oprimido na zona do ser, seja automaticamente considerado universal e válido para todos os contextos e situações do mundo[29] (GROSFOGUEL, 2011, p. 102, tradução do autor).

Outra definição que poderíamos utilizar no esforço de compreender os motivos do silenciamento identificado nos manuais escolares foi formulada pela filósofa brasileira Sueli Carneiro (2005), a partir de seus aportes teóricos das epistemologias do Sul, é e denominado de *epistemicídio*. Carneiro informa que, sendo

> [...] um processo persistente de produção da inferioridade intelectual ou da negação da possibilidade de realizar as capacidades intelectuais, o epistemicídio nas suas vinculações com as racialidades realiza, sobre seres humanos instituídos como diferentes e inferiores, uma tecnologia que integra o dispositivo de racialidade/biopoder, e que tem por característica específica compartilhar características tanto do dispositivo quanto do biopoder, o saber, disciplinar/normalizar e matar ou anular. É um elo de ligação que não mais se destina ao corpo individual e coletivo, mas ao controle de mentes e corações (CARNEIRO, 2005, p. 97).

Como último exercício reflexivo sobre a questão dos silêncios epistêmicos nos três livros aqui analisados, realizei uma breve sondagem acerca da autoria das obras citadas nas bibliografias e indicadas como referências de leitura sobre a história africana – para o recorte aqui eleito. Constatei que existe uma concentração, quase que absoluta, de autores europeus e brasileiros, especialistas na história da África e que poderíamos chamar de africanistas.

No manual *História: das cavernas ao terceiro milênio*, aparecem na bibliografia ou mencionados ao longo dos capítulos citados, os seguintes

---

onde um autêntico ressurgimento pode acontecer. A maioria dos negros não desfruta do benefício de realizar esta descida aos verdadeiros Infernos".

[29] Texto no original: "El racismo epistémico se refiere a una jerarquía de dominación colonial donde los conocimientos producidos por los sujetos occidentales (imperiales y oprimidos) dentro de la zona del ser es considerada a priori como superior a los conocimientos producidos por los sujetos coloniales no-occidentales en la zona del no-ser. La pretensión es que el conocimiento producido por los sujetos pertenecientes a la zona del ser desde el punto de vista derechista del 'Yo' imperial o desde el punto de vista izquierdista del 'Outro' oprimido occidental dentro de la zona del ser, es automáticamente considerado universalmente válido para todos los contextos y situaciones en el mundo".

autores: Alberto da Costa e Silva, Basil Davidson, Leila Leite Hernandez, Graziella Beting, Marina de Mello e Souza, Mary Del Priore e Renato Pinto Venâncio, Rodrigo Aguiar, Paul Lovejoy, Pierre Verger, Joseph Ki-Zerbo e Gamal Mokhtar (BRAICK; MOTA, 2012, p. 215-224, 629-631).

No livro de Boulos Júnior (2013, p. 259-273, 862), são listadas ao longo dos capítulos e nas sugestões de leitura complementar as obras de: Eduardo D'Amorim, Leila Leite Hernandez, Nei Lopes, Paulo Fernando de Moraes, Marina de Mello e Souza, Adam Hochschild e Will Eisner.

Por fim, na bibliografia e no capítulo sobre as sociedades africanas do livro de Gilberto Cotrim (2012, p. 154-160, 717-720), são referenciados os seguintes autores: Alberto da Costa e Silva, Leila Leite Hernandez, Marina de Mello e Souza, Jaime Rodrigues, Joseph Ki-Zerbo, Roberto Benjamin, Pierre Verger.

Dos 19 autores citados, apenas dois são africanos – Joseph Ki-Zerbo e Gamal Mokthar. Mesmo encontrando nas listagens pesquisadores de referência na área, como Basil Davidson, Alberto da Costa e Silva, Marina de Mello e Souza, Paulo Fernando de Moraes, Paul Lovejoy, Leila Hernandez, Pierre Verger, entre outros, a pequena quantidade de historiadores africanos citados sinaliza para um afastamento direto em relação à produção historiográfica não eurocêntrica. A escolha ou a recusa em citar um número maior de autores africanos revela uma posição epistemológica e historiográfica dos autores dos manuais. Há uma contundente preferência por autores europeus e brasileiros para referenciar o passado africano. Complementa o quadro de silêncio epistêmico o fato de que entre os autores citados, apenas um, Pierre Verger (1997), é um especialista na Cosmologia dos Orixás. Lembrado por dois dos três manuais, o etnólogo e fotógrafo francês é, no entanto, pouco explorado ao longo dos capítulos.

> Os sociólogos Ângela Figueiredo e Ramón Grosfoguel nos dão uma importante pista para tentarmos entender os motivos que levaram ao silenciamento dos autores africanos ou das epistemologias africanas nessas obras. Em um instigante artigo, no qual abordam um outro contexto, eles defendem que, entre os ingredientes que explicariam a subrrepresentação alarmante de intelectuais negros nas universidades brasileiras, deve ser considerada a existência do racismo (estruturante e epistêmico) no espaço universitário. Figueiredo e Grosfoguel (2009, p. 229) afirmam que a localização epistêmica eurocêntrica, ou a geopolítica do conhecimento eurocentrada, ainda é vigorosa nos meios acadêmicos ocidentais e brasileiros. Essa constatação explicaria o fato de "que, consciente ou inconscientemente, raramente os autores negros

estão nas bibliografias dos cursos ministrados nas universidades", o que poderíamos denominar, em alguns casos, de racismo epistêmico ou, em outros, de silêncios epistêmicos. Acredito que algo parecido ocorreu nas coleções de didáticos analisados em relação aos autores africanos. Os silêncios epistêmicos sobre os estudos africanos e afrocêntricos são estruturantes nas narrativas analisadas.

A produção do conhecimento nas universidades brasileiras, como em todas as universidades ocidentais, privilegia a epistemologia eurocêntrica da egopolítica do conhecimento. Essa epistemologia contribui para encobrir as *hierarquias* de poder raciais hegemônicas nos espaços universitários. A epistemologia branca da egopolítica do conhecimento, ao ser normalizada como a epistemologia do senso comum nos espaços universitários, está inscrita como neutra, universalista e objetiva. A perspectiva particular do homem branco se ergue como a norma universal de produção de conhecimentos, por meio da qual se medem e avaliam todas as outras formas de produzir conhecimentos. O homem branco pensa desde uma geopolítica e corpo-política do conhecimento particular, como homem, branco e privilegiado; porém, em nome de um suposto universalismo, encobre sua localização, recorrendo ao mito que lhe permite pensar fora do corpo e fora do tempo e do espaço. Por isso mesmo, qualquer demanda de acadêmicos negros que reivindique sua própria geopolítica e corpo-política do conhecimento é imediatamente rechaçada pela grande maioria dos universitários brancos como uma perspectiva particular e parcial, quando não a denominam de essencialista (FIGUEIREDO; GROSFOGUEL, 2009, p. 226).

Últimas palavras

As incursões pelas páginas de alguns manuais escolares (uma amostragem pequena diante do denso conjunto de coleções produzidas para o ensino de História no país) me permitem tecer algumas considerações a partir das preocupações e reflexões levantadas na primeira parte do ensaio.

Produto de uma série de motivadores, como a ação dos movimentos negros nas últimas décadas, da ampliação dos estudos africanos e afro-brasileiros nas universidades brasileiras – inclusive com o aumento do número de pesquisadores negros – e das respostas à Lei 10.639/2003, nota-se uma maior presença das temáticas africanas e afro-brasileiras nas coleções de livros didáticos de História produzidos no Brasil a partir de 2005 (OLIVA, 2009; GARRIDO, 2016).

No entanto, quando direcionei meu foco para a importância de encontrar na aprendizagem histórica ingredientes que permitam o enfrentamento de situações de violência, preconceito ou racismo religioso, esses positivos efeitos se esvaem. A forma silenciosa com a qual os manuais analisados abordaram as cosmologias africanas muito pouco ou nada contribui para a construção de perspectivas antirracistas e descolonizadoras do pensamento.

De fato, encontrei incorreções, generalizações e imprecisões nos conteúdos analisados, isso quando o assunto foi abordado. No entanto, o que mais me chamou a atenção foi o silêncio, o tratamento lacunar, fendido e simplista dessas cosmologias. Para outras religiões – o cristianismo, principalmente, o islamismo, o judaísmo e, até mesmo, o budismo – muitas coleções reservaram um tratamento específico e detalhado nas narrativas históricas enunciadas. Já às cosmologias africanas restou o esquecimento total ou parcial. Mesmo as religiões de matrizes africanas, ingredientes essenciais na formação da identidade de milhões de indivíduos e de indiscutível importância para o patrimônio histórico e religioso brasileiro, recebem atenção diminuta, periférica, subalterna.

Não se enfrenta o racismo religioso com o silêncio epistêmico. Mais do que isso, o silêncio epistêmico parece ser fruto da força hegemônica e conservadora ainda presente nas estruturas epistêmicas do conhecimento histórico, inclusive daquele ensinado e aprendido nas escolas. O eurocentrismo, a monoepistemologia e a perspectiva vigorosa em subalternizar outras histórias possíveis de serem construídas e contadas parecem responder por esses silêncios. Silêncios e esquecimentos intencionais, que refletem outra estrutura de dominação, o racismo epistêmico.

Talvez a inversão do polo orientador de nossas perspectivas históricas para produzirmos narrativas afrocentradas, descolonizadas, decoloniais permitiria uma mudança do panorama encontrado. Para vencer o racismo epistêmico, não basta incluir outros personagens – periféricos e coadjuvantes – na história ensinada. A presença de capítulos de história da África e das abordagens sobre as diásporas africanas, dominadas pelas narrativas e epistemologias eurocêntricas, não têm contribuído de forma determinante para isso. Nesse caso, uma virada epistêmica ainda é aguardada. Enquanto isso, o enfrentamento do racismo religioso nas escolas e na sociedade parece ser tarefa destinada a poucos agentes e a poucas agências, motivados pela ideia de um mundo onde a convivência respeitosa com a diferença seja possível.

Referências

Livros didáticos

BOULOS JÚNIOR, Alfredo. *História, sociedade e cidadania*. São Paulo: FTD, 2013. 1 v.

BRAICK, Patrícia; MOTA, Myriam B. *História: das cavernas ao terceiro milênio*. São Paulo: Moderna, 2012.

COTRIM, Gilberto. *História global: Brasil e geral*. São Paulo: Saraiva, 2012.

Outras referências

ACHEBE, Chinua. *Home and Exile*. Nova York: Anchor Books, 2001.

APPIAH, Kwame A. *Na casa de meu pai: a África na filosofia da cultura*. Rio de Janeiro: Contraponto, 1997.

BAKKE, Raquel R. B. *Na escola com os orixás: o ensino das religiões afro-brasileiras na aplicação da Lei 10.639*. São Paulo: USP, 2011. Tese (Doutorado em Antropologia Social) – Programa de Pós-Graduação em Antropologia, Faculdade de Ciências Humanas, Universidade de São Paulo, São Paulo, 2011.

BARBOSA, Muryatan S. Eurocentrismo, História e História da África. *Sankofa: Revista de História da África e de Estudos da Diáspora Africana*, São Paulo, n. 1, jun. 2008.

BRASIL. Ministério da Educação. *Diretrizes curriculares nacionais para a educação básica*. Brasília: MEC, 2013.

CAPUTO, Stela G. Aprendendo yorubá nas redes educativas dos terreiros: história, culturas africanas e enfrentamento da intolerância nas escolas. *Revista Brasileira de Educação*, Rio de Janeiro, v. 20, n. 62, p. 773-796, jul./set. 2015.

CAPUTO, Stela G. *Educação nos terreiros: e como a escola se relaciona com crianças de candomblé*. Rio de Janeiro: PALLAS, 2012.

CARNEIRO, Sueli A. *A construção do outro como não-ser como fundamento do ser*. São Paulo: USP, 2005. Tese (Doutorado em Educação) – Programa de Pós-Graduação em Educação, Faculdade de Educação, Universidade de São Paulo, São Paulo, 2005.

CARREIRA, Denise; CARNEIRO, Suelaine. *Relatoria do Direito Humano à Educação: Informe Preliminar*. Missão Educação e Racismo no Brasil: DHESCA, 2010.

COSTA E SILVA, Alberto. *A África explicada aos meus filhos*. Rio de Janeiro: Agir, 2008.

COSTA NETO, Antonio Gomes da. *Ensino religioso e as religiões de matrizes africanas no Distrito Federal*. Brasília: UnB, 2010. Dissertação (Mestrado em Educação) – Programa de Pós-Graduação em Educação, Faculdade de Educação, Universidade de Brasília, Brasília, 2010.

DJOSSOU, Ariane. Culturas africanas e maternidade: sobre alguns mitos fundadores em países Nago. In: HOUNTONDJI, Paulin (Org.). *O antigo e o moderno: a produção do saber na África contemporânea*. Ramada: Pedago, 2012.

ELTIS, David. A diáspora dos falantes de Iorubá, 1650-1865: dimensões e implicações. *Topoi*, Rio de Janeiro, v. 7, n. 13, p. 271-299, jul./dez. 2006.

FANON, Frantz. *Os condenados da Terra*. Rio de Janeiro: Civilização Brasileira, 1968.

FANON, Frantz. *Pele negra, máscaras brancas*. Salvador: EDUFBA, 2008.

FIGUEIREDO, Ângela; GROSFOGUEL, Ramón. Racismo à brasileira ou racismo sem racistas: colonialidade do poder e a negação do racismo no espaço universitário. *Sociedade e Cultura*, Goiânia, v. 12, n. 2, p. 223-234, jul./dez. 2009.

FLOR DO NASCIMENTO, wanderson. Olojá: Entre encontros – Exu, o senhor do mercado. *Das Questões*, Brasília, n. 4, ago./set. 2016.

FLOR DO NASCIMENTO, wanderson. O fenômeno do racismo religioso: desafios para os povos tradicionais de matrizes africanas. *Revista Eixo*, Brasília, v. 6, n. 2 (Especial), p. 51-56, nov. 2017a.

FLOR DO NASCIMENTO, wanderson. Olhares sobre os candomblés na encruzilhada: sincretismo, pureza e fortalecimento da identidade. *Revista Calundu*, Brasília, v. 1, n. 1, jan./jun. 2017b.

GARRIDO, Míriam C. M. História que os livros didáticos contam depois do PNLD: história da África e dos afro-brasileiros por intermédio dos editais de convocação do PNLD (2007-2011). *História e Perspectivas*, Uberlândia, n. 54, p. 239-268, jan/jun. 2016.

GROSFOGUEL, Ramón. A estrutura do conhecimento nas universidades ocidentalizadas: racismo/sexismo epistêmico e os quatro genocídios/epistemicídios do longo século XVI. *Revista Sociedade e Estado*, Brasília, v. 31, n. 1, p. 31-49, jan./abril 2016.

GROSFOGUEL, Ramón. Racismo epistémico, islamofobia epistémica y ciencias sociales coloniales. *Tabula Rasa*, Bogotá, n. 14, p. 341-355, jan./jun. 2011.

GUEDES, Maristela. *Educação em terreiros: e como a escola se relaciona com crianças que praticam candomblé*. Rio de Janeiro: PUC-Rio, 2005. Tese (Doutorado em Educação) – Programa de Pós-Graduação em Educação, Faculdade de Educação, Pontifícia Universidade Católica do Rio de Janeiro, Rio de Janeiro, 2005.

LOPES, Nei; MACEDO, José R. *Dicionário de História da África: séculos VII a XVI*. Belo Horizonte: Autêntica, 2017.

MBEMBE, Achille. *África Insubmissa: cristianismo, poder e Estado na sociedade pós-colonial*. Luanda: Mulemba; Ramada: Pedago, 2013.

MUDIMBE, Valentin Y. *A invenção de África*. Luanda: Mulemba; Ramada: Pedago, 2013.

OLIVA, Anderson R. A invenção dos iorubás na África Ocidental: reflexões e apontamentos acerca do papel da tradição oral na construção da identidade étnica. *Estudos Afro-Asiáticos*, Rio de Janeiro, v. 27, p. 141-180, 2005.

OLIVA, Anderson R. Em busca de um diálogo afrocentrado acerca das Cosmologias Africanas. *Fênix: Revista de História e Estudos Culturais*, Uberlândia, v. 14, n. 1, p. 1-16, jan./jul. 2017a.

OLIVA, Anderson R. Desafricanizar o Egito, embranquecer Cleópatra: silêncios epistêmicos nas leituras eurocêntricas sobre o Egito em manuais escolares de História no PNLD 2018. *Romanitas – Revista de Estudos Grecolatinos*, n. 10, p. 26-63, 2017b.

OLIVA, Anderson R. *Reflexos da África: ideias e representações sobre os africanos no imaginário ocidental, estudos de caso no Brasil e em Portugal*. Goiânia: Ed. da PUC Goiás, 2010.

OLIVA, Anderson R. Lições sobre a África: abordagens da história africana nos livros didáticos brasileiros. *Revista de História*, São Paulo, n. 161, p. 213-244, 2009.

OLIVEIRA, Rachel. *Intolerância religiosa na escola: uma reflexão sobre estratégias de resistência à discriminação religiosa a partir de relatos de memórias de adeptos da Umbanda*. Rio de Janeiro: PUC-Rio, 2014. Dissertação (Mestrado em Serviço Social) – Programa de Pós-Graduação em Serviço Social, Pontifícia Universidade Católica do Rio de Janeiro, Rio de Janeiro, 2014.

QUIJANO, Aníbal. Colonialidade do poder, eurocentrismo e América Latina. In: LANDER, Edgardo (Org.). *A colonialidade do saber: eurocentrismo e ciências sociais: Perspectivas latino-americanas*. Buenos Aires: Consejo Latinoamericano de Ciencias Sociales, 2005.

RAY, Benjamin C. *African Religions: Symbol, Ritual and Community*. Nova Jersey: Prentice Hall, 2000.

SILVA, Rachel C. da. *Conflitos religiosos e espaço urbano contemporâneo: cruzamentos dos fenômenos de dispersão espacial dos sistemas de significações religiosas de neopentecostais e religiões afro-brasileiras no Rio de Janeiro*. Santa Maria: UFSM, 2013. Dissertação (Mestrado em Geografia) – Programa de Pós-Graduação em Geografia, Universidade Federal de Santa Maria, Santa Maria, 2013.

SOUZA, Marina de M. Algumas impressões e sugestões sobre o ensino de história da África. *Revista História Hoje*, São Paulo, v. 1, n. 1, p. 17-28, 2012.

VERGER, Pierre. *Orixás: deuses iorubás na África e no Novo Mundo*. São Paulo: Corrupio, 1997.

XAVIER DE PAULA, Benjamin; GUIMARÃES, Selva. 10 anos da Lei Federal nº 10.639/2003 e a formação de professores: uma leitura de pesquisas científicas. *Educação e Pesquisa*, São Paulo, v. 40, n. 2, p. 435-448, abr./jun. 2014.

Reportagens

BOECHAT, Breno. Estudante agredida por intolerância religiosa dentro de escola não quer voltar ao colégio. *Geledés*, São Paulo, 3 out. 2015. Disponível em: <http://www.geledes.org.br/estudante-agredida-por-intolerancia-religiosa-dentro-de-escola-nao-quer-voltar-ao-colegio/#gs.XzWP6cc>. Acesso em: 10 out. 2016.

CIEGLINSKI, Amanda. Intolerância religiosa afeta autoestima de alunos e dificulta aprendizagem, aponta pesquisa. *Agência Brasil*, Brasília, 19 ago. 2011. Disponível em: <http://memoria.ebc.com.br/agenciabrasil/noticia/2011-08-19/intolerancia-religiosa-afeta-autoestima-de-alunos-e-dificulta-aprendizagem-aponta-pesquisa>. Acesso em: 25 set. 2016.

MACHADO, Mariucha. Aluno é barrado em escola municipal do Rio por usar guias do candomblé. *G1 Rio*, Rio de Janeiro, 2 set. 2014. Disponível em: <http://g1.globo.com/rio-de-janeiro/noticia/2014/09/aluno-e-barrado-em-escola-municipal-do-rio-por-usar-guias-do-candomble.html>. Acesso em: 18 out. 2016.

MAZI, Carolina. RJ: Aluno é impedido de frequentar escola com guias de candomblé. *Uol*, Rio de Janeiro, 3 set. 2014. Disponível em: <https://educacao.uol.com.br/noticias/2014/09/03/rj-aluno-e-impedido-de-frequentar-escola-com-guias-de-candomble.htm>. Acesso em: 6 nov. 2016.

PUFF, Jefferson. Por que as religiões de matriz africana são o principal alvo de intolerância no Brasil? *BBC Brasil*, Rio de Janeiro, 21 jan. 2016. Disponível em: <http://www.bbc.com/portuguese/noticias/2016/01/160120_intolerancia_religioes_africanas_jp_rm>. Acesso em: 25 set. 2016.

Um olhar sobre a experiência da juventude negra brasileira no ensino médio: desafios e alternativas

Éllen Daiane Cintra

A história de subjugação e de violência extrema sofrida pelo negro no Brasil é uma história cíclica, que se repete, se reinventa, e extermina cada dia mais o povo preto, com toques rebuscados de crueldade. E nada disso parece fora de ordem. Reconhecendo a singularidade com que a dinâmica das relações sociais estruturalmente afeta a população negra brasileira em diferentes aspectos, o presente artigo traz reflexões sobre o cenário que circunda a experiência escolar da juventude negra em etapas da educação básica determinantes em sua trajetória, como o ensino médio.[1] Tais reflexões partem do princípio de que as experiências negras jovens são únicas, resultantes dos diferentes arranjos dos eixos de opressão – raça, gênero,[2] classe, sexualidade e idade – que se interseccionam sobre esses indivíduos.

Para direcionar tal olhar, embasamo-nos na compreensão de que a raça é uma construção social ligada às relações de poder e de dominação e de que o racismo opera a partir de uma premissa moderna que enfatiza uma hierarquia natural entre os diferentes grupos raciais (MUNANGA, 2000). Essa hierarquia relaciona-se aos traços físicos e biológicos dos grupos e dos

---

[1] As reflexões trazidas neste artigo foram construídas a partir de alguns apontamentos presentes na dissertação *Jovens negras no ensino médio público e privado no DF: um estudo comparado e interseccional sobre suas vivências e percepções do racismo*, apresentada por esta autora ao Programa de Pós-Graduação em Educação da Faculdade de Educação da Universidade de Brasília em abril de 2018.

[2] Neste trabalho serão usados os termos "gênero", para referir-se a construções simbólicas em torno do masculino e do feminino, e reconhecemos a limitação binária deste uso; "cor" ou "raça" para referir-se à autoclassificação conforme as cinco alternativas de denominação propostas pelo Instituto Brasileiro de Geografia e Estatística (IBGE) – branca, preta, parda, indígena e amarela. Cabe lembrar que a denominação "negras(os)" refere-se ao subgrupo composto pelo somatório das pessoas que se autodeclaram pretas e pardas (IBGE, 2013).

indivíduos, traços que são associados a características morais, intelectuais, psicológicas, culturais e estéticas. Tal articulação traduz-se, entre outros, no que se nomeia epidermização do racismo (Fanon, 2008), articulação que impede que a população negra tenha suas condições básicas de vida garantidas.

Esse processo se nutre da construção histórica da desumanização de determinados grupos, o que definiu a experiência moderna de colonização e escravização dos povos e também a transição do ex-escravo para a condição de homem livre e de cidadão no Brasil. Não sendo acompanhada de políticas reparativas ou compensatórias que viessem a corrigir as atrocidades, danos ou expropriações resultantes do regime escravagista, tal transição resultou na pauperização das condições de vida da população negra. A precarização da educação, moradia, trabalho, relações familiares e saúde (Hasenbalg; Silva, 1990) marcaram, e seguem marcando, a luta pela sobrevivência e a experiência social de milhões de brasileiros negros ainda hoje (Osório, 2009; Rocha, 2015). Entre as consequências mais severas desses processos, destacam-se a falta de acesso à educação (Gomes, 2011; Gonçalves; Silva, 2000; Pinto, 1987, 1992), a intolerância em relação a manifestações culturais e religiosas negras e o extermínio da juventude negra.

Diante dos resultados mais prementes do racismo estrutural, elucidamos, neste artigo, a violenta experiência da juventude negra na atualidade – brutalmente exterminada (Waiselfisz, 2014) e excluída de etapas de ensino determinantes, como o ensino médio (ibge, 2010).

Ao olharmos para a configuração da educação nesse cenário, cabe lembrar que ela é uma das ferramentas mais eficazes na luta contra o racismo e toda e qualquer forma de discriminação – por seu caráter emancipatório e por seu amplo raio de profusão. Preocupa que em um contexto como o brasileiro, em que a educação é direito constitucional a toda a população, ainda hoje se observem assimetrias na qualidade da educação ofertada e no acesso e na permanência de determinados grupos sociais, raciais, de gênero, na idade/ ano esperada nas instituições educacionais.

Assim, este artigo, além desta introdução e da conclusão, na primeira seção, "Os caminhos que nos trouxeram até aqui", retoma alguns dados quantitativos sobre as condições de educação da população negra na intenção de traduzir, em alguma medida, o cenário educacional em que a juventude negra é atendida em comparação a outros grupos. Em seguida, na segunda seção, "Um olhar sobre a juventude e a juventude negra", apresentamos algumas considerações sobre a juventude e a experiência juvenil negra. Por fim, na terceira seção, "Outros olhares sobre as experiências escolares", discutem-se alternativas decoloniais que podem contribuir para o melhor atendimento da juventude negra no ensino médio.

Os caminhos que nos trouxeram até aqui

Revelar a construção histórica dos processos de subjugação e inferiorização de grupos subalternizados mostra, entre outros, os engendramentos sociais que colocam tais acontecimentos muito longe de serem apenas coisas do passado. Como observa Jesus, "[...] ainda que o conceito de raças não tenha pertinência biológica alguma, raça continua a ser utilizada, enquanto construção social e cultural, como instrumento de exclusão e opressão" (JESUS, 2018, p. 3).

Característica do racismo à brasileira (TELLES, 2003), as práticas de hierarquização racial seguem sendo atualizadas, mesmo nunca tendo sido formalmente instituídas. São tais construções que explicam, entre outros, a eficácia da exclusão da juventude negra do ambiente escolar. A perpetuação do imaginário negativo sobre a população negra segue materializada nos projetos bem-sucedidos de inferiorização, silenciamento e invisibilização, que alimentam o racismo como sistema de opressão e a produção sistemática de discriminações e desigualdades (JESUS, 2018). E cabe enfatizar que esse sistema se nutre do encarceramento do sujeito negro em uma zona do não-ser (FANON, 2008) ou de "não-lugar" (BONILHA; SOLIGO, 2015). Em outras palavras, ao passo que o racismo define o que é negativo, o que não se enquadra na construção de mundo ocidental, o que deve estar em silêncio, o que pode ser rechaçado e/ou agredido verbal, psicológica ou fisicamente, ele define também o corpo ideal e detentor das benesses sociais. Assim, o grupo no poder se beneficia da manutenção e da reprodução das violências dentro do sistema capitalista.

Cabe atentar para os constantes avanços da mortalidade violenta[3] da população negra, conforme registrado, por exemplo, no aumento da taxa de

---

[3] Conforme explicam os autores, "desde o primeiro Mapa, divulgado em 1998, consideramos como mortalidade violenta o resultante do somatório de homicídios, suicídios e acidentes de transporte. Precisamente por sua elevada incidência na juventude e por produto de um conjunto de situações sociais e estruturais" (WAISELFISZ, 2014, p. 24).

homicídios de negros de 24,9% para 27,4%, um aumento de 9,9% entre 2003 e 2014 (Waiselfisz, 2014). Além disso, segundo o Mapa da Violência de 2016 (Waiselfisz, 2016) a vitimização negra do país mais que duplicou de 2003, quando era 71,7%, para 2014, quando alcançou 158,9%. Isso significa dizer que morrem 2,6 vezes mais negros que brancos vitimados por arma de fogo no país, cabendo destacar que desses percentuais mais de 90% são homens negros. A publicação de 2014 revelou ainda que nessa situação de extermínio, a principal vítima é a juventude na faixa de 15 a 29 anos de idade: considerando toda a população, o número de homicídios por armas de fogo teve um crescimento de 592,8% de 1980 para 2014. No entanto, na faixa jovem, esse crescimento foi de 699,5% em 2014 (Waiselfisz, 2014).

Wilderson (2003) entende que a violência do Estado contra o corpo negro não é ideológica e contingente, mas sim estrutural, ontológica e gratuita. Em outras palavras, entende-se que a existência negra, ilustrada, por exemplo, pela presença do corpo negro em diversos espaços sociais, será mediada e organizada pela violência direcionada a esse corpo. Dessa forma, suas diferentes interações estarão sob o constante auspício da violência do Estado, representado por suas agências ou espaços formalmente nomeados por ele, como escolas, hospitais, órgãos do governo, entre outros. Além destes, os próprios indivíduos, que compõem o tecido social, usarão de formas mais ou menos sutis de violência para vigiar e reprimir o corpo negro.

Nesse sentido, tanto a morte do corpo negro como sua não liberdade, resultantes da lógica de acumulação e da gramática do sofrimento e do terror, são não somente previstas, mas esperadas e organizadas por diversos atores sociais dentro da lógica da supremacia branca, balizadora da lógica do capital. Esse arranjo, que traduz o desenho do racismo estrutural, faz com que a violência – que é contingente para o corpo branco e acionada apenas quando esse corpo quebrar as regras – seja estrutural para o corpo negro e medie suas relações sociais (Wilderson, 2003). Isso significa dizer que a violência para o corpo negro é sobredeterminante e será acionada, independentemente do que ele faça, em qualquer espaço ou situação. Uma leitura de mundo a partir dessa visão entende que não importa que uma pessoa negra tenha ascendido socialmente em termos socioeconômicos, educacionais, de moradia ou de trabalho e não é necessário que uma pessoa negra quebre uma regra social para que ela seja punida: a represália, a violência, a atitude racista será direcionada ao indivíduo negro de qualquer forma.

Como constataram Bonilha e Soligo (2015), Hasenbalg e Silva (1990) e Pinto (1992), o racismo institucional segue reverberando na estrutura educacional brasileira, conforme ilustrado na exclusão escolar do aluno negro, apontada como problema nacional. Tal processo é ilustrado pela disparidade de acesso, promoção, permanência e anos de estudo de alunos pretos e pardos em relação aos alunos brancos, em todos os níveis de ensino, com destaque para os anos finais do ensino fundamental e do ensino médio.

Observa-se que a taxa de escolarização líquida[4] dos negros é significativamente inferior à dos brancos, especialmente na faixa de até cinco anos de idade e na educação de nível médio e superior, como se observa no gráfico a seguir:

Gráfico 1: Cobertura e escolarização líquida segundo cor ou raça em % (BRASIL, 2001, 2012)

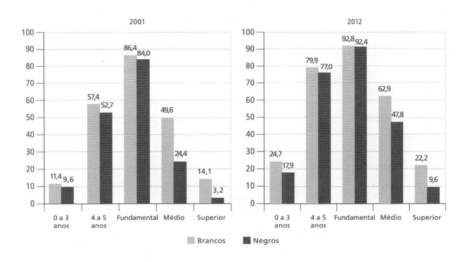

Fonte: IPEA/SEPPIR (BRASIL, 2014, p. 20)

Cabe destacar que, no ensino médio, houve significativa mudança, tendo os jovens negros passado da metade da frequência apresentada pelos

---

[4] A frequência líquida mede o percentual de alunos em idade escolar correta para um determinado ciclo sobre o total da população da faixa etária prevista para o ciclo. Para as crianças de até cinco anos, a opção foi a cobertura por faixa etária, e não por nível de ensino, já que muitas delas com idade para frequentar a creche podem estar na pré-escola e vice-versa.

jovens brancos em 2001 para 3/4 (três quartos), diferença ainda assim muito acentuada (BRASIL, 2014). A educação superior apresentou evolução considerável – a mais expressiva em todos os níveis de ensino – tendo triplicado no período aferido, de 3,2 para 9,6%. No entanto, um grande percentual de estudantes negros que deveriam estar no ensino superior ainda está cursando o ensino médio. Em termos gerais, no entanto, essa mesma porcentagem segue díspar, representando menos da metade das taxas alcançadas pelos brancos. Há também mudanças significativas na evolução da escolarização, mas os negros seguem em considerável atraso escolar e, ainda que a melhora nas taxas esteja ligada à crescente correção do fluxo escolar, os negros que vão à escola apresentam proporções de atraso mais altas que as dos brancos, especialmente nas faixas de 15 a 17 anos (BRASIL, 2014), conforme se observa a seguir.

Tabela 1: Escolaridade da população de jovens de 15 a 17 anos, de acordo com o Censo do IBGE (2010)[5]

	TOTAL	Negros	Brancos	Masculino	Feminino
Jovens de 15 a 17 anos	10.580.060	5.946.000 (56%)	4.542.037 (43%)	5.402.172 (51%)	5.177.888 (49%)
Não frequentam a escola	1.722.175	1.042.753 (60%)	665.135 (39%)	914.047 (53%)	808.128 (47%)
Nunca frequentaram a escola	59.853	34.332 (57%)	24.555 (41%)	38.495 (64%)	21.358 (36%)
Estavam no EF[6]	3.114.850	2.056.654 (66%)	1.022.653 (33%)	1.835.350 (59%)	1.279.500 (41%)
Estavam no EM	5.459.845	2.692.425 (49%)	2.725.548 (50%)	2.478.228 (45%)	2.981.617 (55%)

Fonte: IBGE, 2010 (tabela organizada pela autora)

---

[5] As porcentagens apresentadas para cada grupo mencionado foram calculadas com base no número total de cada faixa/linha analisada. Os percentuais são aproximados e os percentuais referentes aos grupos raciais/étnicos de amarelos e indígenas não foram apresentados.

[6] EF: ensino fundamental; EM: ensino médio.

Segundo o Censo de 2010 (IBGE, 2010), os jovens negros representavam mais da metade da população de 15 a 17 anos. Eram maioria também em dados negativos como o percentual daqueles que não frequentam a escola (60%), dos que nunca frequentaram a escola (57%) e dos que estavam em atraso escolar retidos no ensino fundamental (66%). Chama a atenção que a população de jovens negros da referida faixa etária que se encontravam na etapa escolar correta – o ensino médio, e, no caso, único levantamento positivo – é também a única faixa em que esse grupo aparece representado por porcentagens menores (49%).

Quando se observam as diferenças entre a situação educacional de negros e brancos,[7] percebe-se que, apesar da melhora nas taxas, de forma geral, preocupa como a juventude negra segue em considerável desvantagem educacional, reflexo, entre outros, de um sistema educacional e social que funciona em ciclos de desvantagens cumulativas que se constroem intergeracionalmente (VINCENT et al., 2013). A desigualdade educacional é resultado de diversos fatores, que perpassam as diferenças nas escolas frequentadas por brancos e negros (afetadas por sua estrutura, organização, horas-aula e qualidade de ensino de um modo geral), a segregação espacial, as estratégias de socialização para o enfrentamento da discriminação racial utilizadas pelas famílias negras, o preconceito racial dentro das escolas, a centralidade de currículos eurocêntricos e a invisibilização do negro através de um imaginário negativo sobre eles e um imaginário positivo sobre os brancos, o que se faz presente na literatura e no interior das escolas (CAVALLERO, 2001; GARCIA, 2007; GOMES, 2011; SILVA Jr., 2002).

O ensino médio, etapa final da escolarização básica, e adequada para a faixa etária de 15 a 17 anos, tem sido objeto de estudo em diferentes áreas, especialmente por sua importância para as políticas públicas, educacionais e curriculares. Com a obrigatoriedade da oferta de educação para a referida faixa etária a partir da Emenda Constitucional nº 59, de 2009, que ganhou impulso com a Lei nº 12.796 de 4 abril de 2013, faz-se necessário refletir sobre as demandas desse grupo e compreender, entre outras, as raízes da exclusão de mais de 1,7 milhão de jovens nessa faixa de idade dos cerca de 10,5 milhões em nosso país (UNICEF, 2014).

---

[7] Leituras detalhadas podem ser encontradas em Hasenbalg; Silva (1990), Jaccoud; Beghin (2002), Pinto (1987, 1992), Rosemberg, 1998.

Em investigação sobre os desafios enfrentados no ensino médio e as mudanças necessárias para esta etapa de ensino, Juarez Dayrell e Rodrigo Ednilson de Jesus elencaram dez desafios que influenciam na permanência dos jovens desta faixa etária no ensino médio e a qualidade da educação oferecida (Unicef, 2014). Os desafios foram elencados a partir das falas de jovens entrevistados e consideraram a relação do ensino médio com o trabalho, a desigualdade social, os altos índices de gravidez, as reiteradas situações de discriminação racial, de homofobia e de sexismo, e a restrita consciência ao direito à educação pública e de qualidade. Os aspectos que abordam: a) como lidar com os adolescentes excluídos da sala de aula do ensino médio, retidos no gargalo do ensino fundamental; b) a relação educador-educando; c) a valorização do professor; d) a consideração a ser dada à diversidade do público e dos contextos; e) o enfrentamento da discriminação, da violência e do *bullying*; f) a necessidade de se repensar a organização escolar; g) a definição de uma identidade para o ensino médio; h) o investimento necessário em educação; i) a garantia de um fluxo escolar adequado; j) o acesso ao ensino médio para todos os adolescentes.

Entendemos que essa exclusão se projeta de forma mais acirrada sobre os grupos mais vulneráveis, conforme mencionado anteriormente. Isso se constrói através do silenciamento da história e da cultura negra, do anulamento da estética negra, do preconceito, dos estereótipos negativos, da discriminação e das políticas de branqueamento, o que também repercute nas amarras curriculares, no conteúdo dos livros didáticos e nos itinerários de formação de professores. Essas questões perfazem os caminhos da escolarização básica e acabam por retirar e manter a juventude negra fora da escola já nas etapas iniciais da escolarização básica. Isso, em diversas situações, compromete sua permanência na escola, que segue baseada em um modelo único de indivíduo, de conhecimento e de cultura (Abramowicz; Gomes, 2010; Cavalleiro, 2001; Hooks, 2013). Diante desse cenário questiona-se: como a educação influencia a juventude negra?

Um olhar sobre a juventude e a juventude negra

Dentro dos estudos sobre a juventude, inaugurados no Brasil por Marialice Foracchi na década de 1960, é importante pontuar que não há um consenso sobre o significado do termo. Entre as primeiras aproximações apresentadas, destaca-se uma leitura temporal que nasce do questionamento acerca de quando começa ou quando se encerra a juventude. O Estatuto da Juventude[8] reconhece como jovens as pessoas com idade entre 15 (quinze) e 29 (vinte e nove) anos de idade, mas a ideia de juventude, compreendida como categoria social (GROPPO, 2004), a partir de uma abordagem sociológica, discorre sobre aspectos mais amplos da experiência juvenil.

Além disso, reconhece-se que a juventude enfrenta profundas mudanças na contemporaneidade, nas diferentes esferas da vida (WELLER; NUNES, 2003). Essas mudanças são influenciadas não apenas pelas mudanças biológicas, mas também pela família e pelo trabalho. Os autores refletem sobre a influência do meio urbano e das diferentes formas de interação sobre a forma de os jovens estarem no mundo e sobre sua formação identitária. Cabe destacar o impacto da mobilidade e dos papéis sociais na relação indivíduo-sociedade. A reflexão de Weller e Nunes (2003) aponta que as transformações que enfrentamos, como a crise e a precariedade de emprego, as rápidas mudanças tecnológicas e no sistema produtivo e a relação com a família abarcam o conjunto da vida social e alteram as personalidades individuais das pessoas, exigindo que elas se tornem mais flexíveis.

Ademais, entende-se que os modos de ser jovem estão estreitamente ligados ao meio social, ao tempo histórico, às condições estruturantes e ainda à forma como os sujeitos encontram-se inseridos em um dado meio. A juventude também é compreendida: a) em sua condição de transitoriedade ou de vir a ser; b) de forma romântica ligada à noção de liberdade; c) como um momento de crise e afastamento da família; d) uma condição social; e) um tipo de representação (DAYRELL, 2003). Segundo o autor:

> [...] a juventude como parte de um processo mais amplo de constituição de sujeitos, mas que tem especificidades que marcam a vida de cada um. A juventude constitui um momento determinado, mas não se reduz a uma passagem; ela assume uma importância em si mesma. Todo esse processo é influenciado pelo meio social concreto no qual se desenvolve e pela qualidade das trocas que este proporciona (DAYRELL, 2003, p. 42).

Além de considerar essa interação com o meio e a sua influência, além da forma como a juventude é moldada por especificidades da experiência de

---

[8] Conforme disposto na Lei nº 12.852, de 5 de agosto de 2013. Disponível em: <http://www.planalto.gov.br/CCIVIL_03/_Ato2011-2014/2013/Lei/L12852.htm>. Acesso em: 12 mar. 2018.

cada jovem, Dayrell (2003) também entende que a juventude é um grupo que carrega interesses comuns, que se referem a determinada faixa etária e podem incluir transformações físicas, psicológicas e biológicas.

As mudanças físicas, o *status* social, as decisões sobre o futuro, especialmente no cenário capitalista, e a luta por reconhecimento atravessam a vida dos jovens brancos, negros, homossexuais, economicamente abastados ou não e portadores de necessidades especiais, entre outras características, de formas muito distintas. Compreendendo a existência de diversas juventudes no país, a Política Nacional de Juventude reconhece os direitos das juventudes e entende que suas especificidades precisam ser valorizadas para que se possam promover os direitos de jovens por todo o país.

No entanto, como explica Gomes (2002):

> A pesquisa sobre os/as jovens negros e negras é um desafio. São poucas as experiências de pesquisa sobre esse assunto. Sabemos que essa juventude não é homogênea e dentro dela existe uma diversidade de juventudes que tratam de maneira distinta os símbolos próprios das africanidades. Será preciso que a juventude negra grite, cante, denuncie para que a sociedade brasileira compreenda que o recorte racial nos possibilita a enxergar que os condicionamentos sociais e políticos incidem de maneira diferente sobre os jovens negros e brancos? (GOMES, 2002, p. 73).

Corroborando com Gomes (2002), conforme Weller (2017), a perspectiva da diversidade vem sendo explorada nos estudos sobre juventude, mas as questões de gênero, raça e sexualidade ainda estão em construção nos estudos sobre a juventude no Brasil. Ela sinaliza que há poucos estudos nessa área, como também apontam os estudos de Sposito (2009) e Dias (2011). Segundo Weller e Nunes (2017):

> Estudos sobre juventude sob a ótica da diversidade, considerando os entrelaçamentos entre gênero, raça/etnia, meio social e gênero, representam uma importante contribuição para a desconstrução de algumas concepções vigentes sobre os jovens, assim como uma maior compreensão dos contextos sociais/relacionais a partir dos quais eles elaboram suas visões de mundo e constroem suas identidades (WELLER; NUNES, 2017, p. 132).

No caso da juventude negra, entende-se que sua posição racial e geracional une diversas experiências de ser jovem negro no Brasil, especialmente pela forma como foram construídas as relações raciais no país, e poucos são os estudiosos que se debruçam sobre esse tema. Honwana (2014) entende que jovens negros passam por uma fase de transição entre a infância e a idade adulta diferente da juventude olhada de forma mais ampla. Assim, a ideia de *waithood*, que pode ser traduzida como "idade de espera":

> [...] representa um prolongado período de suspensão entre a infância e a idade adulta. As transições da juventude à idade adulta tornaram-se tão incertas que um número crescente de jovens, rapazes e raparigas, veem-se obrigados a improvisar formas de subsistência e relações interpessoais fora das estruturas econômicas e familiares dominantes (HONWANA, 2014, p. 399).

Essa experiência de suspensão situa os jovens entre a não mais necessidade de cuidados básicos, como precisavam durante sua infância, e a impossibilidade de assumir responsabilidades sociais como jovens adultos (HONWANA, 2014). Em sua experiência, eles parecem estar mais unidos ao definir o que não querem do que por conseguir articular coletivamente o que aspiram. Esses jovens podem até ser considerados adultos cronologicamente, mas por ainda não terem alcançado um emprego ou formas de sustento estável, serem independentes, terem recursos para criar e sustentar uma família e pagar seus impostos, eles são entendidos como ainda dependentes sociais, já que não conseguem assumir responsabilidades como as tipicamente mencionadas na vida de adulto. A condição desses jovens não é passiva e percebe-se que eles fazem esforços enormes para descobrir ou inventar "novas formas de ser e de interagir com a sociedade" (HONWANA, 2014, p. 402).

Diante de tal cenário, cabe pensarmos a educação como uma das ferramentas mais eficazes na luta contra o racismo e toda e qualquer forma de discriminação, por seu caráter emancipatório e por seu amplo raio de profusão, especialmente em um contexto como o brasileiro, em que a educação é direito constitucional a toda a população. Ainda que a educação seja muito perversamente usada a serviço da produção e da reprodução de um quadro de desigualdades raciais e sociais, é preciso examinar seu potencial e seu processo de evolução contínua.

Levando em consideração que o Brasil abriga um contingente significativo de descendentes de africanos dispersos na diáspora, constituindo-se em uma das maiores sociedades multirraciais do mundo (GOMES, 2011), preocupa que a educação da população brasileira não seja significativa no sentido de privilegiar a diversidade e trabalhar visando promover a horizontalização e a harmonia nas relações étnico-raciais.

Outros olhares sobre as experiências escolares

Diante de um cenário de vulnerabilidades, cabe pensar alternativas que trabalhem para que a experiência escolar possa significativa e efetivamente empoderar os indivíduos por meio de uma educação crítica e transformadora. Nesse sentido, compreender os processos de discriminação a partir da perspectiva de grupos juvenis vulnerabilizados, como as jovens negras, reconhece que sua posicionalidade nos entrecruzamentos de eixos opressivos (de gênero, raça, classe e idade, por exemplo) lhes oferece um olhar interseccional ou marginal, importante para a compreensão das estruturas sociais. Quando analisamos as experiências coletivas em suas relações a partir da perspectiva daqueles que estão efetivamente na base da pirâmide social, poderemos olhar de forma mais ampliada para todas as experiências e pensar soluções que beneficiem a todas e todos.

Collins e Bilge (2016) entendem que a interseccionalidade como ferramenta analítica contribui tanto para a pesquisa acadêmica quanto para resolver problemas que as próprias pessoas ou as pessoas ao seu redor enfrentam. Essa lente de análise gira em torno de seis ideias centrais – desigualdade, relacionalidade, poder, contexto social, complexidade e justiça social –, que aparecem e reaparecem na estruturação das análises. Dessa forma, a interseccionalidade como ferramenta analítica "destaca a natureza múltipla das identidades individuais e como combinações variadas das categorias de classe, gênero, raça, sexualidade e cidadania posicionam cada indivíduo" (COLLINS; BILGE, 2016, p. 8).

A teoria da interseccionalidade vem de uma longa tradição antirracista dentro do feminismo negro (HOOKS, 1984) e oferece uma forma ampla e fidedigna de se compreenderem as desigualdades sociais vivenciadas por mulheres negras. Partindo do reconhecimento de que é necessário considerar simultaneamente as categorias de raça, gênero e classe para se analisarem as singularidades das mulheres negras, uma vez que, se comungam gênero e, em alguns casos, classe com as mulheres brancas, sentem as diferenciações de cor da pele. E se compartilham com os homens negros a raça e a classe, mesmo assim diferenciam-se pelo gênero. Dessa forma, mulher negra nunca pode ser considerada apenas como mulher, ou apenas como negra, ou apenas como pobre: é preciso considerá-la em sua inteireza. Assim, busca-se compreender como se constrói a estrutura de poder e dominação que organiza e relaciona indivíduos dentro de diferentes categorias classificatórias como raça, gênero, classe e sexualidade, entre outras. De acordo com Crenshaw (1989):

> Haja vista a experiência interseccional ser maior que a soma do racismo e do sexismo, qualquer análise que não leve em conta a interseccionalidade não consegue tratar suficientemente a forma particular como as mulheres negras são singularizadas (CRENSHAW, 1989, p. 140, tradução nossa).

Essa observação vem ainda acompanhada pela perspectiva da autora de que concepções dominantes de discriminação frequentemente nos levam a entender processos de exclusão, violência ou discriminação apenas a partir de um eixo ou isoladamente. Nessa mesma direção, Collins e Bilge (2016) defendem que é importante redefinir raça, classe e gênero como categorias de análise nos afastando de análises que somem ou adicionem as categorias de opressão ao se basearem em leituras dicotômicas (e.g.; homem/mulher; negro/branco), pois elas reduzem as experiências a reflexões excludentes em que ou se é uma coisa, ou se é outra. A autora defende que as leituras devem considerar as categorias como ambas/e (*both/and*), explicitando que não é possível ser apenas uma coisa. Tal visão considera, entre outros, que a experiência de uma mulher negra é ambas, de gênero e de raça, sem hierarquizar ou encaixotar o *status* dessas categorias em diferentes contextos. Entende-se, assim, que são incompletas e podem se fazer falaciosas leituras que isolem as narrativas de mulheres negras apenas a partir de sua experiência de gênero ou então simplesmente de uma percepção racial ou ainda de um olhar que parta isoladamente de sua experiência de classe (COLLINS, 2000; COLLINS; BILGE, 2016). Em outras palavras, uma perspectiva interseccional considera que há uma complexa operação das relações de poder que singularizam as experiências de alguns indivíduos dentro da estrutura social e os relega a mais de uma forma de opressão, que se apresentam imbricadamente.

Esse lugar interseccionado influencia a forma como o indivíduo experimenta e percebe o mundo, coadunando com um pensamento fronteiriço (MIGNOLO, 2003) – uma perspectiva crítica atenta ao imaginário do sistema mundial moderno/colonial e que não se subjuga a ele. Esse olhar de dentro ou marginal/fronteiriço é observado por Collins (2000) como uma posição de *outsider within*,[9] uma espécie de "estrangeira de dentro", aquela que, por adentrar o mundo dos privilégios criados para os grupos dominantes para servi-los, consegue observar como se dão as relações naquelas esferas e entender como são vistos os que estão de fora daqueles espaços, sempre sabendo que não pertence àquele lugar. A partir dessa metáfora, refletimos sobre como o olhar da(do) jovem negra(o) poderia informar sobre o diálogo entre a educação e o mundo e contribuir com a (des)construção de currículos e práticas racializadoras, uma vez que esses informantes nativos transitam pelo espaço escolar e pela sociedade continuamente.

Observando as estruturas em que as relações sociais estão contidas, Collins e Bilge (2016) explicam que o paradigma interseccional é uma forma de compreender e analisar a complexidade do mundo. Essa perspectiva reforça que a opressão não pode ser reduzida a um único tipo, haja vista ela não ter sido construída apenas sob um viés. Assim, diferentes formas de opressão trabalham juntas, resultando na injustiça. Nesse sentido, a autora diferencia a interseccionalidade do cenário da produção de desigualdade, nomeado como "matriz de dominação" e que se refere à forma como essas opressões interseccionadas são organizadas por domínios de poder.

Diante da pluralidade de indivíduos negros e de experiências jovens interseccionadas, questiona-se o que pode ser feito para garantir que os direitos da juventude negra sejam efetivados por meio de uma educação de qualidade. Destaca-se a importância da escola de ensino médio na luta antirracista e na emancipação desses sujeitos em transição. Deve-se levar em conta também que as reformas educacionais que atualmente marcam os debates sobre essa etapa de ensino[10] deveriam proporcionar a adequação dos currículos e das práticas escolares para promover o conhecimento do outro e o respeito à diversidade

---

[9] Collins cunha a expressão *outsider within* a partir da experiência de mulheres negras afro-americanas que trabalhavam como empregadas domésticas. Enquanto empregadas nas casas da elite branca, elas cuidavam dessas casas e também criavam laços com as crianças e com os próprios empregadores, podendo estar "dentro" de suas vidas e relações e também desmistificar a ideologia racista. A esse mesmo tempo, elas sabiam que nunca poderiam pertencer às suas "famílias" brancas e que eram exploradas economicamente e continuariam como estrangeiras. Equivalente à rotineira expressão "quase da família", essa relação das trabalhadoras domésticas negras lhes colocava em uma curiosa localização social, como estrangeiras de dentro (COLLINS, 2000, p. 11).

[10] Desde 2016 discutem-se o currículo e a implementação de uma Base Nacional Curricular Comum (BNCC). A exclusão de disciplinas e reorganização das jornadas escolares em percursos individuais são as principais marcas da proposta. Disponível em: <http://basenacionalcomum.mec.gov.br/>. Acesso em: 17 mar. 2017.

visando, entre outros, reduzir as disparidades encontradas no ensino médio. Como aponta Gomes (2011):

> Pensar a articulação entre Educação, cidadania e raça significa ir além das discussões sobre temas transversais ou propostas curriculares emergentes. Representa o questionamento acerca da centralidade da questão racial na nossa prática pedagógica, nos projetos e nas políticas educacionais e na luta em prol de uma sociedade democrática que garanta a todos/as o direito de cidadania (GOMES, 2011, p. 83-84).

Entendemos ainda que a mudança da prática docente, há muito discutida como essencial para uma educação significativa, é um dos pilares para o sucesso da descolonização dos currículos a partir de uma perspectiva decolonial. Para tanto, é necessário que o professor esteja aberto a uma nova dinâmica e perceba não só a importância dessa mudança de paradigma como também a importância do seu papel no processo.

Nesse sentido, bell hooks (2013), baseando-se na proposta de educação libertadora e transgressora de Paulo Freire, afirma que dos mestres é exigida a percepção de que é preciso mudar não só seus próprios paradigmas, mas também a forma como eles pensam, falam e escrevem para lecionar em comunidades diversas e manter uma postura que não pode ser nem fixa, nem absoluta. O professor nesse contexto é responsável por criar condições para que o aprendizado aconteça de forma mais íntima e profunda, o que passa, por exemplo, por fomentar, assegurar e manter um ambiente seguro para que seus alunos transitem nas relações consigo e com o conhecimento. Na intenção de dar voz aos "informantes nativos" (HOOKS, 2013, p. 62), é preciso que seja feito "da sala de aula um contexto democrático onde todos sintam a responsabilidade de contribuir" (p. 56), que é o objetivo central da pedagogia transformadora.

Essa ideia pede uma reflexão sobre os lugares ocupados pelo professor e pelo aluno e as relações de poder estabelecidas nos ambientes em que se dá o aprendizado, como, por exemplo, as salas de aula. Hooks (2013, p. 55) afirma que o corpo docente precisa "desaprender o racismo para aprender sobre a colonização e a descolonização e compreender plenamente a necessidade de criar uma experiência democrática de aprendizado das artes liberais". Ela reconhece que o processo pode ser desgastante, mas lembra que ele é fortalecedor para ambos, professor e estudantes, mas que para que ele funcione, é imprescindível abertura e diálogo.

Por fim, ao narrar suas experiências como educadora, hooks (2013) reflete sobre como uma experiência educativa que leve realmente o aluno à reflexão e ao questionamento do seu lugar e atitudes reflete em mudanças nas relações dos alunos fora da escola, nos diversos círculos por onde eles transitam. Ao refletir sobre como todos os participantes do processo educativo experimentam novos "modos de conhecer" e "hábitos de ser", trazidos pela integração da teoria com a práxis, ela afirma que "praticamos não só o questionamento das ideias como também o dos hábitos de ser. Por meio desse processo, construímos uma comunidade" (HOOKS, 2013, p. 61).

Este é o lugar que entendemos ser o ideal no diálogo com as propostas trazidas pela Lei nº 10.639/2003 – que introduz o art. 26-A na Lei nº 9.394/96 – Lei de Diretrizes e Bases da Educação (LDB), posteriormente alterada pela lei nº 11.645/2008 – e uma prática docente que contribua para o potencial transformador dos alunos como *outsiders within* no processo educativo. Enxergamos que esse lugar pressupõe uma abertura, de educandos e educadores, para a conversa e reflexão sobre seus lugares e, para além, a compreensão de sua centralidade na renovação dos conhecimentos e das relações como hora se apresentam.

Reflexões de até então...

Retoma-se aqui como conciliar e trabalhar em prol de uma proposta que efetive os direitos da população negra a uma educação paritária e de qualidade em um contexto como o do Brasil, onde os currículos nasceram da lógica de branqueamento da população e da negação do racismo, bem como da subjugação e do controle dos corpos negros, em relações de servilismo e inferiorização que pouco mudaram nos últimos séculos. Sabendo que os avanços alcançados não se deram sob a forma de agrados vindos do Estado, mas sim como resultado de lutas e mobilizações, devemos esperar que aqueles que seguem no poder apenas se dediquem a um projeto epistêmico que visa esvaziar seu projeto ideológico secular, que segue colhendo ricos frutos desde sua constituição? De quais ferramentas se utilizarão esses sujeitos que não conhecem um lugar outro de fala para refletir sobre seu papel e sobre as benesses da posição que ocupam?

Nesse contexto, é importante reconhecer a necessidade de se articularem um currículo e práticas pedagógicas que compreendam os saberes subalternos sob uma perspectiva de diversidade cultural, sob a qual se entende a cultura como um objeto do conhecimento baseado na experiência, reconhecendo-se, assim, conteúdos e costumes culturais preexistentes. Essa percepção rompe com o paradigma da colonialidade e traz para o palco do aprendizado saberes subalternos ao perceber a cultura como um contínuo de saberes.

Faz-se necessária a luta pela criação de mecanismos que incluam outros indivíduos e grupos como produtores de conhecimento. Nesse sentido, retomamos que um olhar interseccional sobre e vindo da juventude negra pode contribuir para a ressignificação dos processos educativos, especialmente no ensino médio, faixa crucial na transição da juventude para a vida adulta. Sugerimos que tal olhar pode contribuir para a reversão do quadro de exclusão que marca a experiência da juventude negra nessa etapa de ensino e nas etapas subsequentes.

Outro ponto que pode ser destacado nessa relação é a lógica circunscrita nos lugares ocupados pelos sujeitos que fazem parte do processo educativo – leiam-se: estudantes, professores, corpo pedagógico e administrativo e toda a comunidade escolar. Assim, a proposta de horizontalizar as relações raciais e os saberes, bem como as diversas formas de estar e atuar no mundo, mostra-se como uma proposta viável e bem articulada no escopo da legislação atual.

A percepção e a análise crítica dessas experiências nos aproximam do reconhecimento de que uma vez que os grupos mais excluídos tenham suas experiências reconhecidas, todas(os) teremos nossas experiências reconhecidas também (CRENSHAW, 1989) e isso torna possível o combate efetivo ao patriarcado, ao racismo e a outras formas de discriminação. Assim, propõe-se pensar as experiências da juventude negra no ensino médio considerando a singularidade de sua experiência interseccional. Dessa forma, as práticas, políticas, currículos, ferramentas e olhares precisam, primeiramente, reconhecer a existência desses indivíduos como cidadãos de direitos e considerar sua diversidade, especificidades e experiências para que se ofereça uma educação de qualidade a todas e todos.

Referências

ABRAMOWICZ, Anete; GOMES, Nilma L. (Orgs.). *Educação e raça: perspectivas políticas, pedagógicas e estéticas*. Belo Horizonte: Autêntica, 2010.

BONILHA, Tamirys P.; SOLIGO, Ângela F. O não-lugar do sujeito negro na educação brasileira. *Revista Ibero-Americana de Educação*, Belo Horizonte, v. 68, n. 2, 2015.

BRASIL. Instituto de Pesquisa Econômica Aplicada – IPEA. Secretaria de Políticas de Promoção da Igualdade Racial – SEPPIR. *Situação social da população negra por estado*. Brasília: IPEA/SEPPIR, 2014. Disponível em: <http://www.seppir.gov.br/central-de-conteudos/publicacoes/pub-pesquisas/situacao-social-da-populacao--negra-por-estado-seppir-e-ipea>. Acesso em: 4 fev. 2019.

CARTER, Prudence. *Stubborn Roots: Race, Culture and Inequality in U.S. and South African Schools*. Nova York: Oxford University Press, 2012.

CAVALLEIRO, Eliane (Org.). *Racismo e antirracismo na educação: repensando nossa escola*. São Paulo: Selo Negro, 2001.

COLLINS, Patricia H. *Black feminist thought*. 2. ed. New York: Routledge, 2000.

COLLINS, Patricia H.; BILGE, Sirma. *Intersectionality*. Maden: Polity Press, 2016.

CRENSHAW, Kimberle. *Demarginalizing the Intersection of Race and Sex: A Black Feminist Critique of Antidiscrimination Doctrine, Feminist Theory and Antiracist Politics*. University of Chicago Legal Forum, issue 1, article 8, p. 139-167, 1989.

DAYRELL, Juarez; CARRANO, Paulo; MAIA, Carla L. *Juventude e ensino médio: sujeitos e currículos em diálogo*. Belo Horizonte: Ed. da UFMG, 2014.

DAYRELL, Juarez. O jovem como sujeito social. *Revista Brasileira de Educação*, Rio de Janeiro, n. 24, set./out./nov./dez. 2003.

DIAS, Fernanda V. *"Sem querer você mostra o seu preconceito!": um estudo sobre as relações raciais entre jovens estudantes de uma escola de ensino médio*. Belo Horizonte: UFMG, 2011. Dissertação (Mestrado em Educação) – Programa de Pós-Graduação em Educação, Faculdade de Educação, Universidade Federal de Minas Gerais, Belo Horizonte, 2011.

FANON, Frantz. *Pele negra, máscaras brancas*. Salvador: EDUFBA, 2008.

FUNDO DAS NAÇÕES UNIDAS PARA A INFÂNCIA – UNICEF. *10 desafios do ensino médio no Brasil: para garantir o direito de aprender de adolescentes de 15 a 17 anos*. 1. ed. Brasília: UNICEF, 2014.

GARCIA FILICE, Renísia C. *Identidade fragmentada: um estudo sobre a história do negro na educação brasileira, 1993-2005*. Brasília: INEP, 2007.

GOMES, Nilma L. Diversidade étnico-racial, inclusão e equidade na educação brasileira: desafios, políticas e práticas. *Revista Brasileira de Política e Administração da Educação*, Goiânia, v. 27, n. 1, p. 109-121, jan./abr. 2011.

GOMES, Nilma L. *Rappers, educação e identidade racial: educação popular afro-brasileira*. Florianópolis: Atilènde, 2002.

GONÇALVES, Luiz A. O.; SILVA, Petronilha B. G. Movimento negro e educação. *Revista Brasileira de Educação*, Rio de Janeiro, n. 15, p. 134-158, set./out./nov./dez. 2000.

GROPPO, Luís A. Dialética das juventudes modernas e contemporâneas. *Revista de Educação Cogeime*, São Paulo, v. 13, n. 25, dez. 2004.

HASENBALG, Carlos A. Desigualdades sociais e oportunidade educacional: a produção do fracasso. *Cadernos de Pesquisa*, São Paulo, n. 63, p. 24-29, 1987.

HASENBALG, Carlos A; SILVA, Nelson do V. Raça e oportunidades educacionais no Brasil. *Cadernos de Pesquisa*, São Paulo, n. 73, p. 5-12, 1990.

HOOKS, bell. *Ensinando a transgredir: a educação como prática da liberdade.* São Paulo: Martins Fontes, 2013.

HOOKS, bell. *Feminist Theory: From Margin to Center.* Boston: South End Press, 1984.

HONWANA, Alcinda. Juventude, *waithood* e protestos sociais em África. In: BRITO, Luís et al. (Orgs.). *Desafios para Moçambique.* Maputo: IESE, 2014.

INSTITUTO BRASILEIRO DE GEOGRAFIA E ESTATÍSTICA – IBGE. Censo 2010. Disponível em: <https://censo2010.ibge.gov.br/>. Acesso em: 4 fev. 2019.

JACCOUD, Luciana de Barros; BEGHIN, Nathalie. *Desigualdades raciais no Brasil: um balanço da intervenção governamental.* Brasília: IPEA, 2002.

JESUS, Rodrigo E. de. Mecanismos eficientes na produção do fracasso escolar de jovens negros: estereótipos, silenciamento e invisibilização. *Educação em Revista*, Belo Horizonte, n. 34, 2018.

MIGNOLO, Walter. *Historias locales/disenos globales: colonialidad, conocimientos subalternos y pensamiento fronterizo.* Madrid: Akal, 2003.

MUNANGA, Kabengele. Uma abordagem conceitual das noções de raça, racismo, identidade e etnia. In: BRANDÃO, André A. (Org.). *Programa de educação sobre o negro na sociedade brasileira.* Niterói: EdUFF, 2000.

OSÓRIO, Rafael G. *A desigualdade racial de renda no Brasil: 1976-2006.* Brasília: UnB, 2009. Tese (Doutorado em Sociologia) – Programa de Pós-Graduação em Sociologia, Departamento de Sociologia, Universidade de Brasília, Brasília, 2009.

PETRUCCELLI, José Luis; SABOIA, Ana Lúcia (Orgs.). *Características étnico-raciais da população: classificação e identidades.* Rio de Janeiro: IBGE, 2013.

PINTO, Regina P. A educação do negro: uma revisão da bibliografia. *Cadernos de Pesquisa*, São Paulo, n. 62, p. 3-34, ago. 1987.

PINTO, Regina P. Raça e educação: uma articulação incipiente. *Cadernos de Pesquisa*, São Paulo, n. 80, p. 41-50, fev. 1992.

ROCHA, Emerson F. *O negro no mundo dos ricos: um estudo sobre a disparidade racial de riqueza no Brasil com os dados do Censo Demográfico de 2010.* Brasília: UnB, 2015. Tese (Doutorado em Sociologia) – Programa de Pós-Graduação em Sociologia, Departamento de Sociologia, Universidade de Brasília, Brasília, 2015.

SILVA JR., Hédio. *Discriminação racial nas escolas: entre a lei e as práticas sociais.* Brasília: UNESCO, 2002.

SPOSITO, Marília P. (Coord.). *Estado da Arte sobre juventude e pós-graduacão brasileira: educação, ciências sociais e serviço social (1999-2006).* Belo Horizonte: Argvmentvm, 2009. v. 1.

TELLES, Edward. *Racismo à brasileira: uma nova perspectiva sociológica.* Rio de Janeiro: Relume Dumará/Fundação Ford, 2003.

VINCENT, Carol; BALL, Stephen; ROLLOCK, Nicola; GILLBORN, David. Three Generations of Racism: Black Middle-Class Children and Schooling. *British Journal of Sociology of Education*, Nova York, v. 34, n. 5-6, p. 929-946, 2013.

WAISELFISZ, Julio J. *Homicídios e juventude no Brasil: atualização 15 a 29 anos - mapa da violência 2014*. Brasília: FLACSO, 2014.

WAISELFISZ, Julio J. *Mapa da violência 2016: homicídios por armas de fogo no Brasil*. Brasília: FLACSO, 2016.

WELLER, Wivian; NUNES, Brasilmar P. A juventude no contexto social contemporâneo. *Estudos de Sociologia*, Recife, v. 9, n. 2, p. 43-57, 2003.

WELLER, Wivian. Investigaciones sobre juventude em Brasil: género y diversidade. *Ciudadanías*, Buenos Aires, n. 1, 2017.

WERNECK, Gustavo; OLIVEIRA, Junia. Estudo revela que 70% dos jovens assassinados em Belo Horizonte são negros. *Estado de Minas*, Belo Horizonte, 23 maio 2018. Disponível em: <https://www.em.com.br/app/noticia/gerais/2018/05/23/interna_gerais,960846/estudo-revela-que-70-dos-jovens-assassinados-em-bh-sao-negros.shtml>. Acesso em: 25 mai. 2018.

WILDERSON III, Frank B. Gramsci's Black Marx: Whither the Slave in Civil Society? *Social Identities*, Nova York, v. 9, n. 2, 2003.

O movimento negro educador: resenha
Claudio Vicente da Silva

Usando uma definição ampla de Movimento Negro, Nilma Lino Gomes[1] não se prende às amarras limitadoras de qualquer nominação política, mas considera como movimento negro grupos políticos, acadêmicos, culturais, religiosos ou artísticos que tenham como objetivo a superação da discriminação e do racismo, valorizando e afirmando as culturas negras no Brasil.

O movimento negro, para Nilma, é um educador de macroestruturas. Educa a sociedade e também o Estado. Para ela, políticas de Estado se tornaram realidade por ações do movimento negro, "produtor de saberes emancipatórios e um sistematizador de conhecimentos sobre a questão racial no Brasil" (2017, p. 14). Atribui também conhecimentos gerados pela sociologia, a antropologia e a educação na academia ao papel pedagógico dos movimentos sociais.

Para ela, o Movimento Negro ressignifica e politiza a raça, retirando dela a matriz inferiorizante que está presente em outros contextos. Por outro lado, a ação do Movimento Negro opera na construção de identidades étnico-raciais. O trabalho do Movimento Negro interpreta afirmativamente a raça como construção social, colocando-a no contexto das relações de poder e pondo em xeque o mito da democracia racial.

A autora considera a educação como importante espaço-tempo escolhido pelos movimentos sociais brasileiros para trabalhar na superação do racismo, servindo como lugar de intervenção e interação social. O movimento tem consciência, no entanto, que o campo da educação convive com uma pressão conservadora que representa relevante papel na reprodução do racismo no país (p. 27).

Passando pelo pós-abolição e pelo Estado Novo, Nilma destaca, na história recente do Brasil, o Movimento Negro Unificado (MNU) como um dos mais importantes atores políticos pela causa negra no país. Surgido em 1978, como Movimento Unificado Contra a Discriminação Racial (MUCDR),

---

[1] GOMES, Nilma Lino. *O Movimento Negro Educador: saberes construídos nas lutas por emancipação.* Petrópolis: Vozes, 2017.

segundo a autora, foi o responsável pela formação de uma geração de intelectuais negros que se tornaram referência nas temáticas raciais no Brasil.

Com a efervescência política e social dos anos 1990, a Marcha Zumbi dos Palmares contra o Racismo, pela Cidadania e a Vida, em 1995, foi um destaque. No seio daquele movimento foi pautado junto ao governo federal o Programa para Superação do Racismo e da Desigualdade Étnico-racial, que culminou na participação do Movimento Negro, em 2001, na Conferência de Durban.

A partir dos anos 2000 o movimento intensificou-se, com a criação da Associação Brasileira de Pesquisadores Negros (ABPN), em 2000, e da Secretaria Especial de Políticas de Promoção da Igualdade Racial (Seppir), em 2003. No âmbito educacional, a Lei 10.639/03 alterou a LDB (p. 35), tornando obrigatório o ensino de História e cultura afro-brasileira e africana nas escolas públicas e privadas dos ensinos fundamental e médio.

A autora afirma que o Estado brasileiro vem incorporando aos poucos a raça como um valor positivo em ações políticas, em especial na área educacional. Isso só está sendo possível graças à ação do Movimento Negro. Com tal protagonismo, o movimento negro, mais do que um ator político, se torna um educador. Portanto, reeduca a sociedade a partir de novos conhecimentos e entendimentos sobre as relações étnico-raciais e o racismo no Brasil, conectando tudo isso à diáspora africana. Por outro lado, sua ação política pode produzir uma reação contrária que tende a intensificar ainda mais as formas de dominação e opressão contra o povo negro. Esse contramovimento conservador só justifica a importância e a necessidade do Movimento Negro na luta antirracista no país.

O Movimento Negro tem sido um dos principais mediadores entre a comunidade negra, o Estado e o meio educacional, seja na educação básica ou na universidade. Por essas razões, o Movimento Negro contemporâneo pode ser entendido como um novo sujeito coletivo e político. Após o seu novo momento pós-ditadura, em 1986, o movimento tem sido impelido a atuar na escola. Isso porque se esperava, com a abertura política, que o tema racial fosse eclodir a partir de uma reflexão crítica, social e histórica sobre seu currículo. No entanto, essa reflexão foi tímida e insuficiente.

Cabe ao Movimento Negro, portanto, exigir mudanças nas práticas pedagógicas e curriculares das escolas possibilitando um tratamento digno ao povo negro e à questão racial no cotidiano escolar. Para Nilma, o Movimento Negro neste novo milênio passou da fase de denúncia para a fase de construção de políticas públicas, cobranças na aplicação de leis e de políticas e intervenção direta, visando às mudanças sociais a partir de políticas sociais específicas que tenham como objetivo a questão racial, como é o caso da pressão para implementação de cotas raciais nas universidades federais.

Para uma entrada efetiva do conhecimento que o Movimento Negro pode fazer ao adentrar a escola, é necessário um rompimento efetivo com a estrutura secular dessa instituição, das universidades e das ciências que temos. Citando Boaventura de Souza Santos, Gomes afirma que é preciso uma "mudança radical no campo do conhecimento": as epistemologias do Sul seriam uma parte dessa solução (p. 53-54).

Dentro dessas epistemologias do Sul, muitas formas de conhecimento suprimidos pelo colonialismo poderão emergir e construir um diálogo de saberes, chamado por Boaventura de "ecologia dos saberes". No campo pedagógico, essa busca das novas epistemologias nos leva a avançar na compreensão do pensamento pedagógico como um permanente confronto entre paradigmas de educação, de conhecimento, de valores e do humano. Essas radicalidades estão no bojo do que tem sido produzido e sistematizado pelo Movimento Negro.

Ainda citando Boaventura (p. 54-55), Nilma afirma que o caráter hegemônico do pensamento ocidental direciona ao epistemicídio. Uma vez que seu caráter abissal (que coloca o outro fora da realidade) impõe ao Movimento Negro o desafio de uma pedagogia pós-abissal, na qual outros caminhos epistemológicos e políticos são possíveis. Contrapondo-se a essas novas possibilidades, há uma tendência ocidental de hierarquização social. Criar um distanciamento epistêmico entre conhecimento e saber faz parte dessa hierarquização. Nesse sentido, a academia produz conhecimento e o Movimento Negro produz saberes. Esses saberes, no entanto, não são menores ou "residuais".

Os saberes emancipatórios produzidos por negros e negras e pelo Movimento Negro deveriam estar, sobretudo, dentro da educação escolar, mas também em projetos educativos não escolares e no campo do conhecimento de uma maneira geral. Considerando os efeitos da Lei Federal 10.639/03 (p. 68), esses saberes certamente deveriam estar presentes na educação básica.

Gomes destaca alguns caminhos que fez o Movimento Negro na construção de saberes importantes na sociedade brasileira. Sociedade que tem na raça uma dimensão estruturante, dada sua constituição a partir do regime da escravidão. Os caminhos em destaque são identitários, políticos e estético-corporais.

Nos caminhos identitários, quando o movimento negro recoloca o debate sobre ações afirmativas, provoca o aumento do uso institucional das categorias de cor do Instituto Brasileiro de Geografia e Estatística (IBGE) e em documentos oficiais, trazendo para o cotidiano dos brasileiros a necessidade da autodeclaração. Enfim, tira a raça da invisibilidade.

Nos saberes políticos, o debate público sobre raça é colocado em novos moldes. Muitos setores da sociedade são demandados a refletir sobre a desigualdade social a partir do critério de raça. Universidades, ministérios e órgãos governamentais passam a considerar e dar destaque à questão racial. Ainda no campo político, vale destacar que o trabalho do Movimento das Mulheres Negras. Sua ação foi forte e incisiva, inclusive dentro do Movimento Negro. Sua ação tem gerado reflexões importantes para se compreenderem o machismo e o sexismo, tendo também a raça como categoria de análise.

Nos saberes estético-corpóreos, a partir dos anos 2000, há um processo de politização do corpo negro, onde se busca uma superação da visão exótica e erótica. Sobretudo a mulher negra tem trabalhado nessa superação, contra a ditadura da estética eurocêntrica e branca e pelo respeito à estética negra. É notória a agressividade dessa estética que se constrói e ajuda a construir o racismo e a autorrejeição, misturando o mito da democracia racial e a ideia de monocultura. Gomes afirma que a vivência desse conflito faz a comunidade negra tomar "o corpo como um espaço de expressão identitária, transgressão e de emancipação" (p. 78).

Para a autora, a sociedade brasileira é regulada pelo racismo e pelo machismo. O racismo como sistema de dominação que produz uma hierarquia altamente inferiorizante do negro na sociedade. Nutre-se de uma ideologia de raça biológica e do mito da democracia racial. Para superar essa hierarquização inferiorizante, Gomes acentua o papel político do Movimento Negro. Com ele, esses elementos raciais são ressignificados e recodificados politicamente, tornando-se critério de inclusão e não de exclusão, como atua o racismo brasileiro. Sua releitura é afirmativa, política e identitária.

Para Nilma, no entanto, o racismo é apenas um dos elementos que os movimentos sociais necessitam contrapor. O patriarcado, juntamente com o capitalismo global, para ela, também sustentam e sobrevivem das várias formas de discriminação e da colonialidade do poder, do ser e do saber.

Dialogando com Boaventura de Souza Santos, Miguel Arroyo e Paulo Freire, entre outros, a autora propõe uma pedagogia da diversidade (de raça, gênero, de idade, de culturas) que supere essa tradição pedagógica da regulação para uma outra pedagogia, da emancipação. Por fim, colocando como foco desse necessário trabalho educativo os campos institucionais da educação básica e superior, a autora reconhece a importância das ações no ensino superior dos NEABs e da ABPN e atribui uma grande responsabilidade ao Movimento Negro de liderar um processo educativo de descolonização do conhecimento, utilizando epistemologias do sul, rumo a uma pedagogia da diversidade e pós-abissal.

Sobre as autoras e os autores

Alexssandro Silva Robalo – Licenciado em Sociologia pela Universidade de Santiago, Cabo Verde, tem realizado pesquisas independentes ligadas às questões da cultura e resistência juvenil no contexto cabo-verdiano pós-independência. É membro do Centro de Produção e Promoção de Conhecimentos (CeProK).

Anderson Ribeiro Oliva – Professor Associado de História da África do Departamento de História e do Programa de Pós-Graduação em História da Universidade de Brasília (UnB). É graduado em História (1999), mestre (2002) e doutor (2007) em História Social pela UnB. Foi professor de História da África no Centro de Artes, Humanidades e Letras da Universidade Federal do Recôncavo da Bahia (UFRB) entre 2006 e 2008. Possui experiência nos debates relacionados aos Estudos Africanos, aos Estudos sobre a Diáspora Africana no Pós-Colonial e ao Ensino de História da África. É investigador do Núcleo de Estudos Afro-Brasileiros (NEAB) e do Grupo de Estudo e Pesquisa em Políticas Públicas, História, Educação das Relações Raciais e Gênero (Geppherg-UnB), ambos vinculados à UnB.

Antônio Bispo dos Santos – É lavrador, formado por mestras e mestres de ofícios, morador do Quilombo Saco-Curtume, localizado em São João do Piauí (PI). Ativista político e militante no movimento quilombola e nos movimentos de luta pela terra, é membro da Coordenação Estadual das Comunidades Quilombolas do Piauí (CECOQ-PI) e da Coordenação Nacional de Articulação das Comunidades Negras Rurais Quilombolas (CONAQ).

Claudio Vicente da Silva – Mestrando em Antropologia Social pela Universidade de Brasília (UnB). Possui graduação em História (2002), Sociologia (2004) e Comunicação Social (2011) pela UnB. Especializado em Direito Público, Gestão Educacional e Políticas Públicas. Tem experiência profissional na área de educação.

Cristina Roldão – Doutora em Sociologia pelo Instituto Universitário de Lisboa (ISCTE-IUL), é pesquisadora no Centro de Investigação e Estudos de Sociologia do Instituto Universitário de Lisboa (CIES-IUL) e professora na Escola Superior de Educação do Instituto Politécnico de Setúbal (ESE-IPS). As desigualdades sociais perante a escola são o seu principal domínio de pesquisa, com particular enfoque nos processos de exclusão e racismo institucional que atingem os afrodescendentes na sociedade portuguesa. Tem participado ativamente do debate acadêmico e público sobre o racismo em Portugal, da recolha de dados étnico-raciais e de políticas de ação afirmativa.

Daiara Tukano – Militante indígena, feminista, educadora e artista plástica, é mestra em Direitos Humanos e Cidadania na Universidade de Brasília (UnB). É correspondente da Rádio Yandê, primeira rádio indígena online do Brasil, pesquisadora do pensamento decolonial e se dedica à valorização da identidade indígena e à luta pelos direitos dos povos originários e das mulheres.

Éllen Daiane Cintra – Mestre em Educação pela Universidade de Brasília (2018), é professora da rede pública de ensino do Distrito Federal e integra a Diretoria de Educação do Campo, Direitos Humanos e Diversidade da Secretaria de Estado de Educação do Distrito Federal. Tornou-se especialista em Língua Inglesa pelo Centro Ibero-americano da Universidade de São Paulo (CIBA-USP) em 2009 e graduou-se em Letras Português/Inglês pela Universidade de Franca (UNIFRAN) em 2005. Integra o Grupo de Pesquisa Gerações e Juventude (GERAJU), o Núcleo de Estudos Afro-Brasileiros (NEAB) e o Grupo de Estudo e Pesquisa em Políticas Públicas, História, Educação das Relações Raciais e de Gênero (Geppherg-UnB), todos da UnB. Foi professora-assistente de Língua Portuguesa na Loyola University Chicago como bolsista da Comissão Fulbright (2009-2010). Tem experiência acadêmica com as temáticas da juventude, juventude negra, estudos comparados em educação, interseccionalidade e ensino médio.

Felipe Sotto Maior Cruz – Pesquisador indígena do povo Tuxá de Rodelas (BA). Possui graduação em Ciências Sociais pela Universidade Federal de Minas Gerais (2014) e mestrado em Antropologia Social pela Universidade de Brasília (2017), instituição da qual atualmente é doutorando na mesma área. Tem desenvolvido estudos sobre Etnologia Indígena e Indigenismo, enfatizando a dimensão das relações interétnicas, etnicidade, educação indígena, direito à diversidade e direitos indígenas. Atualmente, pesquisa a entrada de estudantes indígenas no ensino superior, refletindo sobre a formação desses intelectuais e os múltiplos desdobramentos dessa inserção no que se refere às necessárias revisões curriculares, à formulação de políticas específicas e aos diferentes regimes de produção de conhecimento, com impactos tanto no ensino superior como na educação básica. É membro e assessor da Associação dos Acadêmicos Indígenas da Universidade de Brasília (AAIUnB) e Sócio da Associação Brasileira de Antropologia (ABA).

Givânia Maria da Silva – Educadora quilombola, atuou em salas de aula em escolas públicas por 20 anos. Graduada em Letras e especialista em Programação de Ensino e Desenvolvimento Local Sustentável, é mestra em Políticas Públicas e Gestão da Educação pela Universidade de Brasília (2012) e doutoranda do curso de Sociologia na mesma instituição. Especialista nas temáticas da educação escolar quilombola, organização de mulheres quilombolas e questões agrárias em quilombos. Integrante do Núcleo de Estudos Afro-brasileiro (NEAB), do Grupo de Estudo Mulheres Negras e do Grupo de Estudo e Pesquisa em Políticas Públicas, História e Educação das Relações Raciais (Geppherg-UnB), todos da UnB. Atuou como coordenadora de regularização fundiária dos territórios quilombolas no Instituto Nacional de Colonização e Reforma Agrária (INCRA) de setembro de

2008 a fevereiro de 2015. É cofundadora e membro da Coordenação Nacional das Comunidades Quilombolas (CONAQ). Foi vereadora por dois mandatos pelo Partido dos Trabalhadores em Salgueiro (PE). Foi secretária nacional de Políticas para Comunidades Tradicionais da SEPPIR em dois momentos: de julho de 2007 a maio de 2008, e de março de 2015 a maio de 2016. É membro da Associação Brasileira de Pesquisadores e Pesquisadoras Negras (ABPN) e coordenadora do Comitê Científico Quilombos, Territorialidades e Saberes Emancipatórios da mesma associação. Atua como consultora da ONU Mulheres como formadora de professores(as).

Manuel Carlos Silva – Atualmente, é professor catedrático aposentado em Sociologia pela Universidade do Minho, Portugal, da qual foi diretor do Centro de Investigação em Ciências Sociais (CICS) de 2002 a 2014. Doutor em Ciências Sociais e Políticas em 1994 pela Universidade Amsterdã, possui ainda equivalência ao grau de doutor, com distinção e louvor, também pela Universidade do Minho. Mestre e licenciado em Sociologia pela Universidade de Amesterdã em 1982, licenciado em Direito pela Faculdade de Direito de Lisboa (1969-1971 e 1981-1984). Membro do Centro Interdisciplinar de Ciências Sociais (CICS.NOVA – Pólo UMinho), é atualmente coordenador do projeto de investigação "Modos de vida e formas de habitar: 'ilhas' e bairros populares no Porto e em Braga".

Marisol Kadiegi – Jornalista e documentarista, é licenciada em Comunicação Social pelo Instituto de Educação Superior de Brasília (IESB-UnB) e pós-graduada em História Cultural, Identidade, Tradição e Fronteiras (UnB). Atua como relações públicas, apresentadora, repórter, cinegrafista, produtora de matérias e eventos culturais, além de como editora de vídeos. É documentarista, roteirista e diretora de cinema e televisão. Realizadora na Televisão Popular de Angola (TPA) e docente universitária na Universidade Independente de Angola.

Marjorie Nogueira Chaves – Doutoranda em Política Social pela Universidade de Brasília (UnB) e mestra em História pela mesma instituição. Graduada em História pela União Pioneira de Integração Social (UPIS). Exerceu o cargo de Diretora de Programa na Secretaria de Políticas de Ações Afirmativas (SPAA) da Secretaria Especial de Políticas de Promoção da Igualdade Racial (SEPPIR) no Ministério das Mulheres, da Igualdade Racial, da Juventude e dos Direitos Humanos. Foi vice-coordenadora do Observatório da Saúde da População Negra (PopNegra) sob cogestão do Núcleo de Estudos de Saúde Pública (NESP/CEAM–UnB) e do Departamento de Apoio à Gestão Participativa e ao Controle Social (DAGEP) do Ministério da Saúde. É filiada à Associação Brasileira de Pesquisadores(as) Negros(as) (ABPN), pesquisadora do Núcleo de Estudos Afro-Brasileiros (NEAB/CEAM-UnB) e do Grupo de Estudo e Pesquisa em Políticas Públicas, História, Educação das Relações Raciais e de Gênero (Geppherg-UnB). Tem experiência nos campos dos estudos feministas e de gênero, dos movimentos contemporâneos de mulheres negras e da epistemologia feminista negra. É professora da disciplina Cultura, Poder e Relações Raciais na UnB.

Miguel de Barros – Pós-graduado em Sociologia e Planejamento pelo Instituto Universitário de Lisboa (ISCTE-IUL), é investigador sênior do Instituto Nacional de Estudos e Pesquisas da Guiné-Bissau (INEP), do Centro de Estudos Africanos do ISCTE-IUL, do Núcleo de Estudos Transdisciplinares de Comunicação e Consciência da Universidade Federal do Rio de Janeiro (NETCCON–UFRJ), além de membro do Conselho para o Desenvolvimento de Pesquisa em Ciências Sociais em África (CODESRIA). Tem desenvolvido pesquisas e publicado em revistas científicas internacionais nos domínios da juventude, voluntariado, sociedade civil, *media*, direitos humanos, governação comunitária, segurança alimentar, migrações, feiras livres, literatura e música *rap*. Atualmente, desempenha funções de Diretor de Programa no âmbito da ONG guineense Tiniguena. Venceu o prêmio humanitário Pan-Africano de Excelência em Pesquisa e Impacto Social em 2018.

Nelson Fernando Inocêncio da Silva – Bacharel em Comunicação pela Universidade de Brasília (1985), é mestre em Comunicação pela UnB (1993) e Doutor em Arte pela mesma instituição (2013). É Professor Adjunto no Departamento de Artes Visuais, vinculado ao Instituto de Artes da UnB. Junto ao Decanato de Pesquisa e Pós-Graduação, exerce o papel de Membro do Comitê Institucional Gestor do Programa de Iniciação Científica (ProIC-UnB). Suas pesquisas articulam História da Arte, Estudos da Cultura Visual e Estudos das Relações Raciais. Foi coordenador do Núcleo de Estudos Afro-Brasileiros, pertencente ao Centro de Estudos Avançados Multidisciplinares da UnB, de 2001 a 2014.

Rayssa Araújo Carnaúba – Mestranda em Educação na Universidade de Brasília, com foco em Gestão de Políticas Públicas Educacionais tendo em vista a transversalidade, intersetorialidade e interseccionalidade entre raça, classe e gênero. Possui graduação em História pela Universidade de Brasília (2013) e atualmente é professora da Secretaria de Educação do Distrito Federal. É integrante do Grupo de Estudo e Pesquisa em Políticas Públicas, História, Educação das Relações Raciais e de Gênero (Geppherg-UnB).

Redy Wilson Lima – Formado em Sociologia (ULHT e FCSH-UNL, Portugal), doutorando em Estudos Urbanos (FCSH-UNL e ISCTE-IUL, Portugal), membro do Centro Interdisciplinar de Ciências Sociais (CICS.NOVA – Pólo UMinho), investigador colaborador do Centro de Estudos sobre África, Ásia e América Latina (CEsA/ISEG-ULisboa), investigador associado ao Núcleo de Antropologia Visual da Bahia (NAVBA-UFBA) e professor-assistente convidado no Instituto Superior de Ciências Jurídicas e Sociais (ISCJS-Cabo Verde). Membro do Centro de Produção e Promoção de Conhecimentos (CeProK).

Renísia Cristina Garcia Filice – Professora Adjunta da Faculdade de Educação da Universidade de Brasília (UnB). Pós-doutora em Sociologia pelo Centro de Investigação em Ciências Sociais (CICS.NOVA – Pólo UMinho, 2016-2017). Doutora em Educação pela UnB (2010), historiadora pela Universidade Federal de Uberlândia (UFU, 2002), especialista em Filosofia pela mesma instituição (2004) e mestre em História Social pela Pontifícia Universidade de São Paulo

(PUC-SP, 2007). Atuou como conselheira no Conselho Nacional para a Promoção de Políticas de Igualdade Racial (CNPIR, 2015-2016). É membro do Conselho de Direitos Humanos da UnB e foi diretora acadêmica da Associação Brasileira de Pesquisadores(as) Negros(as) (ABPN, 2014-2016). É coordenadora do Núcleo de Estudos Afro-Brasileiros (NEAB-UnB) desde 2014 e investigadora do Programa de Pós-Graduação em Direitos Humanos (PPGDH-UnB). Atua na área do Ensino de História, Gestão de Políticas Públicas, foca na transversalidade, intersetorialidade e interseccionalidade entre raça, classe e gênero, em especial nos sistemas de ensino. Desenvolve estudos sobre as temáticas da diversidade, em sua relação com os direitos humanos e acesso à educação.

wanderson flor do nascimento – Graduado em Filosofia, especialista sobre o ensino de filosofia, mestre em Filosofia e doutor em Bioética pela Universidade de Brasília (UnB). É professor Adjunto do Departamento de Filosofia da UnB, do Programa de Pós-graduação em Bioética (FS-UnB), do Programa de Pós-Graduação em Metafísica (IH-UnB) e do Programa de Pós-Graduação em Direitos Humanos e Cidadania (CEAM-UnB), além de colaborador do Programa de Mestrado Profissional em Sustentabilidade junto aos Povos e Terras Tradicionais (MESPT-UnB). Colíder do Grupo de Estudos e Pesquisas em Educação, Raça, Gênero e Sexualidades Audre Lorde (UFRPE-UnB). É membro do Núcleo de Estudos Afro-Brasileiros (NEAB/CEAM-UnB).

Este livro foi composto com tipografia Minion Pro e impresso em papel Off-White 80 g/m² na Gráfica Rede.